Esta colecção visa essencialmente
o estudo da evolução do homem
sob os aspectos mais genericamente antropológicos
— isto é, a visão do homem como um ser
que se destacou do conjunto da natureza,
que soube modelar-se a si próprio,
que foi capaz de criar técnicas e artes,
sociedades e culturas

PERSPECTIVAS DO HOMEM
(AS CULTURAS AS SOCIEDADES)

TÍTULOS PUBLICADOS:

1 — A CONSTRUÇÃO DO MUNDO, dir. *Marc Augé*
2 — OS DOMÍNIOS DO PARENTESCO, dir. *Marc Augé*
3 — ANTROPOLOGIA SOCIAL, de *E. E. Evans-Pritchard*
4 — A ANTROPOLOGIA ECONÓMICA, dir. *François Pouillon*
5 — O MITO DO ETERNO RETORNO, de *Mircea Eliade*
6 — INTRODUÇÃO AOS ESTUDOS ETNO-ANTROPOLÓGICOS, de *Bernardo Bernardi*
7 — TRISTES TRÓPICOS, de *Claude Lévi-Strauss*
8 — MITO E SIGNIFICADO, de *Claude Lévi-Strauss*
9 — A IDEIA DE RAÇA, de *Michel Banton*
10 — O HOMEM E O SAGRADO, de *Roger Caillois*
11 — GUERRA, RELIGIÃO, PODER, de *Pierre Clastres, Alfred Adler e outros*
12 — O MITO E O HOMEM, de *Roger Caillois*
13 — ANTROPOLOGIA: CIÊNCIA DAS SOCIEDADES PRIMITIVAS?, de *J. Copans, S. Tornay, M. Godelier e C. Backés-Clément*
14 — HORIZONTES DA ANTROPOLOGIA, de *Maurice Godelier*
15 — CRÍTICAS E POLÍTICAS DA ANTROPOLOGIA, de *Jean Copans*
16 — O GESTO E A PALAVRA — I TÉCNICA E LINGUAGEM, de *André Leroi-Gourhan*
17 — AS RELIGIÕES DA PRÉ-HISTÓRIA, de *André Leroi-Gourhan*
18 — O GESTO E A PALAVRA — II A MEMÓRIA E OS RITMOS, de *André Leroi-Gourhan*
19 — ASPECTOS DO MITO, de *Mircea Eliade*
20 — EVOLUÇÃO E TÉCNICAS — I O HOMEM E A MATÉRIA, de *André Leroi-Gourhan*
21 — EVOLUÇÃO E TÉCNICAS — II O MEIO E AS TÉCNICAS, de *André Leroi-Gourhan*
22 — OS CAÇADORES DA PRÉ-HISTÓRIA, de *André Leroi-Gourhan*
23 — AS EPIDEMIAS NA HISTÓRIA DO HOMEM, de *Jacques Ruffié e Jean Charle Sournia*
24 — O OLHAR DISTANCIADO, de *Claude Lévi-Strauss*
25 — MAGIA, CIÊNCIA E CIVILIZAÇÃO, de *J. Bronowski*
26 — O TOTETISMO, HOJE, de *Claude Lévi-Strauss*
27 — A OLEIRA CIUMENTA, de *Claude Lévi-Strauss*
28 — A LÓGICA DA ESCRITA E A ORGANIZAÇÃO DA SOCIEDADE, de *Jack Goody*
29 — ENSAIO SOBRE A DÁDIVA, de *Marcel Mauss*
30 — MAGIA, CIÊNCIA E RELIGIÃO, de *Bronislaw Malinowski*
31 — INDIVÍDUO E PODER, de *Paul Veyne, Jean-Pierre Vernant, Louis Dumont, Paul Ricoeur, Françoise Dolto e outros*
32 — MITOS, SONHOS E MISTÉRIOS, de *Mircea Eliade*
33 — HISTÓRIA DO PENSAMENTO ANTROPOLÓGICO, de *E. E. Evans-Pritchard*
34 — ORIGENS, de *Mircea Elaide*
35 — A DIVERSIDADE DA ANTROPOLOGIA, de *Edmund Leach*
36 — ESTRUTURA E FUNÇÃO NAS SOCIEDADES PRIMITIVAS, de *A. R. Radclife-Brown*
37 — CANIBAIS E REIS, de *Marvin Harris*
38 — HISTÓRIA DAS RELIGIÕES, de *Maurilio Adriani*
39 — PUREZA E PERIGO, de *Mary Douglas*
40 — MITO E MITOLOGIA, de *Walter Burkert*
41 — O SAGRADO, de *Rudolf Otto*
42 — CULTURA E COMUNICAÇÃO, de *Edmund Leach*
43 — **O SABER DOS ANTROPÓLOGOS,** de **Dan Sperber**
44 — A NATUREZA DA CULTURA, de *A. L. Kroeber*

A NATUREZA
DA CULTURA

Título original: *The Nature of Culture*

© 1952, The University of Chicago
Publicação autorizada pela
University of Chicago, Chicago, Illinois, U. S. A.
Reservados todos os direitos

Tradução de Teresa Louro Peres

Tradução revista por Carlos Morujão
Revisão de Luís Guimarães

Capa de Arcângela Marques

Depósito legal n.º 62872 / 93

ISBN – 972 – 44 – 0881 – 7

Direitos reservados para língua portuguesa
por Edições 70, L.da

EDIÇÕES 70, LDA. — Av. da Liberdade, 258-3.º 1200 LISBOA
Telefs. 3158752 / 3158753 / 3158755 / 3158765
Fax: 3158429

Esta obra está protegida pela lei. Não pode ser reproduzida,
no todo ou em parte, qualquer que seja o modo utilizado,
incluindo fotocópia e xerocópia, sem prévia autorização do editor.
Qualquer transgressão à Lei dos Direitos de Autor será passível
de procedimento judicial.

A NATUREZA
DA CULTURA

A. L. KROEBER

edições 70

NOTA DA EDIÇÃO PORTUGUESA

Em *A Natureza da Cultura,* obra publicada em 1952 pela University of Chicago Press, A. L. Kroeber reúne artigos publicados entre 1901 e 1951. Originalmente dividida em cinco partes, esta obra apresenta, na primeira parte, intitulada «Teoria da cultura», textos de cariz mais teórico, em que o autor desenvolve a sua própria concepção sobre o lugar e o método da antropologia cultural e se demarca, polemicamente, de concepções contrárias à sua.

Dado o carácter mais particular das restantes quatro partes, que incidem sobre aspectos específicos da cultura dos povos nativos americanos, é somente a primeira parte desta obra que se apresenta em tradução portuguesa.

INTRODUÇÃO

Estes primeiros dezoito capítulos foram agrupados por se relacionarem cumulativamente com uma concepção ou teoria da cultura. De certa forma, esta teoria é um subproduto de estudos concretos. Comecei por ser etnógrafo e linguista e só mais tarde me tornei uma espécie de arqueólogo e historiador da cultura, essencialmente orientado para a aquisição de novas informações, ordenando-as e classificando-as por forma a fazerem sentido e integrando-as no *stock* do conhecimento existente, como um contexto, aumentando assim, gradualmente, a sua significação. Continuo a considerar-me um estudioso da história natural da cultura. O processo intelectual é um processo de generalização e compreensão alargadas, e não de hipóteses, que são depois testadas em laboratório. Não me refiro a qualquer diferença absoluta no método de investigação. Generalizar e compreender abrange hipóteses conceptuais. Mas estas tendem a manter-se implícitas durante mais tempo.

São validadas mais por factos procurados e observados na natureza, ou por constante análise e reclassificação do conhecimento, do que por meio de provas, por processos artificialmente seleccionados chamados «experiências». No que se refere à sociedade e à cultura, as experiências têm-se mostrado difíceis e só parcialmente têm obtido êxito, mesmo nas mãos de governantes totalitários, sendo praticamente impossíveis para simples estudiosos da ciência. Somos, por isso, obrigados a limitar-nos à observação directa e à análise dos acontecimentos e fenómenos da natureza (dos quais, devemos ter por ponto assente, a cultura faz parte, muito mais do que o cientista de laboratório). Aplicar os métodos deste ao nosso material é quase o mesmo que iludir-nos a nós mesmos. Os nossos equivalentes das hipóteses do físico não são algo que começamos por formular. Emergem gradualmente e amontoam-se à medida que reorganizamos e reinterpretamos os factos de que dispomos por tentativa e erro: são essencialmente um produto final. Teorema, hipótese, conclusão, não são diferenciados com clareza, mas desenvolvem-se conjuntamente. Rigorosamente falando, não existem provas neste método mas existe uma compreensão cada vez mais concordante de áreas alargadas do conhecimento e, por conseguinte, uma compreensão mais sólida. Estas minhas afirmações destinam-se a esclarecer por que motivo se desenvolveu a minha «teoria da cultura» ao longo de dezoito artigos separados, sem uma continuidade regular, cada um deles repetindo forçosamente a exposição de certos pontos já abordados, por vezes com uma roupagem diferente. A razão é que não sou um teórico formal. O meu primeiro e mais natural interesse sempre se centrou nos fenómenos e no seu ordenamento: é como uma propensão estética, provavelmente inata. Do ordenamento surgem conclusões gerais e, com estas, sobrevêm certos princípios sobre a melhor maneira de chegar a conclusões válidas, pelo que, em certo sentido, a teoria consiste para mim, em grande parte, em metodologia. Talvez o que atrás disse torne clara a razão por que falo da teoria chamando-lhe um subproduto. Não o digo num sentido pejorativo. A teoria limitou-se a ressumar pouco a pouco e lentamente ao longo de cinquenta anos.

Escrevi três livros genéricos que versavam problemas teóricos, como se costuma dizer — «problemas de certa envergadura» é o termo que prefiro. Trata-se de *Anthropology, Cultural and Natural Areas* e *Configurations of Culture Growth*. Todos eles foram criticados por conterem uma matriz excessivamente carregada de factos concretos. A informação incluída tem sido simultaneamente admirada por «erudita» e deplorada como uma indigestão intelectual. Tenho a sensação de que escrevo melhor, uma vez que escrevo com muito mais facilidade, sobre assuntos concretos, embora atraiam muito menos. Portanto, talvez seja conveniente delinear os pontos principais do sistema de teoria desenvolvido neste livro.

Em primeiro lugar, parece-me estar o reconhecimento da cultura como um «nível», «ordem», ou «emergência» de fenómenos naturais, nível marcado por uma certa organização distintiva dos seus fenómenos característicos. É de supor que a emergência dos fenómenos da vida, a partir da anterior existência inorgânica, seja a segregação mais antiga e mais básica de uma ordem ou nível. Semelhante emergência não quer dizer que os processos físicos e químicos sejam suprimidos mas sim que novas organizações ocorrem no novo nível: manifestações orgânicas, que carecem de estudo por direito próprio, ou por motivos biológicos, bem como por motivos físico-químicos devido ao facto de possuírem uma certa autonomia, embora não se trate de uma autonomia absoluta. Por exemplo, os fenómenos da reprodução só são inteligíveis ao nível orgânico, em termos orgânicos.

Desde Lloyd Morgan que muitos biólogos têm defendido esta autonomia parcial do orgânico. Um nível social superorgânico ou superindividual foi afirmado, esboçado, ou sugerido, por Spencer,

INTRODUÇÃO

Tarde e Durkheim. A identificação de um nível supra-societário de cultura remonta a Spencer, que falava da acumulação imensamente poderosa de produtos superorgânicos vulgarmente chamados «artificiais», que constituem um meio secundário mais importante do que o primário, se bem que, na prática, Spencer actuasse de maneira bastante deficiente neste nível. De maneira geral, os antropólogos têm tratado os fenómenos culturais de uma maneira mais directa do que qualquer outro grupo de cientistas ou estudiosos, mas têm mostrado tendência para se ocuparem das suas manifestações aceitando-os sem os pôr em causa. Tylor definiu a cultura, Boas avaliou com grande justeza muitas das suas propriedades e influências, mas a tese de um nível cultural distintivo não interessava a nenhum deles. Com efeito, coube-me em grande parte e, depois, a Leslie White expô-la explicitamente.

O risco inerente a um elevado grau de consciência de uma ordem separada é passar a reificar a sua organização e fenómenos numa espécie de substância autónoma, com as suas forças internas próprias — vida, espírito, sociedade ou cultura. É provável que, no passado, me tenha por vezes abeirado do mesmo deslize, tendo sido, pelo menos, acusado de misticismo. Contudo, o misticismo não é de forma alguma um ingrediente necessário de identificação de níveis. O valor da identificação é essencialmente metodológico. Só por meio de uma abordagem cultural *de facto* dos fenómenos culturais é possível indagar algumas das suas propriedades mais fundamentais. Até que ponto se pode proceder a uma abordagem tão «pura» sem ter consciência explícita dela é coisa que, provavelmente, varia com factores pessoais. Não obstante, parece-me que, se uma pessoa pretende ter uma perspectiva largamente teórica ou filosófica a propósito da cultura, não pode evitar aceitá-la como uma ordem distinta de fenómenos da natureza.

Em segundo lugar, colocaria o princípio conexo que diz que é da natureza da cultura ser fortemente condicionada pelo seu próprio passado cumulativo, pelo que a abordagem mais fértil da sua compreensão é histórica. Aceito a distinção de método nomotético e ideográfico, mas não como uma dicotomia absoluta entre a ciência, enquanto investigação da natureza, e a história, enquanto estudo do homem, do espírito ou da cultura. Ao contrário, sustento que ambas as abordagens podem ser aplicadas a qualquer nível de fenómenos — como o demonstra o exemplo simples de ciências históricas como a astronomia e a geologia — e que devem, em última análise, ser aplicadas. Mas no nível inorgânico básico é a abordagem analítica matematicamente formulável, experimentalmente verificável, que é a mais imediatamente gratificante. Nos níveis superiores, sobretudo no mais alto de todos, que é o da cultura, são as associações qualitativas e as associações contextuais de fenómenos que são importantes, e isolar factores causais específicos tende a ser simultaneamente difícil e, em nosso entender, menos significativo. Afinal de contas, a história de uma civilização particular tem um significado evidente; a história de uma pedra particular numa praia, ou até de um vulcão particular enquanto tal, tem, como história, muito pouco significado. O significado de seixos ou vulcões resume-se a serem exemplos de processos que os formam ou produzem. Uma «física» ou «fisiologia» da cultura seria, sem dúvida, desejável e talvez possa ser gradualmente atingida. Mas transferir o método das ciências físico-químicas do inorgânico para a cultura seria uma falácia. Ao eliminar a história de uma situação cultural suprimimos a sua componente ou dimensão maior.

Considero que a qualidade essencial da abordagem histórica, como método de ciência, é a integração dos fenómenos num contexto fenomenal cada vez mais amplo, com a máxima preservação possível da organização qualitativa dos fenómenos tratados, em vez da sua resolução analítica. O contexto inclui a localização no espaço e no tempo e, por conseguinte, quando o conhecimento o permite, numa sequência. Mas entendo que a narrativa é acidental e não essencial ao método da história no sentido mais amplo. O reconhecimento da qualidade e de padrões de organização parece-me muito mais importante. É pouco ortodoxo, mas parece-me ser o ponto essencial.

Toda a história, seja ela política ou estelar, reconstitui. A reconstituição faz parte do característico processo de integração no contexto. Os linguístas, que trabalham com ferramentas intelectuais mais precisas do que a maior parte de nós, sempre se serviram da liberdade de reconstituir. Os evolucionistas orgânicos reconstituem e interpolam: se assim não fosse, os seus achados não passariam de míseros farrapos. Do mesmo modo, a história da cultura humana está a ser reconstituída — em parte por meio de exploração arqueológica, pela identificação de formas e padrões culturais, e ainda por uma maior compreensão do processo cultural. Mais desenvolvida, esta pode vir a tornar-se uma «ciência» analítica nomotética ou processual da cultura, complementar em relação à sua «história», tal como acabámos de a definir.

Padrões, configurações ou *Gestalts* são o que parece mais proveitoso e produtivo de distinguir e formular na cultura. Sobre este ponto estou de acordo com Ruth Benedict, embora divirja dela, na prática, em diversos pontos. Estou de acordo com ela em que é desejável e útil uma formulação de padrões qualitativos da totalidade da cultura. Concordo, igualmente, que há um tipo de caracterização da totalidade cultural que é feito em termos psicológicos de temperamento, ou *ethos;* mas isto não deve suprimir ou substituir formulações em termos culturais. Sustento ainda que o seu método de passar de caracterizações da totalidade da cultura para a consideração dos efeitos das culturas nos seus membros, no que se refere à conformidade e aos desvios, vai dar a um conjunto separado de problemas que remete, em larga medida, para um nível subcultural. Finalmente, advogo que se avance da concepção essencialmente estática e não histórica das culturas, própria de Benedict, para considerações do fluxo, quer estilístico quer da totalidade cultural, como acontece nas «configurações» ou perfis de movimentos históricos, que tentei definir relativamente a certas actividades culturais. Estas observações não visam tanto criticar Benedict como fornecer uma pronta definição. Reconheço a minha afinidade com ela.

Que os valores constituem um ingrediente essencial da cultura tem vindo a ser cada vez mais aceite. Que eles sejam subjectivamente mantidos não impede que sejam objectivamente descritos, examinados tendo em vista as suas interassociações e comparados. Afinal, as ideologias e as crenças religiosas também são subjectivas. O que talvez tenha dado origem a que os valores tenham sido evitados durante tanto tempo, nos estudos ligados à cultura, é o seu lado afectivo. Um mito ou um dogma podem ser enunciados de forma coerente, ao passo que um valor é muitas vezes uma qualidade resultante de outra coisa qualquer. No entanto, os valores são partes demasiado integrantes da cultura para não serem tomados em consideração.

O princípio do relativismo cultural há muito que é uma doutrina antropológica paradigmática. Afirma que qualquer fenómeno cultural deve ser entendido e avaliado de acordo com a cultura de que faz parte. O pressuposto correspondente no campo orgânico é de tal maneira óbvio que os biólogos quase nem se deram ao trabalho de o formular. A diferença é que nós, os estudiosos da cultura, vivemos na nossa cultura, estamos ligados aos seus valores e temos uma inclinação humana natural para nos tornarmos etnocêntricos em relação a ela, pelo que, se não tivermos cuidado, acabaremos por apreender, descrever e avaliar outras culturas pelas formas, padrões e valores da nossa, obviando desse modo à comparação e classificação férteis. A percepção do relativismo pode ser chocante para quem não tenha um espírito forte, ao retirar a segurança afectiva que os absolutos aparentes proporcionam. Claro que, basicamente, o relativismo não é mais que um desejo de investigação, a par de uma facilidade em arrostar com uma comparação ilimitada.

Além disto, existe um problema real e mais profundo: a existência de valores fixos, pan-humanos, se não absolutos. Este problema começa apenas a surgir na consciência dos antropólogos, que foram, talvez, quem mais contribuiu para sublinhar o princípio relativista. Neste livro ele é apenas aflorado por implicação. Estou convicto de que são possíveis juízos de valor entre os valores de diferentes culturas, ainda que não por nenhuma votação maioritária, nem com finalidade absoluta, nem, provavelmente, com um resultado pluralista. Não é de esperar que uma cultura qualquer difira de todas as outras culturas imperfeitas pelo facto de ter desenvolvido valores perfeitos.

A NATUREZA DA CULTURA

O requisito importante, neste problema de transcender os valores, seria, paradoxalmente, uma comparação prolongada e cada vez mais profunda de sistemas de valor, por outras palavras, de culturas. Quanto mais prematuro o abandono desta comparação, a favor de uma escolha entre sistemas de valor, menos profunda será essa escolha e maior o risco de um retorno ingénuo ao etnocentrismo, sob a máscara de uma determinação de valores mais-que-relativos.

A insistência recorrente dos parágrafos precedentes na comparação talvez tenha sido notada e pode fazer lembrar «o método comparativo» dos antropólogos do século XIX. A diferença é que esses estudiosos ignoravam e violavam com excessiva frequência o contexto real e natural dos fenómenos que comparavam, no seu zelo de desenvolver idealizações lógicas, mas especulativas, que consideravam evolucionistas. A comparação advogada aqui respeita tanto o contexto estrutural como o histórico dos fenómenos culturais tratados, de um modo muito semelhante ao que leva os biólogos verdadeiramente evolucionistas a respeitar estrutural e historicamente o contexto dos fenómenos orgânicos que estudam.

Os todos culturais apresentam uma série de problemas: no que se refere à sua distinção ou continuidade, por exemplo; ao seu grau de consistência ou integração internas e à sua natureza; e ao que contribui para as descontinuidades e integrações que evidenciam. Os antropólogos adquiriram uma habilidade considerável na apresentação de todos culturais de dimensão tribal, como unidades discretas, tal como em seguir a circulação de material e de formas entre as culturas; mas têm-se preocupado pouco com os problemas de segregação exterior e de consistência interna, em particular de civilizações grandes. Entre outros estudiosos, o interesse por estas questões, muito embora ocasionalmente vivo, tem sido irregularmente raro e diverso.

Qualquer teoria que se especialize na cultura deve, como é evidente, reconhecer que, no caso do homem, a sociedade e a cultura ocorrem sempre de forma simultânea, pelo que os fenómenos disponíveis têm necessariamente tanto um aspecto social como cultural. Uma vez que as sociedades compreendem indivíduos e, em especial, uma vez que os indivíduos são profundamente moldados pela sua cultura, há ainda um terceiro aspecto, ou factor, imediatamente envolvido nos fenómenos, o da psicologia ou personalidade — afora considerações mais remotas como a natureza biológica das pessoas e o meio sub-humano no qual operam. É claro que é possível tentar estudar os aspectos culturais, sociais e psicológicos, simultaneamente e interligados, tal como ocorrem. Semelhante compreensão entrelaçada é, obviamente, a mais ampla e é, por conseguinte, desejável em princípio. Contudo, também é praticamente a mais difícil de alcançar, por se encontrarem envolvidos factores mais variáveis. É igualmente evidente que a síntese mais válida e mais fértil deve, por conseguinte, ser a que se baseia numa análise anterior mais precisa. Tal análise será mais eficaz se for dirigida a um conjunto isolável de factores, do que a vários factores interactuantes. Uma sintetização prematura e em curto--circuito é, deste modo, evitada, por meio de discriminação entre os aspectos ou níveis que surgem associados nos fenómenos e deslindando, do emaranhado que a actualidade nos apresenta, um nível de factores de cada vez e vendo até onde é possível segui-los nessa qualidade, antes de os voltar e a prender numa teia de maior compreensão, juntamente com os outros fios.

O nível que escolhi pessoalmente, ou do qual me tornei «dependente», é o cultural. Não é a única maneira de actuar, mas é a minha, e parece-me a mais consistente com uma abordagem contextual integrativa ou «histórica». É difícil julgarmo-nos a nós mesmos, mas parece--me que separo os aspectos puramente culturais dos fenómenos e correlaciono-os entre si, eliminando ou «mantendo constantes» os factores sociais e individuais, mais consciensiosa e seriamente do que, por exemplo, os meus colegas americanos Boas, Lowie, Radin, Linton, Spier, Redfield ou Murdock e, decerto, mais do que Hallowell, Kluckhohn ou Mead, ou do que antropólogos ingleses como Evans-Pritchard, Firth, Forde ou Nadel. É uma limitação, mas também resulta em certas vantagens. Assim, o tipo de problemas genéricos que tratei em *Configurations of Culture Growth* dificilmente teria sido sequer definido, a não ser assumindo que as raças e os indivíduos são uniformes em efeito de massa. A partir daí foi-me possível explorar mais claramente os «movimentos» e o «comportamento» dos fenómenos civilizacionais tratados. As questões de como as civilizações da Ásia e da Europa foram interdependentes no seu desenvolvimento e em que medida as culturas indígenas da América derivam das da Euroásia são problemas particulares da realidade histórica e não são, em si mesmos, nem genéricos nem teóricos. Mas não deixam de ser problemas vastos que podem ter relevo para a teoria. E é evidente que só podem ser resolvidos a partir da evidência cultural e ambiental, dado que as considerações psicológicas individuais são, como é óbvio, tão remotas que se tornam praticamente irrelevantes, o mesmo acontecendo com os fenómenos «sociais», a não ser em razão do seu *facies* cultural.

Foi por causa desta inclinação ou deformação que vim a aperceber-me do significado da simultaneidade de muitas invenções e descobertas. No processo histórico de desenvolvimento cultural, uma invenção é um acto ou acontecimento singular e, dentro de uma dada situação, será mais ou menos inevitável. Só do ponto de vista dos vários indivíduos envolvidos é que existem essa simultaneidade e co--ocorrência. A distinção é bastante simples, uma vez apreendido o conceito de cultura. Demorou a ser traçada por causa do hábito histórico convencional de tratar factores socioculturais gerais e factores pessoais individuais no mesmo nível amalgamado ou indiferenciado em que os fenómenos da história são de ordinário recebidos, apreendidos e tratados.

De igual modo, a aglomeração de grandes intelectos, que é um facto reconhecido há dois mil anos, embora considerado caprichoso, adquire um significado em termos de cultura. O génio é visto como um produto que é uma função do crescimento cultural. Este crescimento, ao desenvolver um padrão semelhante a um estilo, suscita ou liberta os talentos ou capacidades criativas individuais inatas, que se presume estarem sempre potencialmente presentes em quantidade maior do que a utilizada. À medida que o padrão se realiza, atinge-se uma culminação; com a sua exaustão instala-se o declínio, até que um novo padrão se desenvolve. Com esta abordagem dos níveis da cultura, demos pelo menos o primeiro passo para a compreensão do modo como as civilizações nascem e se desenvolvem, em lugar de nos limitarmos a aceitá-las, sem pensar, como milagres ou acidentes, ou a derivá-las de causas remotas impossíveis como o meio físico.

Também os fenómenos da moda parecem ser totalmente fortuitos até os abordarmos do ângulo de padrões de estilo suprapessoais — quase se poderia dizer impessoais — da cultura. A difusão de estímulos é um conceito para sondar certas similaridades interculturais, cuja conexão histórica é ténue ou se perdeu. Em cada situação entram necessariamente um ou mais indivíduos, mas apenas como um dente no mecanismo de transferência, estímulo e criatividade culturais.

É verdade que, no estudo da cultura, por supressão deliberada dos indivíduos enquanto indivíduos, o elemento do comportamento humano também é eliminado. Investiga-se, provisoriamente, a correlação de produtos colectivos e padronizados do comportamento de personalidades, não levando já em linha de conta estas personalidades e o seu comportamento. Quanto a mim, tenho levado a cabo esta supressão metodológica sem apreensões. Tendo começado por me interessar pelas formas da cultura, mantive o interesse pelo desenvolvimento contínuo de maneiras de analisar as relações dessas formas. A injecção na antropologia do conceito de comportamento, que começou por ser desenvolvido, como um correctivo, na emancipação ou purificação interna da psicologia, emanou de motivos muito diferentes e tocou-me pouco ou tardiamente. É verdade que os escritores de história sempre se ocuparam do comportamento ao tratar de indivíduos e acontecimentos, tal como se ocuparam implicitamente de cultura ao reconhecer instituições. Mas, como já se disse, os historiadores gostam de comer e digerir os seus fenómenos crus. Os que desejam a cultura como tal têm de a extrair fundindo o minério.

A visão cultural não é só colectiva, é também, quase inevitavelmente, de longo alcance, porque a dimensão do tempo lhe acrescenta muita coisa, conferindo aos fenómenos a qualidade de dinamismo, fluxo ou crescimento. É por essa razão que a arqueologia é tão atraente. O elemento de antiguidade das suas descobertas estimula directamente a imaginação, com sugestões de transcurso e mudança e, dentro em breve, os problemas históricos formulam-se sozinhos. À medida que estes prosseguem, os indivíduos afastam-se necessariamente da vista, e até o seu comportamento colectivo, que deixou de ser observável, se torna apenas remotamente inferível. O tempo e a decadência apagaram, do que foi outrora vivido por seres humanos, quase tudo, menos as formas culturais que a arqueologia restaura. Do ângulo da cultura, os dados arqueológicos surgem prontos a ser utilizados como os mais puros de todos, talvez com a linguagem ocupando o segundo lugar. Não há dúvida de que, na arqueologia, os factos estão menos misturados do que na história e até na etnografia.

Com a distância, o indivíduo, mesmo o de relevo, desaparece necessariamente, tal como, mesmo numa arrumação sincrónica das nações, começa a encolher. Só de longe em longe um Alexandre, um Gengis Khan, ou Napoleão, ou um Hitler, se destacam como um marco da submersão colectiva. Com este reconhecimento, tende a infiltrar-se sorrateiramente uma visão determinista. Não tarda que demos connosco deterministas, como Tolsti. Fui-o conscientemente durante décadas. Hoje não estou tão certo. Quando se adquiriu o hábito de observar as milenares curvas e contornos e os indivíduos encolhem até se tornarem insignificantes, é muito fácil negar-lhes influência consequencial, qualquer influência, até — posto o que nos achamos no portal da crença em forças imanentes indefinidas; mais um passo e as forças tornaram-se misteriosas. Mas de perto, no momento, são os indivíduos que se revelam activos; e não é o vê-los como títeres cegos e controlados, menos ainda como mecanismos de corda, que nos ajuda realmente a compreender as suas actividades. Claro que, na realidade, a questão da vontade livre ou determinada é uma questão metafísica, teológica, ética ou prática. Não tem aparentemente nenhuma resposta científica e não é, pois, uma questão científica. Sempre me podia ter apercebido disto muito antes de 1948 (cf. cap. 13). A minha própria teoria «determinista» de realização e exaustão de padrões contém um factor oculto de luta e vontade, presente nos indivíduos através dos quais a realização é alcançada. Há que outorgar a todos os homens um impulso e centelha criativos, tal como a potencialidade de os adquirir, por muito que do conceito de criatividade se tenha abusado e vulgarizado no passado e possa levar, desde logo, o estudioso e o cientista a ranger os dentes. Uma boa definição moderna de «criatividade», provavelmente em termos de valores culturais concebidos de maneira relativista e precisa e, no mínimo, com toda a «espiritualidade» excluída é um desiderato genuíno.

Quanto a isso, a minha velha comparação da cultura com um banco de coral devia ter-me posto de sobreaviso contra um determinismo demasiado condescendente. Para o geólogo, como para o marinheiro, o banco é uma acumulação maciça e antiga de secreções, um grande produto e influência, por direito próprio. Mas interessa o zoólogo na qualidade de colecção de pólipos vivos, repousando no banco, mas formando mais banco através das suas fisiologias. O livre arbítrio de um pólipo pode ser diminuto e a sua individuação um tanto ou quanto limitada, mas a sua actividade é certa.

E isso leva-nos à perturbadora questão das causas na cultura. As minhas opiniões têm variado sobre esta matéria e não estou ainda muito certo de onde me situo. Por alturas de 1917 (cf. cap. 3), pensava achar-me à beira de vislumbrar vagas e grandiosas forças de predestinação, quiçá não muito diferentes do «fatalismo» que Spengler em breve viria a proclamar. Trinta anos depois (cf. cap. 12), não estava tão certo de que essa causa pudesse ser encontrada, ou valesse a pena procurá-la, nas situações culturais. Nalguns pontos, parece que tive fortes intuições muito cedo, quase um garoto; por exemplo, que toda a busca de «origens» é vã (cf. cap. 1, 1901) e que causas específicas, supostamente simples, para os fenómenos culturais e históricos, quer particulares quer gerais, eram quase de certeza falsas. Continuo convencido destas duas coisas. Também estou convencido de que, ao nível cultural e em qualquer abordagem «histórica», tal como a definimos, a identificação de um padrão é o objectivo conveniente e fértil de uma melhor compreensão. A existência de causas não deve ser negada pelo facto de ser difícil de determinar; mas pôr a determinação das causas à frente de todo o esforço, como se estivéssemos a operar com uma mecânica antiquada, é ingénuo. Spengler, com todo o seu dogmatismo e exagero maníaco, não errou por muito ao rejeitar a causalidade do século XIX, trocando-a pela cultura e a sua história. E o «destino» dele, se for esvaziado do seu absolutismo e da qualidade de trágica condenação — exteriormente já é não teleológico — reduz-se até não ser qualquer coisa de muito diferente da padronização mais vasta de totalidades culturais.

Uma outra coisa é também clara. Uma parte maior da cultura, própria um dado grupo, é o produto não dessa população viva mas das gerações que a precederam. De igual modo, a maior parte do teor de qualquer cultura foi normalmente desenvolvida por outros grupos e introduzida e aceite. Estes factos não importam muito quando se centra a atenção em mudanças momentâneas ou de curta duração, em correlações sociais dentro do grupo ou em desenvolvimentos da personalidade, porque, em tais considerações, tanto os componentes antigos da cultura como os recentes tendem a funcionar e a provocar reacção. Mas em qualquer abordagem diacrónica, ou em qualquer abordagem comparativa ou contextual a traços largos, a idade não é tomada em consideração e, por conseguinte, a maior parte da causalidade invasora assemelha-se um pouco a um icebergue — acha-se abaixo da superfície do presente. Com factores antigos e recentes, externos e internos,

INTRODUÇÃO

todos em acção e de uma variedade infinitamente grande de idades e proveniências, é bom de ver por que razão a causalidade das culturas, vista historicamente, há-de ser, a um tempo, intricada e difusa. Finalmente, embora a cultura se limite essencialmente ao homem e seja a única ordem de fenómenos limitada desse modo, faz parte da natureza exactamente como qualquer outra ordem ou nível fenomenais e, não obstante as suas propriedades muito especiais, deve ser sempre interpretada como estando dentro da natureza. Além do mais, sendo distintiva do homem em maior medida do que a sociedade e a mente, que o homem partilha com outros animais, a cultura é o aspecto dele que, quase de certeza, há-de ser o mais significativo na determinação e compreensão do lugar do homem na natureza, à medida que esses lugar e relação forem sendo gradualmente formulados com maior clareza. A antropologia é reconhecida e aceite como uma ciência natural, não tanto por incluir esse ramo humano da biologia chamado «antropologia física» ou «racial» mas antes por causa do seu quinhão extra--somático e muito antibiológico que se prende com a cultura. Este segmento cultural da ciência do homem é maior, é muito mais distintivo e é predominante e, por isso, exige com urgência um tratamento mais declarado como parte da natureza. Na qualidade de mero animal, o homem sem cultura era um dentre muitos e não dos mais fortes; com a cultura, começou, e tem continuado cada vez mais, a dominar a vida no planeta e a controlar o futuro deste, após o que a dianteira no processo de evolução passou nitidamente da ordem orgânica para a ordem cultural. Parece mais que duvidoso que quaisquer novas formas de vida de bases genéticas possam alguma vez vir a vencer o avanço competitivo que já nos foi conferido pela nossa cultura. Tudo isto fez parte de um processo natural e deve ser visto cada vez mais no contexto da natureza.

Por outro lado, muita da cultura e, em especial, a sua história, os seus valores e o seu mecanismo simbólico indispensável da fala, há muito que vêm sendo estudados, ainda que por vezes antropocentricamente, pelos estudiosos das humanidades. Este corpo de conhecimento organizado e intensivo não está apenas disponível; está à espera de ser absorvido pelo contexto naturocêntrico das ciências da natureza. A ponte mais óbvia para essa absorção é a aceitação do conceito de cultura.

Nas páginas que se seguem não hesitei, por isso, em sublinhar precedentes e paralelos orgânicos sempre que me ocorriam (como nos caps. 5, 9 ,10 e 14) e em tirar proveito dos exemplos da história dos historiadores e da linguística (como acontece nos caps. 8, 11 e 14) — isto não obstante ter insistido anteriormente na autonomia do estudo da cultura (como acontece nos caps. 3 e 4). Continuo a ser a favor desta autonomia, mas considero-a quase totalmente realizada e creio que nos aproximamos do momento em que os esforços no sentido de uma federação mais íntima das ciências unidas podem muito bem partir dos estudiosos da cultura.

A posição em que fica a relação da minha profissão de antropólogo com as chamadas «ciências sociais» é coisa de que não estou muito certo. Quanto a isso, teria dificuldade em definir o âmbito e os objectivos intelectuais das ciências sociais. A sociologia considera-se, por um lado, uma ciência social e, por outro, coincide muito, quanto ao seu conteúdo, com a antropologia. Talvez estes dois estudos se tenham mantido separados apenas por abordarem mais ou menos a mesma matéria, de dois ângulos diferentes, respectivamente o das ciências sociais e o das ciências naturais, mais os estudos humanísticos. Esta possibilidade é aflorada no cap. 18.

Desenvolve-se neste livro uma teoria da cultura no sentido de considerar o que a cultura é no mundo. Considera-se, igualmente, de que modo se pode investigar a cultura, pelo que o texto está eivado de calão metodológico.

1

EXPLICAÇÕES DE CAUSA E ORIGEM

(1901)

Esta prédica rígida e um tanto ou quanto didáctica, com a sua linguagem antiquada, é extraída de um artigo sobre «O Simbolismo Decorativo dos Arapaho», o qual constituiu, de facto, a minha tese de doutoramento. Parte dele é aqui incluída, apesar das suas evidentes imaturidades, por prefigurar decididamente o ponto de vista generalizado respeitante à cultura, que gradualmente vim a desenvolver — incluindo uma arraigada desconfiança em origens e alegações de causas específicas, que acabaria por ter como resultado uma ênfase primordial nas formas, padrões e valores culturais.

Que «é impossível determinar a origem de qualquer» actividade cultural, «cuja origem não conhecemos», foi a conclusão a que cheguei em 1901. As «tendências» que se encontram «na base de todos os fenómenos antropológicos [culturais]... devem ser a meta da investigação». «Estas tendências, sendo inerentes à mente» e sendo «as tendências do homem social..., existem nos indivíduos que fazem parte de uma cultura» e são «determináveis apenas a partir de um estudo histórico de grupos sociais». «Causas ou começos específicos de fenómenos específicos são uma ilusão.» Na «grande unidade» da cultura total reside «o verdadeiro estudo para o estudo do homem. Nela, enquanto partes dela, são compreensíveis as culturas e os movimentos civilizacionais, tendências e fenómenos individuais. Só compreendendo a sua totalidade poderemos compreender realmente as suas... produções, que sempre têm um predecessor, mas nunca um começo».

Trata-se de uma maneira desajeitada de expressar a importância da relação de todos os factos culturais com o seu contexto, mas leva a água ao seu moinho. E a natureza humana é tomada em consideração, embora como algo a ser finalmente esboçado e não como ponto assente e derivado — o que estava ainda longe de ser prática universal na época.

Os Arapaho, uma tribo de índios das planícies que pertence ao *stock* algonquino, praticam uma forma de arte muito semelhante, em material, técnica e aspecto, à das outras tribos das planícies, de que os Sioux são os mais conhecidos. Esta arte tem um aspecto quase completamente irrealístico, não pictórico, decorativo. Na sua maior parte, consiste hoje em bordados com contas coloridas, que quase suplantaram o estilo mais antigo de bordados com espinhos de porco-espinho, fibras vegetais e talvez contas de manufactura aborígene. Os outros produtos desta arte são objectos de pele ou couro, que são pintados com desenhos geométricos. No seu todo, o carácter decorativo e geométrico da arte *arapaho* é muito marcado. Quase todas as linhas são rectas. As figuras dos bordados são linhas, faixas, rectângulos, losangos, triângulos isósceles e rectângulos, figuras compostas de combinações de triângulos, e círculos. Os desenhos pintados em couro compõem-se de triângulos e rectângulos em diferentes formas e combinações.

Ao questionar os índios, verifica-se que muitas destas figuras decorativas têm um significado. Um triângulo equilátero com o vértice para baixo pode representar um coração; com o vértice para cima uma montanha. Uma figura consistindo em cinco quadrados ou rectângulos dispostos em xadrez, os quatro exteriores tocando o central nos cantos, é uma representação de uma tartaruga. Uma comprida faixa atravessada por duas faixas curtas é uma libelinha. Uma fiada de pequenos quadrados intervalados representa pegadas. Cruzes e losangos significam com frequência estrelas. Tudo isto feito com contas. Em desenhos pintados, um triângulo isósceles achatado representa muitas vezes um monte; um triângulo isósceles ponteagudo uma tenda. Muitos outros objectos são representados de maneira semelhante.

Este carácter decorativo fortemente marcado da arte *arapaho* é, todavia, acompanhado de uma tendência representativa simbólica de um grau de desenvolvimento de que, a um primeiro olhar, uma pessoa civilizada dificilmente poderia suspeitar. Várias figuras relacionadas ao nível do sentido podem ser colocadas sobre um objecto, produzindo deste modo qualquer coisa que se assemelha a um quadro com composição. Quando se combinam dez ou doze símbolos, com ligação uns com os outros, é quase possível contar uma história através deles. Deste modo, os bordados tesos num mocassino, ou as pinturas geométricas numa sacola, podem representar a caça ao bisonte, a aquisição de poder sobrenatural por um xamã, uma paisagem ou mapa, um sonho, experiências pessoais ou um mito.

A arte *arapaho* é, pois, ao mesmo tempo, representativamente significante e decorativa. Será possível determinar a origem desta arte?

Uma vez que a arte *arapaho* consiste na íntima fusão de simbolismo e decoração, há duas teorias possíveis quanto à sua origem.

EXPLICAÇÕES DE CAUSA E ORIGEM

Qualquer dos seus dois elementos pode ser original. Os índios podem ter começado com o realismo, desenhando ou trabalhando formas a imitar a vida na sua arte; mas, depois, os obstáculos inerentes ao material sobrepuseram-se, ou a tendência manifesta para a simetria e a repetição num padrão vieram ao de cima, ou talvez outras causas tenham exercido a sua influência, até que as primitivas representações imitativas foram abreviadas, transformando-se nas decorações convencionais que foram descritas. Também é possível que os índios tenham começado por meros ornamentos. Talvez estes nem sequer fossem originalmente ornamentos, mas peculiaridades de construção de artigos puramente utilitários, peculiaridades técnicas essas que foram mais tarde consideradas belas e se transformaram então em simples ornamentos. Seja como for, seja qual for a sua origem, as decorações podem ter existido no passado *per se;* mais tarde, um ornamento convencional qualquer pode ter acidentalmente sugerido um objecto natural, após o que foi modificado para se assemelhar mais a esse objecto; o mesmo processo ocorreu com outros ornamentos, até que, finalmente, todo um sistema de simbolismo foi acrescentado ao sistema de decoração mais antigo. A primeira dessas teorias é de que as imagens originais se convencionaram num simbolismo decorativo; a outra teoria é de que o ornamento original se expandiu em decoração simbólica. Estas são as explicações logicamente possíveis da origem da arte *arapaho,* porque reconhecemos nela dois factores, o realista simbólico e o decorativo técnico.

Vejamos se é possível tornar qualquer destas teorias, através da evidência dos factos, efectivamente certa ou, no mínimo, provável...

Nos mocassinos, a tendência para o simbolismo realista e a tendência para o convencionalismo decorativo encontram-se, nitidamente, em equilíbrio aproximado. Por conseguinte, não é possível dizer com justeza qual destas tendências é a mais antiga e original. Se concentrarmos a nossa atenção no simbolismo ou se, por acaso, estivermos, por uma questão de temperamento, mais interessados nele, é muito provável que o vejamos em maior abundância do que à decoração, fiquemos mais impressionados com ele, consideremos toda a arte actual mero simbolismo corrompido ou abreviado e avancemos como explicação da origem e desenvolvimento desses desenhos a teoria do realismo convencionalizado. Mas, se tivermos em maior apreço a decoração enquanto tal, ou se a nossa inclinação natural for para o ornamental e o técnico, é provável que reparemos mais neste lado, encaremos as significações das marcas como acrescentos triviais e irrelevantes que podem ser ignorados e, finalmente, defendamos a teoria da decoração expandida...

Assim, ambas as explicações, no caso dos desenhos dos mocassinos, não só são logicamente possíveis como são muito naturalmente cridas e avançadas, em resultado de certas predisposições mentais.

A NATUREZA DA CULTURA

Mas, se tentarmos manter-nos isentos de quaisquer inclinações deste tipo e se nos lembrarmos de que ambas as tendências tiveram um forte desenvolvimento e estão intimamente fundidas, temos de chegar à conclusão de que, como o simbolismo e a decoração se compensam, as duas teorias, do realismo convencionalizado e do ornamento expandido, embora logicamente admissíveis, são, na realidade, insustentáveis. O que parece provável é que, como as duas tendências são vigorosas e se acham combinadas, ambas estejam firmemente enraizadas, sejam antigas e se encontrem há muito em estreita união, pelo que os desenhos anteriores em mocassinos *arapaho,* embora talvez sendo mais grosseiros do que hoje, possuíam o mesmo carácter genérico, quer simbólica quer decorativamente, que os que conhecemos...

Alguns dos Arapaho dizem que no princípio do Mundo, quando os primeiros homens, os seus antepassados, obtiveram a tinta só tinham as peles de animais pequenos para servirem de sacolas de tinta e que essa é a origem do simbolismo animal das actuais bolsas de tinta.

É preciso não embarcar de ânimo leve numa crença neste tipo de origem e desenvolvimento, segundo os índios. A sua autoridade sobre tal ponto não tem qualquer valor. Eles acreditam que a altura em que os primeiros homens obtiveram sacolas de tinta foi há quatrocentos anos, imediatamente após a formação do Mundo por um ser mítico solitário que flutuava na água e depois de um redemoinho feminino ter ampliado a minúscula terra, volteando em torno dela. Como todos os selvagens americanos, não possuem quase nenhum sentido ou conhecimento históricos. Ocasionalmente, um acontecimento de relevo pode ser recordado numa forma distorcida durante um ou dois séculos mas, no todo, qualquer que seja a ocorrência retida nos seus relatos, ela está inextricavelmente misturada com elementos míticos e sobrenaturais. Não temos o direito de rejeitar a maior parte do seu mito da criação por ser de tal forma impossível que não lembraria a ninguém aceitá-lo como verdadeiro e, ao mesmo tempo, escolher aqui e além um ponto que esteja dentro dos limites da possibilidade e proclamá-lo histórico e verosímil. Os elementos míticos e históricos das lendas primitivas não estão simplesmente misturados de maneira a permitir distingui-los e separá-los, mas são igualmente maravilhosos e igualmente verdadeiros para o selvagem. Nenhum mito pode ser interpretado como história por meio da simples eliminação dos seus quinhões sobrenaturais — ele deve ser rejeitado *in toto.* Ainda que se possa fundar numa base de actualidade — e deve ser essa muitas vezes o caso —, é totalmente mito. No direito e nas ciências exactas, e sempre que se avaliam provas, um depoimento que seja em grande parte manifestamente absurdo ou palpavelmente impossível não é aceite como verdadeiro depois de subtraídas as impossibilidades, mas é ignorado na sua totalidade. Do mesmo modo, é preciso não dar importância à afirmação dos Arapaho no que respeita à origem destas sacolas de tinta.

EXPLICAÇÕES DE CAUSA E ORIGEM

Considerámos várias formas de arte *arapaho*. Em todos os casos encontrámos um simbolismo desenvolvido e uma decoração convencional. O simbolismo e a decoração não existem lado a lado, mas um no outro. Tem sido fácil fabricar explicações da origem desta arte, que constituem teorias plausíveis. Mas, assim que nos abrimos a todas as possibilidades, verificamos que essas teorias emanam das nossas opiniões e métodos de interpretação e que não se consubstanciam em factos. Por conseguinte, podemos descrever a arte *arapaho*, podemos caracterizá-la e distinguir as suas várias tendências coexistentes. Podemos mesmo, até certo ponto, entrar no espírito das pessoas que a praticam e compreender (i.e. sentir) as suas operações mentais. Não podemos, em honestidade, asseverar que conhecemos a causa ou a origem desta arte, tal como não podemos indagar a sua causa e origem estudando os seus produtos.

Na arte de outras raças primitivas as condições assemelham-se muito às que acabámos de discutir. Por toda a parte a arte é convencionalizada, sob a influência de um estilo definido. Praticamente em toda a parte, também, é decorativa. Isto é manifestamente verdadeiro em artes superiores como a japonesa e a chinesa. É igualmente verdadeiro na escultura grega e nas pinturas do Renascimento. Embora na nossa civilização moderna tenhamos o hábito de encarar os produtos destas artes separadamente e de desfrutar deles como se fossem completos em si, toda a gente sabe que o intento de decorar acompanhava sempre a concepção e a execução das obras-primas clássicas e italianas. Nem mesmo uma arte diligentemente realista como o impressionismo moderno é capaz de se libertar totalmente da acusação de ser ornamental, pois, seja qual for o propósito do artista, o possuidor de um quadro desses quase de certeza que o adquiriu com o fim, pelo menos ostensível, de decorar uma parede nua. Nas civilizações primitivas, a combinação das tendências imitativa e decorativa é, evidentemente, muito maior. Com muito poucas excepções, como é o caso de algumas tribos esquimós, o impulso representativo realista é profundamente impressionado e influenciado pelo estilo altamente convencional e em todos os casos este estilo convencional é decorativo. Em conformidade, quase toda a decoração primitiva, por muito geométrica ou simples que seja, tem significado e é, pois, visual ou ideograficamente representativa. Este facto só há pouco foi conhecido, porque até há muito pouco tempo os selvagens raramente eram interrogados a fundo. Por consequência, a principal característica da arte *arapaho*, a sua fusão (que é, mais verdadeiramente, uma indiferenciação) das tendências realista e decorativa, também é característica da arte primitiva de maneira geral.

No Brasil, conhecemos tribos cujos desenhos pintados e incisos, todos eles extremamente simples e geométricos e, geralmente, em padrões, são todos significantes. Losangos, cujos cantos se encontram ligeiramente preenchidos, são peixes de forma rombóide; um padrão de triângulos isósceles achatados ao alto são morcegos, etc. Também há representações dos mesmos animais, ligeiramente mais realistas. As mesmas tribos usam vasilhas de forma oval com uma meia dúzia de projecções de formas variadas no rebordo. O recipiente interior representa um animal, sendo as projecções grosseiramente modeladas como cabeça, cauda e membros. Aves, morcegos, mamíferos, répteis e invertebrados são sugeridos por modificações muito ligeiras. Uma pessoa civilizada, que não esteja familiarizada com o modo de visão e pensamento dos aborígenes brasileiros, poderia facilmente tomar um vaso-pássaro por um vaso-mamífero, etc.

Na Austrália central, matracas e outros objectos são decorados com linhas incisas. Estas consistem em círculos concêntricos, faixas de linhas paralelas, arcos ou curvas concêntricas e fieiras de pontos ou pequenas marcas. A ornamentação não é simétrica nem sequer regular parece se fortuita e grosseira. Contudo, a nível geral, estas matracas decoradas assemelham-se muito umas às outras. Verificou-se que os desenhos são todos ideográficos, embora a gama total de significação pareça não ser muito vasta. Marcas semelhantes podem significar, em diferentes objectos, coisas tão diferentes como árvores, rãs, ovos ou intestinos. É interessante notar que, embora esta arte seja notavelmente grosseira e informe, quer como ornamentação regular quer como tentativa de representar os objectos com exactidão, contém um sistema de expressão simbólica, bem como um sistema de decoração, ambos convencionalizados — ou, antes, cuja união é uma convenção...

O método habitual de explicar a origem de uma arte tem consistido em seleccionar, dentre as tendências, a mais marcada ou a que parecia ao investigador sê-lo, imaginar os produtos desta tendência na sua forma mais isolada e pura e considerá-los o estado original da arte. Um observador fica surpreendido pelo facto de, numa certa arte primitiva, muitos traços ornamentais coincidirem com outros de carácter técnico, que se encontram presentes por razões práticas. Conclui que a tendência técnico-prática que descobriu na decoração é o impulso original e sem mistura que causou a arte. Ou pode aperceber-se, através de investigação ou estudo, do facto de o ornamento geométrico numa arte ter significação representativa. A representação impressiona-o; é certo que está já alterada e corrompida, mas isso só prova que originalmente era pura. *Ergo,* esta arte começou com imagens representativas. Tem sido este o método de explicação, por muito que os resultados efectivos, em casos diferentes, difiram...

Este método enferma da falha fundamental de pressupor que as tendências existiram numa altura qualquer anterior, de modo menos misturado e mais separado do que actualmente. Na realidade, devem ter sido, no passado próximo, sempre muito semelhantes ao que são hoje e, no passado muito remoto, mais misturadas ou mutuamente indiferenciadas. Assim, vimos que a arte *arapaho* deve ter sido, há algum tempo, muito semelhante ao que é hoje. Como eram, mais atrás ainda, é coisa que sabemos ainda com menos precisão, mas não podemos duvidar de que o seu espírito deve ter sido semelhante. É possível que diferentes objectos tenham sido representados, que outros motivos ornamentais tenham sido empregues noutros materiais; mas, mesmo nessa altura, havia, por certo, a combinação de simbolismo ideográfico com decoração pesada e grosseira. Remontando ainda mais no tempo, podemos ter a certeza de que os pormenores da arte eram cada vez mais diferentes dos existentes actualmente. Talvez uma das suas tendências componentes fosse relativamente mais forte numa altura, outra noutra. Mas, independentemente destas flutuações temporárias, não há dúvida de que, se recuarmos o suficiente, temos de chegar a um estádio em que as tendências tenham sido ainda mais numerosas e mais intimamente combinadas do que hoje. Mas crer que a arte *arapaho* pode ser explicada, por exemplo, pela teoria do realismo convencionalizado, sendo o realismo original e a convencionalização subsequente, é o mesmo que defender a opinião de que, num passado qualquer, esta arte *arapaho* consistia em representações pictóricas. Esta opinião é logicamente possível, mas na realidade é absurda. Esta arte não poderia ter tido um desenvolvimento tão idealmente simples que pudéssemos ainda reconstituir a sua condição original, se ela fosse muito antiga. Mas se tivesse uma origem comparativamente recente, não devia ter existido, até uma certa altura, qualquer arte entre os Arapaho, tendo surgido nesse momento plenamente desenvolvida, não como uma coisa grosseira e indiferenciada mas como uma arte pictórica altamente especializada. Semelhante acontecimento seria extremamente notável, para não dizer maravilhoso e mais carecido de uma explicação do que o fenómeno que explicava. Ao isolar qualquer tendência que encontramos numa arte, somos levados a imaginar uma condição puramente ideal que não só não poderia ter sido o estado original da arte como é provável que seja ainda mais diferente do seu estado original do que o estado actual que se conhece.

Em resumo, é impossível determinar a origem de qualquer arte cuja história não conheçamos.

Consideremos sumariamente o campo da mitologia. Tem havido numerosas explicações de mitos e diversas teorias da origem de toda a mitologia. As principais são as seguintes.

A teoria que podemos designar de física, ou da ciência, explica os mitos fazendo deles a consequência de um desejo de explicar os fenómenos naturais. As formas ou cores dos animais, o movimento do Sol e da Lua, a existência das estrelas, estranhas formações geológicas — supõe-se que tais fenómenos tenham estimulado o espanto do homem primitivo, de tal modo que ele tenha criado os mitos para os explicar.

A NATUREZA DA CULTURA

A teoria da personificação supõe que as divindades e outras personagens míticas, juntamente com as suas acções — numa palavra, a mitologia — são personificações de fenómenos naturais. Febo, Indra, Agni, teriam tido origem em personificações do Sol, do Céu e do Fogo. As teorias do mito solar e outras de género análogo encontram-se abrangidas nesta espécie.

A teoria animista diz que existia originalmente uma crença na alma, da qual surgiram os vários sistemas de espíritos e divindades. Crê que os mitos tiveram origem num estado do espírito humano ao qual todos os objectos pareciam igualmente dotados de personalidade humana.

Estas três teorias são, no fundo, a mesma.

A teoria, chamada alegórica ou ética, supõe que os mitos são invenções alegóricas com um alcance moral. Histórias miraculosas de deuses, homens e animais teriam sido compostas com o fim de ensinar preceitos éticos por ilustração. Este ponto de vista já não é, hoje em dia, tão favorecido.

A teoria histórica faz dos mitos a distorção de acontecimentos reais. Um poderoso rei de Creta terá dado origem à personagem mítica de Zeus.

A teoria etimológica chama à mitologia uma doença da linguagem. Metáforas mal interpretadas ou falsas etimologias teriam dado origem aos mitos. Para utilizar um exemplo familiar, Zeus chamar-se-ia originalmente Kronion, que significa «existindo por todo o tempo». Mais tarde este epíteto veio erroneamente a significar filho de Kronos, dando assim origem à concepção de um deus Kronos.

Como explicações, todas estas teorias são falsas. Mas as tendências que admitem existem.

Verifica-se, sem dúvida, uma tendência para explicar os fenómenos naturais através de mitos. Os índios da Colúmbia Britânica têm esta história: o urso e o esquilo discutiam se haveria de haver trevas ou luz. O esquilo ganhou e fez-se luz pela primeira vez. O urso, irado, atacou o esquilo e perseguiu-o. O esquilo fugiu, arrancando-se das garras do urso. É por esta razão que tem listas ao longo do dorso. Esta pequena história, qualquer que seja a sua origem, reflecte claramente a tendência para interpretar mitologicamente fenómenos naturais como o dia, a noite e as marcas coloridas dos animais. Conhecem-se centenas de mitos semelhantes referentes às manchas da Lua, à negrura do corvo, a uma certa pedra peculiar, ou a um facto do mesmo género, por todas as partes do Mundo.

Verifica-se, igualmente, uma tendência para identificar personagens míticas com partes da natureza; Thor com o trovão, por exemplo. E a tendência para o animismo está tão espalhada e tão arraigada que será reconhecida sem precisar de exemplos.

EXPLICAÇÕES DE CAUSA E ORIGEM

Também há que reconhecer que existe qualquer coisa de semelhante a uma tendência ética nas mitologias. Entre as raças primitivas, o cerimonial e o ritual tomam, em parte, o lugar da nossa moral, que é mais recente. E é frequente os mitos terem a ver com o cerimonial. Os índios americanos, os Judeus, os Australianos e os Gregos possuem mitos assim.

A existência de uma tendência histórica nos mitos é demonstrada pela introdução de Átila na saga de Sigurd.

Finalmente, a tendência etimológica revela-se no seguinte excerto de um mito dacota: um casal de velhos adoptou uma criança abandonada. Quando cresce, este filho torna-se de tal maneira exímio a matar bisontes que os pais ficam com grande abundância de carne seca. «Então o velho disse: 'Velha, estou contente por sermos abastados. Vou espalhar a notícia.' Assim, quando amanheceu, subiu para o alto da casa, sentou-se e disse: 'Eu, eu acumulei abundância. O melhor das grandes tripas (*tashiyaka*) mastigo-o eu.' E dizem que foi essa a origem da cotovia-dos-prados (*tshiyakapopo*). Ela tem o peito amarelo e é preta no meio, que é o amarelo da manhã, e dizem que a faixa preta é feita por um corno de bisonte polido que serve de colar.» A partir daqui o mito relata as aventuras do rapaz.

É, pois, claro que para cada uma destas teorias existe realmente uma tendência no homem primitivo que influencia os seus mitos.

Esta multiplicidade de tendências ou forças causativas refuta necessariamente qualquer explicação que utilize e aceite apenas uma. Todas as explicações de mitos têm sido assim. Só podem ser assim visto que, quando se admite mais que uma tendência ou causa, podemos obter várias sugestões experimentais, mas não uma explicação positiva. O caso é análogo ao da arte e não precisa de ser novamente especificado. Pode dizer-se, em resumo, que todas as explicações de mitos consistem em ignorar todas as tendências eternas e indestrutíveis existentes no homem, à execpção de uma, que é isolada e elevada à categoria de causa única do mito. É óbvio que tais explicações, por muito claras e impressionantes que sejam, não podem ser verdadeiras.

Chegamos assim à conclusão de que toda a busca de origens em antropologia não pode conduzir senão a falsos resultados. As tendências de que falámos estão na base de todos os fenómenos antropológicos. Por conseguinte, são estas tendências gerais, e não as supostas causas de fenómenos separados, que devem constituir, mais propriamente, o objecto de investigação...

As tendências mencionadas em todo este ensaio devem ser entendidas como as tendências do homem social. Trata-se das tendências que existem nos indivíduos enquanto partes de uma cultura, não nos indivíduos isolados. Existem causas psicológicas ou condições men-

A NATUREZA DA CULTURA

tais — geralmente consideradas fisiológicas — a que também se poderia chamar «tendências». É o caso da tendência para a fadiga, da tendência para a formação de hábitos, da tendência para a imitação por sugestão e outras. Estas existem quase de maneira idêntica em todos os homens, seja qual for o seu grau de civilização; parecem até ocorrer, com poucas alterações, nos animais. É evidente que estas tendências fisiológicas são independentes das culturas. O conhecimento que temos delas deve-se a um estudo psicológico de homens individuais. Por outro lado, as tendências acima mencionadas são determináveis apenas por um estudo histórico de grupos sociais. As manifestações dessas tendências são actividades como a mitologia, a escrita, os cerimoniais, a arte decorativa, as castas, o comércio e a língua.

Estas diversas tendências, sendo inerentes à mente, são perenes. Por outro lado, estão em constante mudança e desenvolvimento e variam nas suas diferenciações e combinações. Os fenómenos da actividade têm mudado à medida que estas tendências e as suas relações umas com as outras se têm modificado. Logo, os produtos da mente (os fenómenos estudados pelos antropólogos tal como a própria mente, não têm princípio (para nós). Não têm uma origem. Todas as artes e todas as instituições são tão antigas como o próprio homem. Toda a palavra é tão antiga como a fala. A história de qualquer mito é pelo menos tão longa como a história da humanidade. Claro que nenhum mito jamais foi idêntico de uma geração para a seguinte; nunca nenhum estilo decorativo se manteve inalterado. Mas nunca nenhum mito, nenhuma convenção artística, nem qualquer outra coisa humana, surgiu do nada. Irrompeu sempre de alguma coisa anterior, que era semelhante. Estes princípios são óbvios, mas são ignorados e implicitamente negados em toda a busca de uma origem.

Toda a explicação de uma origem em antropologia se baseia em três processos de pensamento, que são irrepreensíveis logicamente, mas que são contrários aos princípios do fenómeno da evolução e aos inúmeros factos que sustentam estes princípios. Temos, primeiro, o pressuposto, implícito na palavra *origem,* de que, antes do começo do fenómeno explicado, ele mesmo e a sua causa se achavam ausentes; em segundo lugar, a crença de que uma causa de aparecimento súbito produziu sozinha o fenómeno; e, em terceiro, a ideia de que esta causa cessou de maneira tão súbita e completa como antes surgira e que o seu produto se manteve, não afectado por outras causas, inalterado (a não ser pelo desgaste natural) até aos nossos dias. Estes três processos do pensamento encontram-se presentes em toda a explicação da causa ou origem de um fenómeno humano, quer a pessoa que fornece a explicação esteja consciente deles quer não. De maneira geral, com efeito, a origem não é asseverada sem hesitações e com suficiente clareza para que estes três passos do pensamento sejam visíveis em toda a sua nudez. É natural que, as mais das vezes, o investigador que avança uma teoria da origem negue a existência destes processos no seu raciocínio. Contudo, toda a determinação de uma origem, quer «origem» signifique o princípio de um fenómeno quer signifique a sua causa, deve implicar a existência, primeiro, de um estado diferente anterior, segundo, de uma mudança produzida por uma causa externa (não inerente) e, terceiro, do estado que está a ser investigado.

Se as causas ou começos específicos de fenómenos específicos são, pois, uma ilusão em antropologia, e não é possível procurá-los, qual há-de ser o objecto de investigação? As tendências a que tanto nos temos referido? Tal como as palavras e os estilos, os mitos, as ideias, os processos industriais e as instituições, que são, todos eles, produtos seus, as tendências estão a um tempo eternamente vivas e em constante mudança. Desaguam umas nas outras; transformam-se; encontram-se indistinguivelmente combinadas, onde quer que coexistam. Assim, se a nossa visão for suficientemente ampla não podemos propriamente determinar, separar, denominar e classificar as tendências. Elas só existem, na realidade, na unidade total da actividade viva, como partes do organismo interminável. Esta grande unidade é o verdadeiro estudo para o estudioso do homem. Nela, enquanto partes dela, são compreensíveis as culturas e os movimentos das civilizações, as tendências e os fenómenos individuais. Nela conhecemos as suas inter-relações. Só compreendendo esta totalidade poderemos compreender realmente as suas partes mais pequenas, essas produções que sempre têm um predecessor mas nunca um começo.

O erro fundamental do método antropológico habitual de investigar as origens é isolar os fenómenos e procurar causas específicas isoladas para eles. Na realidade, os fenómenos éticos não existem separadamente: só têm existência numa cultura. Muito menos se poderá isolar, verdadeiramente, as forças causativas da mente humana, as actividades ou tendências. Qualquer distinção delas é não só arbitrária como falsa. Os fenómenos e as causas só podem ser apercebidos devidamente, na medida em que conhecemos as suas relações com o resto da grande unidade chamada vida. Quanto melhor isto for conhecido e compreendido, como um todo, melhor compreenderemos as suas partes. A totalidade da vida, eis o único objecto de estudo proveitoso em antropologia.

2

CAUSA DA CRENÇA NA TRANSMISSÃO HEREDITÁRIA DOS USOS

(1916)

Subproduto ou reflexo d'O Superorgânico, que vem a seguir (cf. cap. 3), estes parágrafos constituem uma espécie de incursão em território inimigo, sendo o ensaio de maiores proporções, do ano seguinte, uma declaração de independência. Nele, o processo cultural era liberto do meramente orgânico; aqui, um erro antigo, mas persistente, na compreensão da mudança orgânica histórica, é interpretado como devendo-se à errónea inclusão, no processo biológico, de um mecanismo distintamente sociocultural. Tanto quanto sei, ninguém fez caso do argumento; mas ele continua a parecer-me válido.
Os caps. 3, 4, 5 e 9 retomam o problema das relações com a biologia.

Esta nota traduz um esforço no sentido de examinar o antigo e recorrente problema da transmissão hereditária dos usos, a partir do aspecto dos motivos de pensamento subjacentes envolvidos nesses usos, e já não através de uma consideração da evidência com eles directamente relacionada.

A hereditariedade de traços adquiridos é, teoricamente, uma heresia biológica. Mas o interminável aflorar da crença, mesmo em círculos profissionais, aponta para um forte impulso psicológico para essa convicção. A mola principal deste impulso torna-se, assim, uma questão de certa importância para o estudioso da hereditariedade...

Embora antes de Lamarck nunca tenha sido formulado num princípio de base definido, em razão da falta de interesse científico específico pelos fenómenos orgânicos, o princípio da transmissão hereditária dos usos tem sido, não obstante, tacitamente assumido por nações civilizadas de todas as épocas e até os selvagens o consideram evidente por si mesmo. Deve, pois, apoiar-se numa vasta massa de experiência comum, interpretada por um processo elementar do pensamento. Esse processo elementar — na realidade, o único processo elementar de grande alcance — é a analogia.

A questão passa então a ser qual será a base — real, sem dúvida, mas empregue de maneira não científica — para a construção de analogias, que redundou na convicção da existência da transmissão hereditária dos usos. Deve, evidentemente, existir um vasto grupo de fenómenos da experiência humana com alguma semelhança com a transmissão hereditária do adquirido.

São eles os fenómenos extremamente vulgares da herança social, ou transmissão e crescimento culturais. Com efeito, «herdámos» um nome, ou uma propriedade, ou o conhecimento de uma língua, a prática de uma arte, ou a crença numa forma de religião particular. Biologicamente, essa «herança» é, como é evidente, absolutamente distinta da «hereditariedade», porque o mecanismo de transmissão é diferente. A fonte da herança social não se limita aos pais e aos antepassados reais na linha de ascendência, mas abarca uma multiplicidade de indivíduos, consanguíneos e sem qualquer parentesco, mortos, vivos e, por vezes, até mais novos do que os herdeiros — por outras palavras, a totalidade do meio social, passado e presente, de um indivíduo. Podemos «herdar», e efectivamente «herdamos», a propriedade de um tio, a nossa «língua materna», de uma ama, a aritmética desenvolvida por épocas passadas, de um professor, os nossos dogmas e filosofia, de um profeta, as nossas crenças políticas e morais, de toda a opinião pública circum-ambiental.

Como esta transmissão social ou cultural diz respeito aos seres humanos, tem um interesse mais imediato, para a mente inculta normal, do que a transmissão que dá órgãos, instintos e peculiaridades aos animais e às plantas. É, portanto, reconhecida muito mais cedo do que os processos que orientam a transmissão biológica ou orgânica. Não carece de qualquer prova o facto de que, no seu desenvolvimento, o homem se tenha interessado muito mais cedo por si próprio do que pelos animais ou outras partes da natureza. É sabido, por exemplo, que o animismo, que é aceite como a base de toda a religião, antropomorfiza não só os seus deuses e as forças mais vagas da natureza como, em especial, os animais, as plantas e os objectos.

Por consequência, só recentemente o mundo prestou uma verdadeira atenção à hereditariedade orgânica, ao passo que a herança social é reconhecida desde o começo da existência humana. A história, a ciência da sociedade humana, tem já, mesmo sob uma forma relativamente avançada, vários milhares de anos e, como rudimento, possui interesse suficiente para atrair os selvagens. A biologia, como ciência organizada, tem uma idade de apenas alguns séculos.

É significativo que a primeira teoria da evolução orgânica, a de Lamarck, tenha recorrido integralmente à explicação da transmissão hereditária dos usos por empréstimo da herança social. Foi atingido um segundo estádio quando Darwin introduziu o factor orgânico da selecção, embora recusando-se a romper com a explicação mais antiga. Uma última fase foi inaugurada quando Weissmann insistiu em que os fenómenos orgânicos fossem interpretados unicamente por processos orgânicos.

A prioridade do raciocínio por analogia sobre o raciocínio por meio de um mecanismo específico é um fenómeno histórico a nível mundial. Encontramos as duas concepções modernas da evolução e da criação, na forma de grosseiras filosofias, nas mitologias dos selvagens mais primitivos, bem como no pensamento dos Hindus, Semitas, Gregos e Romanos. Mas ocorrem, uma, como uma analogia com o familiar fenómeno da manufactura ou fabrico de objectos à mão, e, a outra, como uma analogia com o fenómeno igualmente familiar do nascimento e crescimento. O que a ciência moderna fez foi adoptar estas ideias antiquíssimas e grosseiras, tal como adoptou os conceitos semimitológicos do átomo e do éter, e dar-lhes novo uso. Só os incultos vêem em Darwin o originador da doutrina da evolução. O que ele originou foi um mecanismo orgânico e, na sua época, novo, pelo qual o antigo conceito de evolução podia ser explicado e, consequentemente, sustentado.

A distinção entre o social e o orgânico está longe de ser nova. Mas os dois grupos de fenómenos, e os processos envolvidos em cada um deles, continuam a ser frequentes vezes confundidos noutros domínios, que não o da herança dos usos. Todo o movimento eugénico, por exemplo, na medida em que é um programa construtivo e não uma mera questão de vulgar higiene social profiláctica prática, baseia-se no pressuposto de que o progresso social pode ser realizado por meios orgânicos...

Em resumo, a doutrina da transmissão hereditária de caracteres adquiridos não é talvez mais refutável do que demonstrável por acumulação e análise de evidência. Emana de um método de raciocínio por analogia, ingénuo e até primitivo, que, neste caso, labora numa confusão dos conceitos há muito distinguidos e necessariamente distintos do orgânico e do social ([1]). A doutrina pode, todavia, ser rejeitada por razões puramente metodológicas. É possível que, quando for descoberto o factor ou elemento perdido da evolução, que nem Darwin nem os geneticistas ([2]) conseguiram descobrir, este factor, conduzindo a adaptações, mostre ser algo superficialmente semelhante à transmissão hereditária dos usos. Mas diferirá do actual factor da hereditariedade por aquisição, apenas parcialmente desacreditado pelo facto de conter um mecanismo orgânico, e será, portanto, essencialmente diferente desta crença confusa ([3]).

NOTAS

[1] «Social» no sentido lato, isto é «cultural», como se diz hoje.
[2] «Mutacionistas», no trabalho original.
[3] Este último parágrafo foi editado visando uma fraseologia menos dura e condenatória.

3

O SUPERORGÂNICO

(1917)

Originalmente publicado na revista American Anthropologist, *este ensaio foi reeditado com revisões estilísticas, dez anos depois, pela Sociological Press of Hanover, New Hampshire. Há já muitos anos que o artigo não causa grande sensação entre os antropólogos, presumivelmente porque os seus pontos de vista controversos passaram, na sua maioria, para o corpo comum dos seus pressupostos. Continuou, todavia, a despertar algum interesse entre sociólogos, historiadores e cientistas sociais em geral, razão pela qual é aqui incluído sem cortes.*

Da perspectiva de um terço de século, o ensaio parece uma proclamação de independência anti-reducionista, em relação ao predomínio da explicação biológica dos fenómenos socioculturais. No entanto, ao olhar para trás, não sou capaz de recordar, nas duas décadas anterio-res a 1917, quaisquer casos de opressão ou de ameaça de anexação, da parte dos biólogos. O que pairava sobre o estudo da cultura, pelo que me apercebo hoje, era antes uma opinião pública difusa, um corpo de pressupostos desapercebidos, que tornava precário o reconhecimento autónomo da sociedade e, mais ainda, da cultura. Era contra o homem inteligente da rua e contra os que escreviam para ele, filósofos sociais como Herbert Spencer, Lester Ward, Gustave Le Bon — era contra a sua influência que eu protestava. Na realidade, os biólogos ignoravam, de maneira geral, a sociedade e a cultura. Os poucos que não as ignoravam, como Galton e Pearson, apresentavam provas analisadas que eram manipuláveis e poderiam, por consequência, ser igualmente interpretadas num sentido contrário. A verdade é que Galton sempre me inspirou o maior respeito e foi uma das minhas grandes influências intelectuais. Aquilo contra o que o ensaio realmente protesta é o cego e brando vaivém entre uma equívoca «raça» e uma equívoca «civilização» — vaivém referido no final de um dos parágrafos do artigo. Essa confusão continuava, sem dúvida alguma, a prevalecer na altura.

A NATUREZA DA CULTURA

Há que formular duas reservas em meados do século XX. Em primeiro lugar, a sociedade e a cultura já não podem ser simplesmente colocadas entre parêntesis, como «o social», como era então costume, em contraste com «o orgânico». Na maior parte dos contextos, são separáveis e é preferível distingui-los. Quando o significado é claramente inclusivo, esse facto pode ser hoje esclarecido por meio do emprego de «sociocultural», segundo a prática consistente de Sorokin. Foi Bernard Stern quem fez notar, em Social Forces, *em 1929, que o meu «social» deste ensaio era ambíguo. As formigas e as térmites possuem sociedades, mas não têm uma cultura. Só o homem tem ambas, sempre necessariamente associadas, embora conceptualmente diferenciáveis. Hoje em dia, a imprecisão relativamente à distinção é uma falha intelectual apenas ou pouco menos grosseira do que a confusão do orgânico e do superorgânico. Que o meu «superorgânico» de 1917 se referia essencialmente à cultura é claro, não só por toda a evidência concreta citada mas também pelo emprego constante de «civilização», «cultura», «história» e das suas formas adjectivas. Dos vinte últimos parágrafos, só três não contêm uma ou mais ocorrências destes termos, alternadamente empregues. Sentir- -me-ia mais feliz se tivesse tido, em 1917, a previsão bastante para dizer «cultural» ou «sociocultural» sempre que disse «social», numa errónea tentativa de me conformar ao uso prevalecente de deitar vinho novo no odre velho. No entanto, julgo que em parte alguma do ensaio discuto ou denomino a «sociedade», facto que mostra que, quando dizia «o social» empregava a expressão ou num sentido mais amplo, para incluir a cultura, ou num sentido limitado, para denotar sem rodeios a cultura.*

Em segundo lugar, retracto-me, por serem reificação descabida das referências feitas no décimo quarto, no décimo e no sexto parágrafos a contar do fim e no último parágrafo, às «substâncias», entidades ou estruturas superorgânicas. Embora seja com frequência indispensável encarar diferentes tipos de fenómenos como se pertencessem a diferentes ordens e tratá-los em níveis de apreensão separados, não há necessidade de transformar metafisicamente níveis de concepção, ou ordens de atributo, em entidades substanciais ou géneros diferentes de substância. Comparar, a propósito disto, com o cap. 13.

A noção, expressa no septuagésimo-terceiro parágrafo, de que a civilização ou a cultura «não é acção mental, mas um corpo, ou corrente de produtos, do exercício mental» pode ser contestada — afora a sua construção, um tanto ou quanto antiquada —, mas continua a ser discutida actualmente. Parece que ainda não atingimos uma definição concisa, inequívoca, inclusiva e exclusiva de cultura.

Estou consciente de uma certa dose de gravidade retórica no fraseado do ensaio. Espero que isto seja perdoado — como o foi no passado —, *atendendo a que se trata de um subproduto do fervor de percepções que, na altura, pareciam novas e importantes. A redacção não sofreu alterações, à excepção da mudança de uma preposição.*

Um modo de pensar característico da nossa civilização ocidental tem consistido na formulação de antíteses complementares, num contrabalançar de opostos exclusivos. Um destes pares de ideias, em que o nosso mundo tem insistido há coisa de dois mil anos, acha-se expresso nas palavras *corpo* e *alma*. Outra paridade que serviu o seu útil desígnio, mas de que a ciência se esforça hoje muitas vezes por se livrar, pelo menos em certos aspectos, é a distinção do *físico* e do *mental*. Uma terceira discriminação é a do *vital* e do *social* ou, noutra fraseologia, do *orgânico* e do *cultural*. O reconhecimento implícito da diferença entre qualidades e processos orgânicos e qualidades e processos sociais vem de há muito. Contudo, a distinção formal é recente. Com efeito, pode dizer-se que o alcance pleno do significado da antítese começa apenas a delinear-se no horizonte. Por cada ocasião em que a mente humana separa com nitidez forças orgânicas e sociais há dezenas de outras alturas em que a distinção entre elas não é considerada, ou em que tem lugar uma confusão real entre as duas ideias.

Uma das razões para esta confusão habitual do orgânico e do social é o predomínio, na presente fase da história do pensamento, da ideia de evolução. Esta ideia, uma das mais antigas, das mais simples e também das mais vagas jamais acalentadas pela mente humana, recebeu o seu mais forte fundamento e consolidação no domínio do orgânico; por outras palavras, através da ciência biológica. Ao mesmo tempo, existe uma evolução, crescimento ou desenvolvimento graduais, igualmente aparentes noutros reinos, além do vegetal e do animal. Temos teorias de evolução estelar ou cósmica; e é óbvio, mesmo para os menos cultos, um crescimento ou evolução da civilização. Na natureza das coisas há pouco perigo em transportar os princípios darwinistas ou pós-darwinistas da evolução da vida para o domínio de sóis em braseiro e nebulosas sem vida. A civilização ou progresso humanos, por outro lado, que existem apenas nos membros da espécie, e através deles, é exteriormente tão semelhantes à evolução das plantas e dos animais que era inevitável que se verificassem extensas aplicações dos princípios do desenvolvimento orgânico aos factos do crescimento cultural. Isto, evidentemente, é raciocinar por analogia, ou argumentar que, por duas coisas se assemelharem num ponto, hão-de ser igualmente semelhantes noutros. Na ausência de conhecimento, tais pressupostos são justificáveis como pressupostos. Mas, com demasiada frequência, o seu efeito é predeterminar a atitude mental, com o resultado de que, quando se começam a acumular indícios que poderiam provar ou refutar o pressuposto baseado na analogia, esses indícios já não são encarados imparcial e judiciosamente, mas são simplesmente distribuídos e empregues por forma a não interferir com a convicção estabelecida em que se tornou, desde há muito, a conjectura hesitante original.

Foi o que aconteceu no campo da evolução orgânica e social. Esta distinção entre elas, que é tão óbvia que em épocas anteriores parecia demasiado corriqueira para ser comentada, tem sido grandemente obscurecida, nos últimos cinquenta anos, através do domínio que os pensamentos ligados à ideia de evolução orgânica têm tido sobre os intelectos. Parece mesmo justo dizer que esta confusão tem sido maior e mais generalizada entre aqueles para quem o estudo e a erudição são uma meta diária do que para o resto do mundo.

E, contudo, muitos aspectos da diferença entre o orgânico e aquilo que na vida humana não é orgânico são tão patentes que até uma criança os percebe e que todos os seres humanos, incluindo os selvagens mais completos, empregam constantemente essa distinção. Toda a gente está ciente de que nascemos com certos poderes e adquirimos outros. Não há necessidade de discussão para provar que obtemos algumas coisas da natureza, para as nossas vidas e constituição, através da hereditariedade, e que outras coisas nos chegam através de agentes com os quais a hereditariedade nada tem a ver. Que se saiba, nunca ninguém ainda afirmou que algum ser humano tenha nascido com um conhecimento inerente da tabela da multiplicação; nem, por outro lado, ninguém duvidou que os filhos de um negro nasçam negros, através da operação das forças hereditárias. Mas há qualidades, em qualquer indivíduo, que constituem nitidamente campo contestável; e quando se compara o desenvolvimento da civilização, no seu todo, e a evolução da vida, no seu todo, a distinção dos processos envolvidos escapa-nos muitas vezes.

Aprendemos habitualmente que, há alguns milhões de anos, a selecção natural, ou outro agente causador da evolução, fez com que as aves surgissem no mundo. Desenvolveram-se a partir dos répteis. As condições eram tais que a luta pela existência na terra era dura, ao passo que no ar havia segurança e espaço. Gradualmente, ou por uma série de gradações quase imperceptíveis, através de uma longa linha de gerações sucessivas, ou por saltos mais marcados e súbitos num período mais curto, o grupo de aves evoluiu a partir dos seus antepassados répteis. Neste desenvolvimento, adquiriram-se penas e perderam-se escamas; a faculdade de preensão das pernas dianteiras foi convertida numa capacidade para suster o corpo no ar. As vantagens de resistência gozadas por uma organização de sangue frio foram abandonadas pela compensação equivalente, ou maior, da actividade superior que surge com o sangue quente. O resultado final deste capítulo de história evolucionária foi que um novo poder, o da locomoção aérea, foi acrescentado à soma das faculdades possuídas pelo grupo mais evoluído de animais, os vertebrados. Os animais vertebrados, no seu todo, não foram, todavia, afectados. A maioria deles não tem o poder de voar, como acontecia com os seus antepassados de há milhões de anos. As aves, por seu turno, tinham perdido certas faculdades que possuíam outrora e que é de presumir que continuassem a possuir se não fosse a aquisição das suas asas. Nos últimos anos os seres humanos também alcançaram o poder da locomoção aérea. Mas o processo pelo qual este poder foi atingido e os seus efeitos na espécie são tão diferentes dos que caracterizaram a aquisição do voo pelas primeiras aves quanto é possível serem-no. Os nossos meios de voar estão fora dos nossos corpos. Uma ave nasce com um par de asas, mas nós inventámos o avião. A ave renunciou a um par potencial de mãos para obter as suas asas; nós, como a nossa faculdade não faz parte da nossa constituição congénita, preservamos todos os órgãos e capacidades dos nossos antepassados, mas acrecentamos-lhes a nova capacidade. O processo do desenvolvimento da civilização é, nitidamente, um processo de acumulação: o antigo é preservado, apesar da chegada do novo. Na evolução orgânica, a introdução de novos traços só é geralmente possível através da perda, ou modificação, de órgãos ou faculdades existentes.

Em resumo, o crescimento de novas espécies de animais tem lugar através de, e consiste na realidade em, mudanças na sua constituição orgânica. No que respeita ao crescimento da civilização, por outro lado, o único exemplo citado basta para demonstrar que mudança e progresso podem ter lugar através de uma espécie sem qualquer alteração constitucional da espécie humana.

Há outra maneira de encarar esta diferença. É evidente que, quando uma nova espécie se origina, deriva integralmente do indivíduo ou indivíduos que foram os primeiros a mostrar os traços particulares que distinguem a nova espécie. Quando dizemos que deriva desses indivíduos, queremos literalmente dizer que descende. Por outras palavras, a espécie compõe-se apenas daqueles indivíduos que contêm o «sangue» — o plasma germinativo — de antepassados particulares. A hereditariedade é, pois, o meio indispensável de transmissão. Todavia, quando uma invenção é feita, toda a raça humana é capaz de beneficiar dela. Pessoas que não têm o mínimo laço de sangue com os primeiros desenhadores de aviões podem voar e voam nos nossos dias. Muito pai já se serviu, desfrutou e aproveitou da invenção do seu filho. Na evolução dos animais, o descendente pode fundamentar-se na herança que lhe foi transmitida pelos seus antepassados e pode erguer-se à altura de maiores poderes e de um desenvolvimento mais perfeito; mas o antepassado é, na própria natureza das coisas, impossibilitado de tirar proveito do seu descendente. Em resumo, a evolução orgânica está essencial e inevitavelmente ligada a processos hereditários; a evolução social que caracteriza o progresso da civilização, por outro lado, não está, ou não está necessariamente, associada a agentes hereditários.

A baleia não só é um mamífero de sangue quente como é reconhecida como descendente remoto de animais de terra, carnívoros. Em alguns milhões de anos, como é habitual calcular estas genealogias, este animal perdeu as pernas para correr, as garras para agarrar e despedaçar, o pêlo original e as orelhas, que seriam inúteis, se não pior, na água e adquiriu barbatanas e cauda, um corpo cilíndrico, uma camada de gordura e o poder de reter a respiração. Houve muito que a espécie abandonou; mais, talvez, do que aquilo que ganhou. Decerto algumas das suas partes degeneraram. Mas adquiriu de facto um novo poder: o de cruzar o oceano indefinidamente.

O paralelo e, também, o contraste estão na aquisição humana de faculdade idêntica. Não transformamos, numa alteração gradual de pai para filho, os braços em barbatanas, nem deixamos crescer uma cauda. Nem sequer entramos na água para navegar — construímos um barco. E o que isto quer dizer é que preservamos os nossos corpos e as nossas faculdades nativas intactas, inalteradas em relação às dos nossos pais e mais remotos antepassados. O nosso meio de viagem marítima é exterior aos nossos dotes naturais. Fazemo-lo e servimo-nos dele: a baleia original teve de transformar-se num barco. Levou-lhe inúmeras gerações a atingir a sua presente condição. Todos os indivíduos que não conseguiram adaptar-se ao tipo não deixaram descendência ou não deixaram nenhuma que tenha entrado no sangue das baleias de hoje.

Mais uma vez, podemos comparar os seres humanos e os animais quando grupos deles chegam a um novo meio árctico, ou quando o clima da região em que a raça se estabelece se torna, lentamente, cada vez mais frio. A espécie mamífera não humana cria pêlo pesado. O urso polar é peludo; o seu parente de Sumatra liso. A lebre do árctico acha-se envolta em pele macia; o coelho americano, por comparação, é miseravelmente esgalgado e com um pêlo carcomido. As boas peles vêm do extremo norte e perdem em riqueza, em qualidade e em valor à medida que vão sendo tiradas de animais da mesma espécie que habitam regiões mais amenas. E esta diferença é racial, não individual. O coelho americano depressa desapareceria com o fim do Verão, na Gronelândia; o urso polar capturado sofre com o calor temperado, dentro do imenso casaco com que a natureza o vestiu.

Ora, há quem procure o mesmo género de peculiaridades inatas no Esquimó do Árctico e no Samoiedo — e encontram-nas porque as procuram. Que o Esquimó seja peludo é coisa que ninguém pode afirmar; na realidade, somos mais peludos do que ele. Mas afirma-se que ele tem uma protecção de gordura — como a foca, revestida de gordura de que vive e que devora grandes quantidades de carne e óleo porque precisa deles. A verdadeira quantidade da sua gordura, comparada com a de outros seres humanos, ainda está por calcular. Possui provavelmente mais que o europeu, mas não deve ter mais que o Samoano ou o Havaiano de raça pura normal, abaixo dos trópicos. E quanto à sua dieta, se esta durante todo o Inverno se compõe de foca, foca e mais foca, não é por nenhum desejo congénito do seu estômago, mas porque não conhece maneira de obter outra coisa. O mineiro do Alasca e o explorador do Árctico e do Antárctico não se empanturram de gordura. Farinha de trigo, ovos, café, açúcar, batatas, legumes enlatados — o que as exigências da sua vocação e o custo do transporte lhe permitem — constituem a sua alimentação. O Esquimó está mais que desejoso de seguir-lhes o exemplo; e tanto ele como eles podem viver tanto com uma dieta como com a outra.

Na realidade, o que o habitante humano de latitudes intemperadas faz não é desenvolver um sistema digestivo peculiar, tal como não cria pêlo. Muda o seu meio e consegue, desse modo, manter o seu corpo original inalterado. Constrói uma casa fechada, que não deixa entrar o vento e retém o calor do seu corpo. Faz fogo ou acende uma candeia. Esfola uma foca ou um rangífero, ficando com o couro peludo de que a selecção natural, ou outros processos de evolução orgânica, dotou estes animais; a mulher faz-lhe uma camisa e calças, botas e luvas, ou dois conjuntos destas coisas; ele veste-as; e daí a alguns anos, ou dias, tem a protecção que levou ao urso polar e à lebre do Árctico, à marta e à ptármiga, incontáveis períodos a adquirir. Mais: o seu filho recém-nascido e o filho recém-nascido do seu filho, e o seu centésimo descendente nascem tão nus, tão desarmados fisicamente como ele e o seu centésimo antepassado nasceram.

Que esta diferença nos métodos de resistir a um meio difícil, respectivamente seguidos pela espécie do urso polar e pela raça esquimó humana, é absoluta não precisa de ser dito. Que a diferença é profunda é inquestionável. Que é tão importante quanto frequentemente ignorada é o que este ensaio pretende estabelecer.

Há muito que é costume dizer que a diferença é entre corpo e mente; que os animais têm os seus físicos adaptados às suas circunstâncias, mas que a inteligência superior do homem lhe permite erguer-se acima de necessidades tão mesquinhas. Mas este não é o ponto mais significativo da diferença. É verdade que, sem as suas muito maiores faculdades mentais, o homem não poderia chegar às façanhas cuja falta mantém as bestas agrilhoadas às limitações da sua anatomia. Mas a superior inteligência humana, por si só, não causa as diferenças que existem. Esta superioridade psíquica é apenas a condição indispensável do que é peculiarmente humano: a civilização. Directamente, é a civilização em que todo o Esquimó, todo o mineiro do Alasca ou descobridor do Árctico é criado, e não uma faculdade inata superior, que o leva a construir casas, fazer fogo e usar roupas. A distinção que importa entre o animal e o homem não é a do físico e do mental, que é uma distinção de grau relativo, mas a do orgânico e do social, que é uma distinção de género. O animal tem mentalidade e nós temos corpos; mas com a civilização o homem tem uma coisa que nenhum animal tem.

A NATUREZA DA CULTURA

Que esta distinção é, na realidade, algo mais do que a do físico e do mental está patente num exemplo que pode ser tirado do não corporal: a fala.

Superficialmente, a fala humana e a animal, apesar da riqueza e complexidade imensamente maiores da primeira, são muito semelhantes. Ambas expressam emoções, possivelmente ideias, em sons formados por órgãos corporais e compreendidos pelo indivíduo que os ouve. Mas a diferença entre a chamada linguagem das bestas e a dos homens é infinitamente grande, como fica exposto por uma ilustração caseira.

Um cachorrinho recém-nascido é criado numa ninhada de gatinhos, por uma gata protectora. Contrariamente a anedotas familiares e parágrafos de jornal, o bichinho ladrará e rosnará, não ronronará nem miará. Nem sequer tentará fazer as duas últimas coisas. Da primeira vez que lhe pisarem a pata ganirá, não guinchará, tão certo como, quando o atiçarem, morderá, como fazia a sua mãe, que ele nunca viu, sem sequer tentará arranhar, como viu a mãe adoptiva fazer. Durante metade da sua vida, o isolamento pode mantê-lo afastado da vista, do ouvido ou do faro de outro cão. Mas chegue-lhe um latido ou rosnido através da parede que o isola e todo ele será atenção — mais do que em relação a qualquer som, solto pelos seus companheiros gatos. Repetido o latido, o interesse dará lugar à agitação e ele responderá na mesma moeda, tão certo como, junto a uma cadela, manifestarem-se os impulsos sexuais da sua espécie. Não há que duvidar que a fala do cão faz parte inextirpável da natureza canina, nela plenamente contida sem treino ou cultura, parte integrante do organismo canino, como os dentes, patas, estômago, movimentos ou instintos. Grau algum de contacto com gatos, de privação ou associação com a sua própria espécie, pode fazer um cão adquirir a fala do gato ou perder a sua, tal como não o pode fazer ondear a cauda em vez de abaná-la, esfregar-se contra o dono em vez de saltar para ele, ou deixar crescer bigodes e andar com as suas orelhas caídas espetadas.

Tomemos um bebé francês, nascido em França de pais franceses, que descendessem por sua vez de numerosas gerações de antepassados de língua francesa. Confiemos, pouco depois de nascer, o bebé a uma ama muda, com ordens para não deixar ninguém tocar-lhe ou vê-lo, enquanto ela viaja pelo trajecto mais directo para o interior da China. Ali, entrega a criança a um casal chinês, que a adopta legalmente e a cria como filha. Suponhamos agora que passavam três, dez ou trinta anos. Será preciso discutir o que o francês criança, adolescente ou adulto fala? Nem uma palavra de francês; chinês puro, sem um vestígio de sotaque e fluente e nada mais.

É verdade que se verifica uma ilusão comum, frequente mesmo entre gente educada, de que alguma influência oculta dos seus antepassados de língua francesa há-de sobreviver no chinês adoptado;

de que basta mandá-lo para França com uma fornada de chineses verdadeiros para ele adquirir a língua da mãe com uma facilidade, fluência, correcção e naturalidade apreciavelmente maiores do que os seus companheiros mongóis. O facto de uma crença ser comum, contudo, tanto pode caracterizá-la como superstição comum ou como verdade comum. E um biólogo razoável, por outras palavras um perito habilitado a falar de hereditariedade, declarará que esta resposta a este problema de hereditariedade é uma superstição. Talvez opte apenas por uma expressão mais polida.

Ora, estamos perante algo de muito profundo. Nenhuma associação com chineses tornaria pretos os olhos azuis do nosso jovem francês, nem os tornaria oblíquos, nem achataria o nariz, nem tornaria áspero ou espetado o seu cabelo ondulado de recorte oval; e, no entanto, a sua fala é totalmente a dos seus companheiros, de forma alguma a dos seus consanguíneos. Os olhos, o nariz e o cabelo são seus por hereditariedade; a sua língua é não hereditária — tal como o comprimento do seu cabelo ou o furo que, de acordo com a moda, pode ou não fazer nas orelhas. Não se trata de a fala ser mental e as proporções faciais serem físicas; as distinção que tem significado e utilidade é que a linguagem humana é não hereditária e social, a cor dos olhos e a forma do nariz hereditárias e orgânicas. Pelo mesmo critério, a fala do cão, e tudo o que é vagamente designado como linguagem dos animais, pertence à mesma classe que os narizes dos homens, as proporções dos seus ossos, a cor da sua pele e a obliquidade dos olhos, e não à classe de qualquer idioma humano. É herdada e, por conseguinte, orgânica. À luz de um padrão humano, nem sequer é verdadeiramente linguagem, a não ser através do tipo de metáfora que fala da linguagem das flores.

É verdade que, de quando em vez, se poderia encontrar uma criança francesa que, sob as condições da experiência referidas, aprendesse o chinês mais devagar, menos idiomaticamente e com menos poder de expressão do que o chinês médio. Mas encontrar-se-iam igualmente bebés franceses, e na mesma quantidade, que aprendessem a língua chinesa mais depressa, mais fluentemente, com um maior poder de revelar as suas emoções e de definir as suas ideias do que o chinês normal. Trata-se de diferenças individuais que seria absurdo negar, mas que não afectam a média e não vêm ao caso. Um inglês pode falar mais e melhor inglês do que outro, e também pode, por uma questão de precocidade, aprendê-lo mais cedo; mas não é verdade que um fale mais ou menos verdadeiramente inglês do que o outro.

Há uma forma de expressão animal em relação à qual se tem afirmado, por vezes, que a influência da associação é maior do que a da hereditariedade. Trata-se do canto das aves. Existem bastantes opiniões divergentes e também, ao que parece, provas sobre este ponto. Muitas aves têm um forte impulso inerente para imitar sons. Também não há dúvida de que o canto de um indivíduo estimula o outro — como sucede com os cães, os lobos, os gatos, as rãs e a maioria dos animais barulhentos. Talvez se possa admitir que, em certas espécies de aves capazes de um canto complexo, o pleno desenvolvimento não é muitas vezes alcançado em indivíduos criados fora do alcance da voz dos da sua espécie. Mas parece evidente que cada espécie tem um canto ou chamada distintivamente seus; que este mínimo é atingível sem associação, por qualquer membro normal do sexo canoro, quando as condições de idade, alimento e calor são propícias, e o estímulo indispensável de ruído, ou silêncio, ou desenvolvimento sexual se acha presente. Acabará por se verificar que o facto de existir um sério conflito de opiniões quanto à natureza do canto das aves se deve, essencialmente, à exposição de opiniões sobre o assunto por aqueles que interpretam os animais à luz dos seus estados e actividades mentais — falácia comum em relação à qual todo o estudioso da biologia está hoje de sobreaviso, logo no início da sua carreira. Seja como for, quer uma ave «aprenda» até certo ponto com outra quer não, não há qualquer indício de que o canto de uma ave seja uma tradição que, tal como a fala humana ou a música humana, ela acumula e desenvolve através dos tempos, que se altera inevitavelmente de geração em geração, através da moda ou do costume, e que seja impossível manter-se igual a si mesma: por outras palavras, que se trate de uma coisa social, ou que se deva a um processo aparentado, ainda que remotamente, com os que afectam os constituintes da civilização humana.

Também é verdade que se verifica na vida humana uma série de expressões do tipo dos gritos dos animais. Um homem que tenha dores geme sem qualquer propósito de comunicação. O som é-lhe literalmente arrancado. Uma pessoa extremamente assustada pode guinchar. Sabemos que o grito é involuntário, aquilo a que o fisiólogo chama uma acção reflexa. O verdadeiro guincho é tão capaz de ser solto pela vítima pregada ao chão, face a um comboio que se aproxima sem maquinista, como por aquele que é perseguido por inimigos racionais e premeditados. O homem da floresta, esmagado por uma rocha a sessenta quilómetros do ser humano mais próximo, geme como o citadino atropelado que espera por uma ambulância, rodeado de uma multidão. Tais gritos são da mesma classe da dos animais. Com efeito, para compreender realmente a «fala» das bestas temos de tentar colocar-nos numa condição em que as nossas expressões se limitem totalmente a estes gritos instintivos — «inarticulados» é a sua designação geral, embora por vezes inexacta. Num sentido rigoroso, não são de forma alguma linguagem.

É precisamente aqui que bate o ponto. Não há dúvida de que temos certas actividades de expressão, certas faculdades e hábitos de produção de sons que são verdadeiramente paralelos aos dos animais; e também temos mais alguma coisa que é completamente diferente e que não tem paralelo entre os animais. Negar que existe algo de puramente animal subjacente à fala humana é estúpido; mas seria igualmente tacanho crer que, como a nossa fala emana de uma fundação animal e se originou nessa fundação, não é, pois, mais que mentalidade e expressões animais, muito ampliadas. Uma casa pode ser construída sobre rocha; sem esta base talvez fosse impossível erigi-la mas ninguém sustentará que, por essa razão, a casa não seja senão pedra aperfeiçoada e glorificada.

Na realidade, o elemento puramente animal na fala humana é pequeno. Afora o riso e o choro, pouca expressão encontra. Os filólogos negam, ou só em parte admitem, que as nossas interjeições sejam verdadeira fala. É um facto que diferem das palavras propriamente ditas por não serem, geralmente, soltas com o fim de transmitir um significado — nem de o ocultar. Mas até essas partículas são moldadas e ditadas pela moda, pelo costume, pelo tipo de civilização à qual pertencemos, em resumo por elementos sociais e não orgânicos. Quando acerto com o martelo no dedo em vez de acertar na cabeça do prego talvez se me escape um involuntário *damn!* («raios!») tanto se estiver sozinho em casa como se tiver alguém ao meu lado. Talvez mais depressa ainda neste último caso. Até aqui, a exclamação não cumpre o propósito da fala e não é fala. Mas o Espanhol dirá *«caramba!»* e não *«damn!»*; e o Francês, o Alemão, o Chinês servir-se-ão de expressões diferentes. O Americano diz *«outch!»* quando se magoa. Outras nacionalidades não entendem esta sílaba. Cada povo tem o seu próprio som; alguns até têm dois — um para as mulheres, outro para os homens. Um Chinês entenderá uma gargalhada, um gemido, o choro de uma criança, tão bem como nós os entendemos e tão bem como um cão entende o rosnido de outro cão. Mas terá de aprender *«outch!»*, senão não lhe dará qualquer sentido. Cão algum, por outro lado, jamais deu expressão a um novo rosnido, ininteligível para os outros cães, em resultado de ter sido criado num meio diferente. Assim, mesmo este ínfimo elemento da fala humana, esta semifala involuntária de exclamações é moldado por influências sociais.

Heródoto narra a história de um rei egípcio que, desejando indagar a língua original da humanidade, mandou criar alguns bebés isolados de outros da sua espécie, tendo apenas cabras por companheiras e para assegurar a sua subsistência. Quando as crianças, mais crescidas, foram visitadas, gritaram a palavra *«bekos»* ou, o que é mais provável, subtraindo a terminação que o grego, normativo e sensível, não podia omitir do que quer que fosse pronunciado pelos seus lábios, *«bek»*. O rei mandou então indagar, por todos os países, em que terra este vocábulo queria dizer alguma coisa. Verificou que no idioma frígio significava pão e, partindo do princípio de que as crianças estavam a pedir comida, concluiu que falavam frígio ao dar expressão à sua fala humana «natural» e que esta devia, por conseguinte, ser a língua

original da humanidade. A crença do rei numa linguagem congénita e inerente ao homem, que só os acidentes inexoráveis do tempo haviam distorcido, transformando-a numa multiplicidade de idiomas, pode parecer simples; mas, ingénua como é, uma investigação revelaria uma grande quantidade de pessoas civilizadas que continuam a aderir a ela.
Mas não é esta a nossa moral da história. Essa reside no facto de a única palavra atribuída às crianças, *«bek»*, ser apenas, se é que a história tem alguma autenticidade, um reflexo ou imitação — como os comentadores de Heródoto desde então conjecturaram — do balir das cabras, que eram as únicas companheiras e educadoras das crianças. Em resumo, se há que tirar alguma inferência de anedota tão apócrifa, o que ela prova é que não existe uma linguagem humana natural e, por conseguinte, orgânica.

Milhares de anos depois, outro soberano, o imperador mongol Akbar, repetiu a experiência, com o intento de indagar a religião «natural» da humanidade. O seu bando de crianças foi encerrado numa casa. Quando, depois de decorrido o tempo necessário, as portas foram abertas na presença do expectante e esclarecido governante, o seu desapontamento foi grande: as crianças saíram em grupo tão caladas como surdos-mudos. Mas a fé não morre facilmente; e estou em crer que seria necessário um terceiro ensaio, sob condições modernas, seleccionadas e controladas, para convencer alguns estudiosos das ciências naturais de que a fala, para o indivíduo humano e para a raça humana, é uma coisa totalmente adquirida e não hereditária, inteiramente externa e de forma alguma interna — um produto social e não um desenvolvimento orgânico.

A fala humana e a animal são, pois, embora uma radique na outra, de ordens diferentes. Assemelham-se uma à outra apenas como o voo de uma ave e o de um aeronauta se assemelham. O facto de a analogia que se verifica entre ambas ter frequentemente iludido prova apenas a simplicidade da mente humana. Os processos operativos são totalmente dissemelhantes; e isto, para quem está desejoso de compreender, é muito mais importante do que a semelhança do efeito. O selvagem e o campónio, que curam limpando a faca e deixando a ferida por tratar, têm observado alguns factos indiscutíveis. Sabem que a limpeza ajuda e a sujidade impede, de maneira geral, a recuperação. Sabem que a faca é a causa, a ferida o efeito; e também se apercebem do princípio correcto de que o tratamento da causa tem, em geral, mais probabilidades de ser eficaz do que o tratamento do sintoma. Pecam apenas por não investigar o processo que pode achar-se envolvido. Não conhecendo nada da natureza da sepsia, das bactérias, dos agentes que ocasionam a putrefacção e retardam a cura, recorrem a agentes que lhes são mais familiares e servem-se, o melhor que podem, do processo da magia, entrelaçado com o da medicina. Raspam cuidadosamente a faca, untam-na, mantêm-na reluzente. Os factos a partir dos quais trabalham estão correctos; a sua lógica é bastante sã; simplesmente não distinguem entre dois processos irreconciliáveis — o da magia e o da química fisiológica — e aplicam um em lugar do outro. O estudioso dos nossos dias que interpreta a mente civilizacionalmente moldada dos homens, à luz da mentalidade de um cão ou de um macaco, ou que tenta explicar a civilização — isto é a história — através de factores orgânicos comete um erro que é menos antiquado e está mais na moda, mas do mesmo género e natureza.

Só em pequena medida se trata de uma questão de superioridade e inferioridade entre o homem e o animal. Muitas actividades puramente instintivas dos animais conduzem a feitos muito mais complexos e difíceis do que alguns dos costumes análogos, desta ou daquela nação humana. O castor é melhor arquitecto do que muitas tribos selvagens. Abate árvores maiores, arrasta-as para mais longe, constrói uma casa mais estanque, edifica-a tanto abaixo como acima da água e faz o que muitas nações nunca tentam fazer: arranja uma topografia adequada para *habitat,* erigindo uma represa. Mas o ponto essencial não é o facto de, afinal, um homem conseguir fazer mais do que um castor, ou um castor tanto como um homem; é que o que um castor realiza, realiza-o por um meio, e um homem realiza-o por outro. O selvagem mais rude, que apenas constrói uma mísera choupana esburacada, por onde o vento entra, pode ser ensinado, e inúmeras vezes tem sido ensinado, a serrar e pregar tábuas, a amontoar pedra sobre pedra com argamassa, a lançar alicerces, a erguer uma armação de ferro. Toda a história humana se ocupa essencialmente destas mesmas mudanças. O que eram os nossos próprios antepassados (nós, europeus e Americanos, que construímos em aço) senão selvagens vivendo em choupanas há poucos milhares de anos — um período tão curto que quase não chega para a formação de uma nova espécie de organismo? E, por outro lado, quem teria a imprudência de afirmar que dez mil gerações de exemplo e instrução converteriam o castor num carpinteiro ou num alvanel — ou, atendendo à sua deficiência física de ausência de mãos, num engenheiro projectista?

A divergência entre forças sociais e orgânicas talvez não seja plenamente entendida enquanto não aprofundarmos a mentalidade dos chamados insectos sociáveis, as abelhas e as formigas. A formiga é social na medida em que se associa; mas está tão longe de ser social no sentido de possuir civilização, de ser influenciada por forças não orgânicas, que mais valia ser conhecida por animal anti-social. Não podemos subestimar os poderes maravilhosos da formiga. A ninguém pode ser mais útil explorar integralmente a sua compreensão do que ao historiador. Mas ele não se servirá desta compreensão aplicando ao homem o seu conhecimento da mentalidade da formiga. Servir-se-á dele para fortalecer e precisar, por meio de um contraste inteligente, a sua concepção dos agentes que modelam a civilização humana.

A NATUREZA DA CULTURA

A sociedade das formigas é tão pouco parecida com uma verdadeira sociedade, no sentido humano, como uma caricatura com um retrato. Tomemos alguns ovos de formiga dos sexos adequados — ovos não incubados, acabados de pôr. Removamos todos os outros indivíduos e ovos da espécie. Demos ao par um pouco de atenção no que se refere a calor, humidade, protecção e comida. A totalidade da «sociedade» das formigas, toda e cada uma das capacidades, poderes, realizações e actividades da espécie, cada «pensamento» que ela alguma vez teve, serão reproduzidos, e reproduzidos sem diminuição, na geração seguinte. Mas coloquemos numa ilha deserta, ou num lugar isolado, duzentos ou trezentos bebés humanos da melhor proveniência, da classe mais alta da nação mais civilizada; demos-lhes a necessária incubação e alimentação; deixemo-los totalmente isolados da sua espécie e que teremos? A civilização à qual foram arrancados? Um décimo dela? Não, nem nenhuma fracção; nem uma fracção das realizações civilizacionais da tribo selvagem mais rude. Apenas um par ou um bando de mudos, sem artes, sem conhecimento, sem fogo, sem ordem nem religião. A civilização ter-se-ia extinguido dentro destes limites — não desintegrada nem profundamente ferida, mas obliterada de um só golpe. A hereditariedade guarda para a formiga tudo o que ela tem, de geração em geração. Mas a hereditariedade não mantém, nem tem mantido, porque não pode manter, uma partícula da civilização, que é a coisa especificamente humana.

A actividade mental dos animais é, em parte, instintiva, em parte baseada na experiência individual; pelo menos o conteúdo das nossas mentes chega-nos através da tradição, no sentido mais amplo da palavra. O instinto é o que é «entretecido», um padrão inalterável inerente aos tecidos; é indelével e inextinguível, porque o seu desenho não é senão a urdidura e a trama, que vêm já prontas do tear da hereditariedade.

Mas a tradição, o que é «pesado através de», transmitido de um para outro, é apenas uma mensagem. Evidentemente que tem de ser transportada; mas o mensageiro é, afinal, extrínseco às notícias. Por conseguinte, há que escrever uma carta; mas como a sua significação está no sentido das palavras, tal como o valor de um recado não está na fibra do papel, mas nos caracteres inscritos na sua superfície, também a tradição é algo de acrescentado aos organismos que a transportam, imposto, exterior a eles. E, tal como o mesmo fragmento pode ter uma entre milhares de inscrições, da mais variada força e valor, e até pode ser razoavelmente rasurado e reinscrito, o mesmo se passa com o organismo humano e com o infindável conteúdo que a civilização pode derramar nele. A diferença essencial entre o animal e o homem, neste exemplo, não é o facto de este ter um grão mais fino ou uma qualidade mais pura de material; é que a sua estrutura, natureza e textura são tais que nele é possível fazer-se uma inscrição e no animal não. Química e fisicamente, pouca diferença há entre um pedaço de pasta de papel e uma folha de papel. Química e fisicamente, pouca importância tem uma diferença tão diminuta. Mas química e fisicamente ainda há menos diferença entre a nota que diz «um» e a que diz «mil»; e menos ainda entre o cheque com uma assinatura reconhecida e outro escrito com a mesma caneta, a mesma tinta, até os mesmos traços, por um falsificador. A diferença que conta entre o cheque válido e o falsificado não é a linha mais ampla ou apertada, a curva contínua de uma letra em lugar da quebrada, mas a diferença, puramente social, de que um signatário tem uma conta válida no banco e outro não; facto que é, por certo, extrínseco ao papel e até à tinta que está sobre ele.

Exactamente paralela é a relação do instintivo e do tradicional, do orgânico e do social. O animal é tão inapto no que toca a influências sociais como o é um prato de papas de aveia para material de escrita; ou quando, como acontece com a areia da praia, nele se consegue, por meio de domestificação, inscrever qualquer coisa, não consegue reter, como espécie, qualquer impressão permanente. Por isso não possui sociedade e, por conseguinte, não possui história. O homem, contudo, compreende dois aspectos: é uma substância orgânica que pode ser encarada como substância e é igualmente uma placa na qual se escreve. Um aspecto é tão válido e tão justificável como o outro; mas é um erro capital confundi-los.

O pedreiro constrói em granito e faz telhados com ardósia. A criança que aprende a ler e a escrever nada sabe das qualidades da sua ardósia, mas hesita entre escrever com *c* ou com *k*. O mineralogista não dá precedência a uma pedra sobre outra; cada uma tem a sua constituição, estrutura, propriedades e utilidade. O educador ignora o granito; mas, embora se sirva da ardósia, não é por isso que lhe dá mais apreço, ou que nega a utilidade do outro material; faz uso da substância tal como se lhe apresenta. O problema que se lhe depara é se a criança deve começar por palavras ou por letras; em que idade, durante quantas horas, em que sequência e em que condições a sua educação deve iniciar-se. Decidir estas questões a partir de indícios cristalográficos, pelo facto de o seu aluno escrever sobre uma determinada variedade de pedra, seria tão frívolo como se o geólogo empregasse os seus conhecimentos das rochas para tirar inferências dos princípios mais sólidos da pedagogia.

Por conseguinte, se o estudioso das realizações humanas tentasse subtrair, da observação do naturalista e do filósofo mecanicista, os seres humanos nos quais está inscrita a civilização que ele próprio investiga, tornar-se-ia ridículo. E quando, por outro lado, o biólogo se propõe reescrever a história, no todo ou em parte, através do *medium* da hereditariedade, revela-se a uma luz pouco mais favorável, embora tenha a sanção de alguns precedentes.

Têm-se verificado muitas tentativas de tornar a distinção entre o instinto e a civilização, entre o orgânico e o social, entre o animal e o homem, precisa. O homem enquanto animal que se veste, animal que se serve do fogo, animal que utiliza ou fabrica ferramentas, animal que fala, tudo isto são somas que contêm alguma aproximação. Mas para a concepção da discriminação, que é, simultaneamente, a mais completa e a mais compacta, temos de remontar, tal como para a primeira expressão precisa de tantas das ideias com as quais funcionamos, à mente sem par que impeliu Aristóteles. «O homem é um animal político.» A palavra político mudou de significado. Em vez dela, empregamos o termo latino social. Isto, dizem-nos tanto o filósofo como o filólogo, é o que o grande grego teria dito se falasse inglês hoje. O homem é, pois, um animal social; um organismo social. Possui uma constituição orgânica; mas possui igualmente civilização. Ignorar um elemento é tão tacanho como ignorar o outro; converter um no outro, se cada um tem a sua realidade, é uma contradição. Dada esta formulação básica com mais de dois mil anos, e conhecida de todas as gerações, há qualquer coisa de mesquinho, bem como de obstinadamente destrutivo, na diligência de revogar a distinção ou de obstar à sua fruição mais completa. A tentativa que hoje se verifica de tratar o social como orgânico, de compreender a civilização como hereditariedade, é, na sua essência, tão tacanha como a suposta inclinação medieval para subtrair o homem ao reino da natureza e à alçada do cientista, por se acreditar que possuía uma alma imaterial.

Mas, infelizmente, as recusas e, para cada recusa, uma dúzia de confusões, persistem. Repassam a mente popular e daí ressurgem vezes sem conta nos pensamentos da ciência declarada e reconhecida. Chega a parecer que, numa centena de anos, retrocedemos. Há um século e há dois séculos, com um generoso impulso, os líderes do pensamento dedicaram as suas energias, e os líderes dos homens as suas vidas, à causa da igualdade dos homens. De tudo o que esta ideia envolve, e da sua rectidão, não temos de nos ocupar de momento; mas ela implicava, certamente, a proposição da igualdade de capacidades entre as raças. É possível que os nossos antepassados tenham conseguido defender esta posição liberal por não se terem visto ainda confrontados com todo o seu alcance prático. Mas, seja qual for a razão, não há dúvida de que retrocedemos, na América e na Europa e nas suas colónias, na nossa aplicação teórica da evidência. Diferenças de capacidade raciais e hereditárias passam por doutrina aceite em muitos quadrantes. Há homens de eminente saber que ficariam surpreendidos por saberem que há quem tenha sérias dúvidas sobre o assunto.

E, no entanto, há que reconhecer que poucas provas verdadeiramente satisfatórias foram produzidas em apoio do pressuposto de que as diferenças que uma nação mostra em relação a outra — para não falar da superioridade de um povo sobre outro — são racialmente inerentes, isto é, têm fundamentos orgânicos. Não importa quão distintas são as mentes que têm sustentado que tais diferenças são hereditárias — no essencial, limitaram-se a considerar que a sua convicção era ponto assente. O sociólogo ou o antropólogo podem colocar a questão completamente às avessas com igual justificação e ocasionalmente fazem-no; e vêem então em cada acontecimento, em cada desigualdade, em todo o curso da história humana, uma confirmação da sua tese de que as distinções entre um grupo de homens e outro, passadas e presentes, se devem a influências sociais e não a causas orgânicas. É certo que faltam verdadeiras provas, tanto de um lado como do outro. As experiências, sob condições que permitissem obter resultados satisfatórios, seriam difíceis, onerosas e talvez contrárias à lei. Uma repetição do interessante ensaio de Akbar, ou uma variação dele, inteligentemente orientada e levada a cabo, daria resultados do maior valor mas dificilmente seria tolerada por um governo civilizado.

Houve algumas tentativas de investigar as chamadas distinções raciais com os apetrechos da psicologia experimental. Os resultados tendem superficialmente para a confirmação de diferenças orgânicas. Mas não se pode dar ainda demasiada ênfase a esta conclusão, uma vez que o que estas investigações revelaram, sobretudo, foi que os agentes sociais têm tanta influência em cada um de nós que se torna difícil dar com um ensaio que, se as faculdades raciais distintivas fossem inatas, revelasse com imparcialidade até que ponto são inatas.

Também é bom recordar que o problema de as raças humanas serem ou não, em si mesmas, idênticas tem inúmeros aspectos práticos, que se relacionam com as condições de vida e com pontos de vista que têm relações emocionais, pelo que raramente se encontrará uma predisposição imparcialmente abstracta. É praticamente inútil, por exemplo, aflorar sequer a questão com a maioria dos Americanos dos estados do Sul, ou com quem quer que esteja impregnado de influências sulistas, seja qual for a sua educação ou posição no mundo. A clivagem social efectiva, que é fundamental a toda a vida no Sul, e que é concebida essencialmente como uma questão ligada à raça, é tão dominadora e inevitável que obriga, quase tão firmemente o indivíduo como o seu grupo, a uma determinada linha de acção e a uma conduta inalterável e consciente; e as opiniões que entram flagrantemente em choque com as actividades habituais de cada um e com os ideais que lhes estão ligados não podem deixar de suscitar hostilidade. Não é senão natural que o sulista receba, com frequência, a declaração de igualdade racial, quando se lhe consegue transmitir a convicção de sinceridade, como uma afronta; e que, muitas vezes, reaja mesmo à consideração mais abstracta, impessoal e judiciosa das questões em litígio, com ressentimento ou, quando isso é contrabalançado pela cortesia, com um descontentamento íntimo.

A atitude do Inglês na Índia, do europeu do continente nas suas colónias, talvez se manifeste de maneira menos extremista; mas tudo indica não ser menos arraigada.

Por outro lado, o socialista ou o internacionalista confesso e consciencioso têm de adoptar a posição contrária, por muito antipática que lhes seja pessoalmente, se não quiserem renunciar às aspirações que lhes são caras. A sua inclinação, ainda que, de modo geral, menos claramente definida, não é, pois, menos predeterminada e persistente.

Assim, não é de esperar imparcialidade neste grande caso, a não ser, em certa medida, da parte de estudiosos realmente desapaixonados e, por conseguinte, pouco influentes, pelo que um máximo de asserção e rancor e um mínimo de provas, que prevalecem, devem ser aceites como lamentáveis, de facto, mas inevitáveis e dificilmente censuráveis.

O problema, sendo, no estado actual do nosso conhecimento, indemonstrável, também não é na realidade argumentável. O que é, todavia, possível é compreender que há uma explicação completa e consistente para as chamadas diferenças raciais, baseada em causas puramente civilizacionais e não orgânicas e reconhecer que o simples facto de o mundo partir, de forma geral, do princípio de que essas diferenças entre um povo e outro são inatas e inextirpáveis, a não ser por reprodução, não constitui prova de que tal pressuposto seja verdadeiro.

O último argumento, de que é efectivamente possível *ver* essas peculiaridades nacionais em cada geração, e de que não é necessário verificar o pressuposto porque a sua veracidade é evidente para toda a gente, é o que tem menor peso. É o mesmo que defender a opinião de que este planeta é, afinal, o ponto central fixo do sistema cósmico, porque toda a gente se pode aperceber de que o Sol e as estrelas se deslocam e a Terra está parada. Os campeões da doutrina de Copérnico tinham isto a seu favor: tratavam de fenómenos a que era possível aplicar prontamente exactidão, acerca dos quais se podia fazer previsões verificáveis ou refutáveis, a que uma explicação ou se ajustava ou não se ajustava. No domínio da história humana tal não é possível, ou não foi ainda possível, pelo que uma igual nitidez de demonstração, provas definitivas, uma verificação minuciosa da teoria de acordo com os factos, com exclusão de todas as teorias rivais, não é de esperar por enquanto. Mas há uma mudança quase tão fundamental do ponto de vista mental e emocional, uma reviravolta de atitude quase tão absoluta quando se pede ao pensamento corrente dos nossos dias que encare a civilização como uma coisa não orgânica como quando a doutrina de Copérnico desafiou a anterior convicção do mundo.

A maior parte dos etnólogos, pelo menos, está convencida de que, na esmagadora maioria, os factos históricos e os erroneamente chamados factos raciais, que são hoje em dia atribuídos a causas orgânicas obscuras, ou que estão, quando muito, em disputa, acabarão um dia por ser vistos por toda a gente como sociais e melhor inteligíveis nas suas relações sociais. Seria dogmático negar que pode existir um resíduo em que tenham estado em acção influências hereditárias; mas talvez venha a verificar-se que mesmo este resíduo de agentes orgânicos tenha funcionado de maneiras completamente diferentes daquelas que são hoje habitualmente alegadas.

Pode ainda manter-se obstinadamente a opinião de que, para o historiador — aquele que deseja compreender qualquer espécie de fenómeno social —, é hoje uma necessidade inevitável ignorar o orgânico como tal e lidar apenas com o social. Para o vasto número dos que não são estudiosos profissionais da civilização, insistir nestes pontos de doutrina seria uma exigência despropositada, dada a nossa presente incapacidade de substanciá-los com provas. Por outro lado, o social, como algo distinto do orgânico, é um conceito bastante antigo e constitui um fenómeno suficientemente manifesto no nosso quotidiano para confirmar a afirmação de que não é possível passar sem ele. Talvez seja de mais esperar que uma pessoa aferrada, deliberada ou inconscientemente, a explicações orgânicas as abandone completamente perante indícios tão incompletos como os existentes em oposição a estas explicações. Mas parece ser efectivamente justificável insistir sem hesitações na proposição de que a civilização e a hereditariedade são duas coisas que funcionam de maneiras separadas; de que, por conseguinte, qualquer substituição absoluta de uma pela outra, na explicação de fenómenos do grupo humano, é errada; e de que a recusa em reconhecer pelo menos a possibilidade de uma explicação para as realizações humanas, que seja totalmente diferente da tendência prevalecente para uma explicação biológica, é um acto de iliberalidade. Quando semelhante reconhecimento da racionalidade desta atitude de espírito, que é diametralmente oposta à habitual, se tiver tornado geral, ter-se-ão feito muito mais progressos na via para um útil acordo quanto à verdade do que através de quaisquer actuais tentativas de converter por meio de argumentação.

Um dos espíritos dotados de um poder de percepção e formulação tão eminente como os melhores da última geração, Gustave Le Bon, cujo nome é altamente conceituado, ainda que a sua negligente temeridade lhe não tenha conseguido senão poucos seguidores confessos, levou a interpretação do social como orgânico à sua consequência consistente. A sua *Psicologia dos Povos* é uma tentativa de explicar a civilização com base na raça. Le Bon é, realmente, um historiador de uma sensibilidade e perspicácia invulgarmente agudas. Mas a sua declarada tentativa de transformar directamente os materiais civilizacionais com os quais trabalha em factores orgânicos leva-o, por um lado, a renunciar às suas engenhosas interpretações da história, até restarem apenas lampejos intermitentes; e, por outro, a basear, finalmente, as suas soluções declaradas em essências místicas, como a «alma de uma raça». Como conceito ou ferramenta científica, uma alma da raça é tão intangível e inútil como uma frase da filosofia medieval e igual à expedita declaração de Le Bon de que o indivíduo é para a raça o que a célula é para o corpo. Se, em vez de alma da raça, o distinto francês tivesse dito espírito da civilização, ou tendência ou carácter da cultura, as suas proclamações teriam sido menos atraentes porque seriam aparentemente mais vagas; mas não teria tido que basear o seu pensamento numa ideia sobrenatural, antagónica ao corpo da ciência ao qual tentava ligar o seu trabalho; e, embora não mecanicistas, as suas diligências de explicação teriam, pelo menos, ganho o respeito dos historiadores.

Na realidade, Le Bon opera nitidamente com fenómenos sociais, não obstante dar-lhes insistentemente nomes orgânicos e proclamar que os resolveu organicamente. Que «não foi o 18 Brumário mas a alma da sua raça que instaurou Napoleão» é, biologicamente, e sob qualquer aspecto da ciência que trate da causalidade mecânica, uma afirmação sem sentido; mas torna-se excelente história assim que substituímos «raça» por «civilização» e, evidentemente, tomamos «alma» num sentido metafórico.

Quando ele diz que «o cruzamento destrói uma civilização antiga», afirma apenas aquilo que muitos biólogos estariam prontos a sustentar. Quando acrescenta «porque destrói a alma do povo que a possui», apresenta uma razão que deve provocar arrepios a um cientista. Mas se substituirmos «cruzamento», isto é a mistura de tipos orgânicos fortemente diferenciados, por «contacto súbito ou conflito de ideais», isto é mistura de tipos sociais fortemente diferenciados, o efeito profundo de tal acontecimento é indiscutível.

Le Bon afirma ainda que o efeito do meio é grande em raças novas, em raças que se formam através do cruzamento de povos de hereditariedades contrárias e que em raças antigas, solidamente fixadas pela hereditariedade, o efeito do meio é quase nulo. É evidente que, numa civilização antiga e estável, o efeito activamente variável do meio geográfico deve ser pequeno, porque a civilização terá tido há muito ampla oportunidade de utilizar o meio para as suas necessidades; mas que, por outro lado, quando a civilização é nova — por causa do seu desterro, do processo da sua fusão a partir de elementos vários ou do simples desenvolvimento interno —, a renovação de relacionamento entre ela e a geografia física circundante deve dar-se com rapidez. Ainda aqui boa história se transforma em má ciência, através de uma confusão que parece quase deliberadamente perversa.

Um povo é guiado muito mais pelos seus mortos do que pelos vivos, diz Le Bon. Ele está a tentar estabelecer a importância da hereditariedade em carreiras nacionais. Aquilo que, ainda que não reconhecido por ele, se encontra no fundo do seu pensamento é a verdade de que toda a civilização se baseia no passado, de que, mesmo que os seus antigos elementos já não se encontrem vivos nessa qualidade, formam, não obstante, o seu tronco e corpo, em torno do qual o alburno, presente na altura, é apenas uma casca e uma superfície. O facto de uma educação imposta, uma coisa formal e consciente, não poder dar a um povo a substância de uma nova ou de outra civilização é uma verdade fundamental que Le Bon captou com vigor. Mas quando deduz esta máxima como uma inferência do intransponível abismo que existe externamente entre as raças, baseia um facto óbvio, que nunca ninguém com discriminação disputou, numa asserção mística.

Quase se podia prever, depois destas citações, que Le Bon atribuiria o «carácter» das suas «raças» à «acumulação por hereditariedade». Vimos já que se há uma coisa que a hereditariedade não faz é acumular. Se, por outro lado, existe um método pelo qual se pode definir que a civilização opera é precisamente o da acumulação. Acrescentamos o poder do voo, a compreensão do mecanismo do avião, às nossas realizações e conhecimentos prévios. A ave não; abandonou as suas pernas e dedos dos pés por asas. Talvez seja verdade que a ave é, no total, um organismo superior ao seu antepassado réptil, que foi mais longe na estrada do desenvolvimento. Mas o seu avanço foi obtido por uma transmutação de qualidades, uma conversão de órgãos e faculdades, não por uma maior soma deles.

Toda a teoria da hereditariedade por aquisição se baseia na confusão destes dois processos tão diversos, o da hereditariedade e o da civilização. Tem sido, talvez, alimentada por necessidades insatisfeitas da ciência biológica, mas nunca obteve da biologia a mais ligeira verificação inatacável e tem, com efeito, sido atacada, tanto por um são e vigoroso instinto como em consequência do malogro da observação e da experimentação, no interior dessa ciência. Trata-se de uma doutrina que é o constante brasão do diletante que sabe alguma coisa tanto da história como da vida, mas que não se dá ao trabalho de compreender o funcionamento de nenhuma delas. Sendo os estudos de Le Bon uma tentativa de explicar uma por meio da outra, a utilização por parte dele, mais cedo ou mais tarde, da doutrina da hereditariedade por aquisição ou acumulação quase se poderia prever.

De um temperamento diferente e menos agressivo emana o apelo a que Lester Ward deu voz, a um elemento amplo e ambiciosamente diligente. A hereditariedade por aquisição deve ter lugar, argumenta, senão não haveria qualquer esperança de progresso permanente para a humanidade. Acreditar que aquilo que obtivemos não venha a ser, em parte, implantado nos nossos filhos retira incentivo ao esforço. Todo o labor vertido nos jovens do mundo seria em vão. As qualidades mentais não estão sujeitas a selecção natural, daí que se devam ter acumulado no homem por aquisição e fixado por hereditariedade. Esta opinião é repetida vezes emitida por pessoas que chegaram a essa posição através das suas próprias reflexões, que provavelmente nunca leram

Ward, nem directa nem indirectamente, e cujo mundo parece ruir quando os seus alicerces da hereditariedade são abalados. Trata-se, se não de uma opinião profunda, de um ponto de vista comum; e é por isso que a formulação de Ward é, por inválida que seja intrinsecamente, representativa e importante. Revela a tenacidade, a insistência, com que muitos intelectos conscienciosos da época não querem nem podem ver o social a não ser através do óculo do orgânico. Que este hábito mental possa ser em si deprimente, que delimite de antemão o desenvolvimento e acorrente eternamente o futuro às misérias e indigências do presente é coisa que não vem à ideia dos seus devotos; na realidade, deve ser a fixidez que lhe dá o seu poder emocional.

Parecer-nos-ia provável ter sido um motivo semelhante o que levou o maior dos defensores da hereditariedade adquirida, Herbert Spencer, à sua posição. O método preciso pelo qual a evolução orgânica tem lugar é, afinal, um problema essencialmente biológico e não filosófico. Spencer, contudo, tal como Comte, era tanto um sociólogo como um filósofo. O facto de ter contestado tão teimosamente aquilo que era, em si mesmo, uma questão técnica de biologia dificilmente se poderá compreender, a não ser que se parta do princípio de que ele achava que a questão se relacionava de maneira vital com os seus princípios e de que, apesar de ter sido ele quem cunhou com propriedade o termo que dá título a este ensaio, não concebia apropriadamente a sociedade humana como detentora de um conteúdo específico que é não orgânico.

Quando R. R. Marett, na abertura da sua obra *Anthropology* — um dos livros mais estimulantes produzidos neste campo —, define a ciência como «a história inteira do homem abrasada e impregnada pela ideia de evolução» e acrescenta que «a antropologia é filha de Darwin — é o darwinismo que a torna possível», está, infelizmente, a retratar a situação recente desta ciência com alguma veracidade; mas, como programa ou ideal, tal esboço deve ser posto em causa. A antropologia pode ser biologia; pode ser história; pode ser uma tentativa de indagar as relações de ambas; mas, enquanto história, o estudo do social, eivado da ideia de evolução orgânica, seria uma salgalhada de métodos diversos e, por conseguinte, não seria uma ciência em nenhum sentido do termo.

De todas as misturas do cultural com o vital, a que se cristalizou sob o nome de movimento eugénico é a mais conhecida e a mais apreciada. Como programa construtivo para o progresso nacional, a eugenia é uma confusão dos desígnios de criar homens melhores e de dar-lhes ideais melhores; um artifício orgânico para atingir o social; um atalho biológico para um fim moral. Contém a impossibilidade inerente a todos os atalhos mais refinado, mas não é menos fútil do que o atalho que o selvagem segue quando, para evitar o incómodo e o perigo de matar o seu inimigo, trespassa (em segurança e por meio de invectivas, gritadas no conforto do seu próprio lar) uma imagem em miniatura, à qual se dirige como se se tratasse do próprio inimigo. A eugenia, na medida em que é mais do que uma diligência no sentido da higiene social num novo campo, é uma falácia; uma miragem como a pedra filosofal, o elixir da vida, o anel de Salomão ou a eficácia material da oração. Pouco há a dizer em sua defesa. Se os fenómenos sociais são única ou essencialmente orgânicos, a eugenia está certa e não há mais nada a dizer. Se o social é alguma coisa mais do que o orgânico, a eugenia é um erro de pensamento mal formulado.

Galton, o fundador da propaganda eugénica, foi um dos intelectos mais verdadeiramente imaginativos produzidos pelo seu país. Pearson, o seu distinto protagonista vivo, defendendo-a com armas científicas, possui uma das mentes mais argutas da sua geração. Centenas de homens, capazes e eminentes, declararam-se conversos. É evidente que uma simples falácia se deve ter apresentado num invólucro de sedutoras complicações para se lhes ter tornado aceitável. Homens destes não confundiram coisas importantes, que são intrinsecamente distintas, sem uma boa razão. A explicação de que Galton, Pearson e a maioria dos mais criativos dos seus seguidores eram biólogos profissionais e tinham, por conseguinte, tendência para ver o mundo através das lentes do orgânico não basta. O simples interesse por um factor não conduz os espíritos a negar praticamente a existência de outros factores. Qual é então a razão da confusão em que se precipitaram?

A causa parece ser uma incapacidade de distinguir entre o social e o mental. Toda a civilização existe, em certo sentido, apenas na mente. A pólvora, as artes têxteis, as máquinas, as leis, o telefone, não são transmitidos de homem para homem, nem de geração em geração, ou, pelo menos, não o são permanentemente. São a percepção, o conhecimento e a compreensão deles, as suas *ideias* no sentido platónico que são transmitidas. Tudo o que é social só pode ter existência através da mentalidade. Claro que a civilização não é acção mental em si; é levada a cabo por homens, sem estar neles. Mas a sua relação com a mente, o seu enraizamento absoluto na faculdade humana são óbvios.

O que sucedeu foi que a biologia, que correlaciona e muitas vezes identifica o «físico» e o mental, deu um passo em frente natural, mas ainda por justificar, e aceitou o social como mental; a partir daqui, a explicação da civilização em termos fisiológicos e mecânicos era uma consequência inevitável.

Ora, a correlação, feita pela ciência moderna, entre o físico e o mental está, sem dúvida, correcta. Isto é: é justificável como método que pode ser consistentemente empregue para uma explicação coerente dos fenómenos e que conduz a resultados satisfatórios a nível intelectual e úteis a nível prático. A correlação dos dois conjuntos de fenómenos é feita, ou aceite, por todos os psicólogos; é, sem dúvida, válida para todas as faculdades e instintos e possui uma certa corroboração fisiológica e química definida, ainda que de um género mais grosseiro e menos completamente estabelecido do que geralmente se imagina. Seja como for, esta correlação é um axioma indiscutível dos que se ocupam da ciência: todo o equipamento mental e toda a actividade mental têm uma base orgânica. E isso basta para já. Esta inseparabilidade do físico e do mental também deve ser verdadeira no campo da hereditariedade. É sabido que, sempre que os instintos são definidos ou especializados, como acontece nos insectos, eles são herdados de maneira tão absoluta como os órgãos ou a estrutura. Toda a gente sabe que os nossos próprios traços mentais variam tanto e com tanta frequência se quadram com os dos antepassados como as feições. Não há razão lógica, nem existe nada na observação do quotidiano, que vá contra a crença de que um temperamento irascível é tão herdável como o cabelo ruivo ao qual anda tradicionalmente associado, e de que certas formas de aptidão musical podem ser tão congénitas como ter olhos azuis.

Claro que há muita falsa inferência nestes assuntos, no que se refere ao homem, através da interpretação da realização como indício do grau de uma faculdade. A discriminação entre as duas coisas nem sempre é fácil; requer com frequência um conhecimento afanosamente adquirido dos factos, bem como um juízo cuidadoso, e o raciocínio popular é geralmente escasso nisto. Uma poderosa faculdade congénita pode lançar com êxito um pai num empreendimento. Isto pode, por seu turno, fornecer uma influência ambiental, ou um treino deliberado, que venha a elevar o filho medíocre, no que toca às suas realizações, muito acima do que as suas faculdades naturais lhe teriam assegurado por si só e acima de muitos outros indivíduos de maiores capacidades inatas. O ganho de um milhão é normalmente um indício de habilidade; mas é normalmente necessária uma capacidade mais intensa para ganhar um milhão começando sem nada do que para começar com um milhão recebido como dádiva e aumentá-lo para três milhões. O facto de um músico ser a maioria das vezes filho de um músico, pelo menos tendo em conta números relativos, não constitui, por si só, prova de que o talento musical seja herdável, pois conhecemos influências puramente sociais, como é o caso das castas hindus, que obtêm resultados semelhantes com muito maior regularidade da que é possível alguém afirmar ser produzida, entre nós, pela hereditariedade, somada às influências sociais.

Mas seria tão despropositado exagerar esta cautela, até a transformar numa total negação da hereditariedade mental, como ignorá-la inteiramente.

Não existe, pois, nada, numa inspecção improvisada da situação, que leve a uma descrença de que os caracteres da mente estão sujeitos à hereditariedade, de maneira muito semelhante às características do corpo, e há um vasto corpo de experiência comum a confirmar a convicção.

Além disso, há algumas provas às quais, embora não sejam em grande número, é difícil resistir. Galton, numa série bastante vasta de relatórios, descobriu que a quantidade de regressão — um índice quantitativo da potência da hereditariedade — era a mesma para a faculdade artística e para a estatura. Noutro trabalho investigou os consanguíneos de homens eminentes, verificando que a eminência ocorre entre estes com uma frequência e num grau exactamente iguais à influência da hereditariedade, no que toca às características físicas. Pearson calculou que a correlação — o grau de semelhança, quantitativamente expresso, de fenómenos disponíveis em números — entre irmãos é substancialmente a mesma para a consciência moral e para a forma da cabeça, para a capacidade intelectual e para a cor do cabelo, e assim por diante relativamente a outras qualidades mentais ou morais e físicas. Claro que existe a possibilidade de, nos dados subjacentes a estes resultados, bem como nos de Galton, se ter verificado alguma confusão entre temperamento e má-criação, inteligência natural e treino do intelecto, faculdade artística congénita e gosto cultivado. Mas a atenção dos que redigiram os relatórios parece ter-se dirigido de modo assaz definido para traços individuais inatos. Além disso, todos os coeficientes ou cifras relativos à herança destas características físicas concordam, tanto quanto seria de esperar, com os correspondentes relativos a traços corporais. Pode, pois, considerar-se a causa substancialmente comprovada, pelo menos até que se verifiquem novos indícios.

Não obstante uma vasta aceitação destas demonstrações, em especial por parte dos que se sentem predispostos a aprovar o progresso biológico, deparou-se-lhes igualmente alguma oposição e um desconhecimento maior do que a sua relação com uma questão de interesse geral faria prever. Em parte, esta atitude negativa talvez se deva a uma persistência de crenças religiosas, no essencial já suplantadas mas ainda não defuntas, que se centram em torno do antigo conceito de alma, e que vêem em cada ligação entre mente e corpo uma supressão da estimada distinção entre corpo e alma. Mas este conservadorismo tardio não explicará todo o malogro das demonstrações de Galton--Pearson em angariar aceitação universal ou em suscitar grande entusiasmo.

A oposição restante foi ocasionada por Galton, Pearson e os próprios aderentes, que não se confinaram às suas conclusões bem fundamentadas, mas passaram a posteriores inferências, que apenas se apoiavam em asserções. Que a hereditariedade funcione no domínio da mente, bem como no do corpo, é uma coisa; que, por conseguinte, a hereditariedade seja a mola real da civilização é uma proposição inteiramente diferente, sem conexão necessária e sem conexão estabelecida com a conclusão anterior. Manter ambas as doutrinas, a segunda como corolário necessário da primeira, tem sido o hábito da escola biológica e a consequência tem sido que os que tinham inclinações intelectuais diferentes, ou que seguiam outro método de investigação, rejeitaram declarada ou tacitamente as duas proposições.

A razão por que a hereditariedade mental tem tão pouco, se é que alguma coisa tem, a ver com a civilização é que a civilização não é acção mental, mas um corpo ou fluxo de produtos do exercício mental. Sendo a actividade mental, conforme os biólogos a têm tratado, orgânica, qualquer demonstração a ela referente não prova, portanto, nada quanto a acontecimentos sociais. A mentalidade relaciona-se com o indivíduo. O social ou cultural, por outro lado, é, na sua essência, não individual. A civilização, como tal, começa apenas onde o indivíduo acaba; e quem não se aperceba em certa medida deste facto, embora apenas como um facto bruto e infundado, não pode achar sentido na civilização e a história deve ser para essa pessoa apenas uma selva enfadonha, ou uma oportunidade para o exercício da arte.

Toda a biologia tem necessariamente esta referência directa ao indivíduo. Uma mente social é uma nulidade tão sem sentido como um corpo social. Só pode existir um género de organicidade: o orgânico, noutro plano, deixaria de ser orgânico. É verdade que a doutrina darwinista se relaciona com a raça; mas a raça, a não ser como uma abstracção, não passa de uma colecção de indivíduos e as bases desta doutrina, a hereditariedade, a variação e a competição, ocupam-se da relação do invidíduo com o indivíduo, a favor do indivíduo e contra o indivíduo. Toda a chave do êxito dos métodos mendelianos de estudar a hereditariedade está em isolar traços e em isolar indivíduos.

Mas mil indivíduos não fazem uma sociedade. Constituem a base potencial de uma sociedade mas não a causam por si só e constituem igualmente a base de outras mil sociedades potenciais.

Os achados da biologia no que se refere à hereditariedade, quer mental quer física, podem pois, de facto, ser aceites sem reserva. Mas que a civilização possa ser entendida por meio da análise psicológica, ou explicada por meio de observações ou experiências sobre a hereditariedade, ou, para voltar a um exemplo concreto, que o destino das nações possa ser previsto a partir de uma análise da constituição orgânica dos seus membros, pressupõe que a sociedade não é mais que uma colecção de indivíduos, que a civilização é apenas um agregado de actividades psíquicas e não igualmente uma entidade para além delas; em resumo, que o social pode ser inteiramente resolvido no mental, tal como se pensa que este se resolve no físico.

É, por consequência, neste ponto do tentador salto do individualmente mental para o culturalmente social, que pressupõe, mas não contém, a mentalidade, que há que procurar a fonte das perturbadoras transferências do orgânico para o social. É, pois, desejável um exame mais exacto da relação entre ambos.

Num brilhante ensaio, escrito sob a influência de Pearson, sobre a hereditariedade nos gémeos, Thorndike chega de novo, e por meio de um convincente emprego de evidência estatística, à conclusão de que, no tocante ao indivíduo, a hereditariedade é tudo e o meio nada; de que o êxito do nosso singrar na vida é essencialmente determinado à nascença; de que o problema de cada um de nós vir a ultrapassar o parceiro, ou ficar para trás, é resolvido quando os gâmetas dos pais se unem e está há muito encerrado quando a criança emerge do útero, não sendo as carreiras que percorremos debaixo do sol mais que um desenrolar, mais comprido ou mais curto, conforme acidentes que escapam ao nosso controlo, do fio enrolado na canilha, antes do início da nossa existência.

Este achado não só é elucidado minuciosamente pelo autor como tem o apoio da nossa experiência comum da vida. Ninguém pode negar um certo grau de verdade à proverbial orelha de porco, com a qual não se pode fazer uma bolsa de seda *. Toda a gente conta, entre os conhecidos, com indivíduos de energia, de competência e perícia, do que parece uma inquietante presciência, ou de uma força de carácter, que não nos deixam lugar para dúvidas de que, fosse qual fosse o nascimento que lhes coubesse em sorte, ter-se-iam erguido acima dos outros e distinguido entre os outros homens e mulheres. E, por outro lado, também admitimos, com pesar, os inábeis e indolentes, os incompetentes e banais que, nascidos em qualquer esfera, teriam sido dos medíocres ou infelizes do seu tempo e classe. É mais certo que Napoleão, colocado noutra terra e noutra época, não teria conquistado um continente. Pode dizer-se com justeza que a afirmação contrária evidencia uma ausência de compreensão da história. Mas crer que, noutras circunstâncias, este eterno farol se teria mantido uma lamparina, que as suas forças nunca teriam sido postas em acção, que uma ligeira mudança dos acidentes de época, lugar ou ambiente o poderiam ter conservado um camponês próspero e contente, um lojista ou um burocrata, um capitão de carreira a viver de uma pensão de reforma, mantê-lo demonstra uma falta, ou uma supressão perversa, do conhecimento da natureza humana. É importante compreender que diferenças congénitas só podem ter um efeito limitado no decurso da civilização. Mas é igualmente importante aperceber-nos de que podemos e devemos admitir a existência de tais diferenças e do facto de serem inextinguíveis.

Segundo um dito que é quase proverbial, e verdadeiro na medida em que tais lugares-comuns podem ser verdadeiros, o colegial

---

* *The proverbial sow's ear that cannot be made into a silk purse,* no original. Expressão cujo significado aproximado é que não podemos fazer, com uma coisa, aquilo para que ela não foi destinada, ou que ela não permite que se faça *(N. do T.)*

moderno sabe mais do que Aristóteles; mas este facto, ainda que multiplicado por mil, não o dota de maneira alguma de uma fracção do intelecto do grande grego. Socialmente — pois o conhecimento deve ser uma circunstância social —, é o conhecimento, e não o maior desenvolvimento de um ou outro indivíduo, que conta; tal como, para medir a verdadeira força da grandeza de uma pessoa, o psicólogo ou o geneticista ignoram o estado de esclarecimento geral, o grau diverso de desenvolvimento civilizacional, para fazerem as suas comparações. Uma centena de Aristóteles entre os nossos antepassados que viviam nas cavernas não teriam sido menos Aristóteles por direito de nascimento; mas teriam contribuído muito menos para o avanço da ciência do que uma dúzia de mediocridades diligentes no século XX. Um super-Arquimedes na época glacial não teria inventado nem armas de fogo nem o telégrafo. Bach nascido no Congo, e não na Saxónia, poderia não ter composto nem um fragmento de coral ou de sonata, embora possamos ter a mesma certeza de que teria ofuscado os seus compatriotas em matéria de música. Se alguma vez terá nascido um Bach em África é outra questão — para a qual não é possível dar uma resposta negativa apenas por nunca lá ter surgido um Bach, questão que, com toda a honestidade, temos de reconhecer estar por responder, mas em relação à qual o estudioso da civilização, até que surja uma demonstração, só pode dar uma réplica e seguir um caminho: partir do princípio, não como um fim mas como uma condição de método, de que semelhantes indivíduos existiram; de que o génio e a habilidade ocorrem com uma frequência substancialmente regular e de que todas as raças ou grupos suficientemente grandes de homens têm uma média substancialmente semelhante e a mesma a nível de qualidades.

Estes são casos extremos, cuja clareza não deverá suscitar oposição. Normalmente, as diferenças entre indivíduos são menos imponentes, os tipos de sociedade mais semelhantes e os dois elementos envolvidos só são separáveis pelo exercício de alguma discriminação. É então que as confusões começam. Mas, se o factor da sociedade e o da personalidade natal são distintos nos exemplos flagrantes, são pelo menos distinguíveis nos de matizes mais subtis e mais intricados, desde que queiramos mantê-los separados.

A ser isto verdade, segue-se que todos os chamados inventores de engenhos, ou descobridores de pensamentos dignos de nota foram homens invulgarmente capazes, dotados desde antes do seu nascimento de faculdades superiores, que o psicólogo pode esperar analisar e definir, o fisiólogo correlacionar com funções de órgãos e o biólogo genético investigar nas suas origens hereditárias, até alcançar não só sistema e lei como poder de previsão verificável. E, por outro lado, o teor da invenção ou descoberta não emana, de forma alguma, da constituição do grande homem, ou da dos seus antepassados, mas é um puro produto da civilização, na qual ele, juntamente com milhões de outros, nasceu, sendo esse nascimento um acontecimento sem significado e regularmente recorrente. O facto de ele se tornar ou não, na sua pessoa, inventor, explorador, imitador ou utente é uma questão de forças, de que as ciências da causalidade mecanicista se ocupam. O facto de a sua invenção ser o canhão ou o arco, a sua realização uma escala musical ou um sistema de harmonia, a sua formulação a da alma ou a do imperativo categórico não é explicável pelo *medium* da ciência mecanicista — pelo menos não o é por métodos actualmente à disposição da ciência biológica —, mas encontra o seu significado apenas em operações com o material da civilização, de que a história e as ciências sociais se ocupam.

Darwin, cujo nome tantas vezes foi citado nas páginas anteriores, fornece uma bela exemplificação destes princípios. Fátuo seria negar o génio, a eminência mental, a superioridade inerente, em relação à massa do rebanho humano, deste grande homem. Na famosa classificação de Galton ele atingiria provavelmente, segundo a opinião generalizada, no mínimo o grau G, quiçá o grau ainda mais alto — o máximo —, o grau X. Isto é, foi um indivíduo que nasceu com capacidades tais que, num milhão de pessoas, só catorze, ou mais provavelmente uma, ou talvez ainda menos, possuem. Em resumo, teria pairado intelectualmente acima dos seus pares, em qualquer sociedade.

Por outro lado, ninguém no seu perfeito juízo pode acreditar que a qualidade do maior feito de Darwin, a formulação da doutrina da evolução por selecção natural, lhe seria hoje creditada se ele tivesse nascido cinquenta anos antes ou depois. Se tivesse nascido depois, Wallace ter-se-lhe-ia infalivelmente antecipado, essa é uma das razões; ou outros o teriam feito, se uma morte prematura tivesse impedido Wallace. Que a sua mente incansável viesse a desenvolver alguma coisa digna de nota é tão provável quanto desproposidado: a qualidade da descoberta particular que ele efectivamente fez não teria sido sua. Pela suposição contrária, meio século mais cedo a sua ideia central não lhe teria surgido, tal como não surgiu ao seu brilhante predecessor; o evolucionista Lamarck. Ou então ter-lhe-ia ocorrido, como ocorreu na sua essência a Aristóteles, apenas para ser posta de parte como logicamente possível, de facto, mas não merecedora de ser considerada a fundo. Finalmente, a ideia poderia com efeito ter germinado e crescido nele, mas poderia ter sido ignorada e olvidada pelo mundo, mero acidente infrutífero, até que, algumas décadas mais tarde, a civilização europeia estivesse tão preparada para a utilizar como ansiosa por o fazer — altura em que a sua redescoberta, e não a sua descoberta formal estéril, teria sido o acontecimento de importância histórica. O facto de esta última possibilidade não ser uma mera conjectura é evidenciado pela sua ocorrência real no caso de um dos maiores contemporâneos de Darwin, o seu então desconhecido companheiro de armas, Gregor Mendel.

É inconcebível que a ocorrência independente da ideia de selecção, como força motriz da evolução orgânica, que acontece simultaneamente nos espíritos de Darwin e Wallace, tenha sido uma questão de sorte pura. A aceitação imediata da ideia, pelo mundo, nada prova quanto à verdade intrínseca do conceito, mas confirma efectivamente a disponibilidade do mundo, isto é da civilização da altura, para aceitar a doutrina. E se a civilização estava preparada para a doutrina e faminta, a sua enunciação parece ter estado destinada a surgir quase precisamente quando surgiu. Darwin guardou o germe da ideia de selecção natural durante vinte longos anos, antes de se atrever a avançar a hipótese que, anteriormente, achara que seria recebida com hostilidade e que deve ter julgado estar mal equipada. Só a expressão mais sumária da mesma ideia, por Wallace, levou Darwin a torná-la pública. Poderemos imaginar que, se Wallace tivesse encontrado a morte no mar entre as ilhas malaias e Darwin, sem ser espicaçado pela actividade do seu colega concorrente, tivesse continuado a manter a sua teoria em segredo mais alguns anos, e tivesse de repente sucumbido a uma doença mortal, nós, no mundo civilizado de hoje, tivéssemos vivido as nossas vidas intelectuais inteiras sem um mecanismo definido para a evolução e, por conseguinte, sem qualquer emprego activo da ideia evolucionária — que os nossos biólogos estivessem ainda onde estavam Lineu, Cuvier ou, quando muito, Lamarck? Sendo assim, as grandes correntes da história estariam absolutamente condicionadas pelo alojamento ou o desalojamento de um bacilo numa estrutura humana particular, num certo dia, convicção que atestaria o mesmo grau de compreensão que deveríamos atribuir a quem, encontrando no alto dos Andes a fonte primária do pequenino regato mais afastado, por tortuosos quilómetros, do oceano Atlântico, pusesse o pé na nascente borbulhante e acreditasse que, enquanto ali o mantivesse, o Amazonas deixaria de drenar um continente e de desaguar no mar.

Não. O facto de Wallace seguir tão de perto as pegadas de Darwin, de modo que também a ele coube um quinhão, embora menor, da glória da descoberta, patenteia que atrás dele seguiam ainda outros, anónimos e quiçá para sempre inconscientes; e que, se tivesse o primeiro ou o segundo da fila tombado, presa de um dos inúmeros acidentes a que os indivíduos estão sujeitos, os seguidores, um, vários ou muitos, teriam forçado o avanço; melhor dizendo, teriam sido forçados a avançar e feito o seu trabalho — imediatamente, tal como a história calcula o tempo.

O malogro das experiências revolucionárias de Mendel sobre a hereditariedade exacta, em obter o mínimo reconhecimento em vida do seu autor e durante os anos que se seguiram, foi já referido na qualidade de exemplo do destino inexorável que aguarda o descobridor que se antecipa ao seu tempo. Muita sorte tem ele se lhe for dado viver na obscuridade e escapar à crucificação, que parecia um castigo suave para o primeiro circum-navegador da África que viu o Sol a norte. Disse-se que o ensaio de Mendel, no qual estão contidos muitos dos princípios vitais do ramo da ciência que hoje tem o seu nome, foi publicado numa fonte remota e pouco conhecida e não chegou, por isso, ao conhecimento dos biólogos senão na geração seguinte. Esta última afirmação pode ser posta em questão por não estar demonstrada e ser inerentemente indemonstrável. É muito mais provável que o ensaio tenha sido visto por vários biólogos, que alguns até o tenham lido, mas que a todos tenha passado despercebido — não por serem homens invulgarmente estúpidos mas por lhes faltar a superioridade transcendente do indivíduo ocasional para ver questões que estão adiante daquelas com que o mundo da sua época se confronta. Mas, lentamente, o tempo passou e preparava-se uma mudança de teor no pensamento. O próprio Darwin preocupara-se com a origem e a natureza das variações. Quando o primeiro choque da avassaladora novidade da sua descoberta central começava a ser assimilado pela consciência científica, esta questão da variação passou para a dianteira. As investigações de De Vries e Bateson, embora os resultados conhecidos parecessem apenas uma análise destrutiva de um dos pilares do darwinismo, acumulavam conhecimentos sobre o funcionamento real da hereditariedade. E então, de repente, em 1900, com um impacte dramático, três estudantes, independentemente e «com poucas semanas de diferença», descobriram a descoberta de Mendel, confirmaram as suas conclusões com a sua experiência e uma nova ciência era lançada numa carreira de esplêndido êxito.

Talvez haja quem veja nestes palpitantes acontecimentos apenas um jogo sem sentido de casualidade caprichosa; mas haverá igualmente outras pessoas para quem eles revelem um lampejo de uma grande e inspiradora inevitabilidade, que se ergue tão acima dos acidentes de personalidade quanto a marcha do firmamento transcende os vacilantes contactos de pegadas fortuitas nas nuvens da Terra. Suprima-se a percepção de De Vries, Correns e Tschermak e continuará a ser claro que, antes de decorrido outro ano, os princípios da hereditariedade mendeliana teriam sido proclamados a um mundo concordante, e por seis mentes com discernimento em vez de três. O facto de Mendel ter vivido no século XIX, e não no século XX, e ter publicado em 1865, mostrou ter a maior influência, talvez de lamentar, no seu destino pessoal. Historicamente, a sua vida e descoberta não têm mais importância, a não ser como uma antevisão prenunciadora, do que os milhões de desgostos e contentamentos de pacíficas vidas burguesas, ou do que as mortes sangrentas que têm sido o destino dos homens. A hereditariedade mendeliana não data de 1865. Foi descoberta em 1900, porque só nessa altura poderia ter sido descoberta e porque devia infalivelmente ser descoberta nessa altura — dado o estado da civilização europeia.

A NATUREZA DA CULTURA

A história das invenções é uma cadeia de casos paralelos. Um simples exame dos registos de patentes, num outro espírito que não o comercial ou o anedótico, revelaria a inexorabilidade que predomina no avanço da civilização. O direito ao monopólio do fabrico do telefone esteve longo tempo em litígio; a derradeira decisão dependia de um intervalo de horas entre o registo de variedades concomitantes, por Alexander Bell e Elisha Gray. Embora o nosso pensamento corrente tenha tendência para pôr de lado conflitos destes, como provas de cupidez pouco escrupulosa e de insuficiência jurídica, ou como uma coincidência melodramática, compete ao historiador ver para além destes jogos pueris do intelecto.

A descoberta do oxigénio é creditada simultaneamente a Priestley e a Scheele; a sua liquefacção a Cailletet bem como a Pictet, cujos resultados foram atingidos no mesmo mês do ano de 1877 e anunciados numa mesma sessão. Tanto Kant como Laplace podem reivindicar a promulgação da hipótese nebular. Neptuno foi previsto por Adams e por Leverrier; o cálculo de um e a publicação desse cálculo pelo outro deram-se com o intervalo de alguns meses.

A glória pela invenção do barco a vapor é reclamada, por parte dos seus compatriotas ou partidários, para Fulton, Jouffroy, Rumsey, Stevens, Symmington e outros; do telégrafo para Steinheil e Morse; na fotografia, Talbot foi rival de Daguerre e Niepce. O carril de aba dupla, ideado por Stevens, foi reinventado por Vignolet. O alumínio foi sintetizado praticamente, pela primeira vez, pelos processos de Hall, Heroult e Cowles. Leibniz, em 1684, bem como Newton, em 1687, formularam o cálculo infinitesimal. Os anestésicos — tanto o éter como o óxido nitroso — foram descobertos em 1845 e 1846 por nada mais nada menos de quatro homens, todos da mesma nacionalidade. As suas realizações foram tão independentes, tão semelhantes, mesmo nos pormenores, e tão próximas no tempo, que durante muitos anos se sucederam as polémicas, acções nos tribunais e agitação política e não houve um único dos quatro cuja carreira não tenha sido amargurada, senão arruinada, pelas animosidades ocasionadas pelo carácter indistinguível da prioridade. Até o pólo sul, nunca antes pisado por seres humanos, acabou por ser alcançado duas vezes no mesmo Verão.

Poder-se-ia escrever um volume inteiro, com poucos anos de trabalho, cheio de casos destes, repetindo-se incessantemente, mas acumulando-se constantemente. Quando deixamos de encarar a invenção ou a descoberta como uma faculdade inerente e misteriosa de mentes individuais, que são lançadas ao acaso, no espaço e no tempo, pelo destino; quando centramos a atenção na relação mais patente de um destes passos em frente, com todos os outros; quando, em resumo, o interesse se desvia de elementos individualmente biográficos — que só podem ser dramaticamente artísticos, didacticamente moralizadores ou psicologicamente interpretáveis — e se liga afincadamente ao social ou ao civilizacional, os indícios sobre este ponto serão infinitos em quantidade e a presença de forças ou sequências majestosas que repassam a civilização tornar-se-á irresistivelmente evidente. Conhecendo a civilização de uma época e de uma terra, podemos afirmar substancialmente que as suas descobertas distintivas, neste ou naquele campo de actividade, não dependeram directamente da personalidade dos inventores efectivos que honraram esse período, mas teriam sido feitas sem eles; e que, inversamente, se as grandes mentes luminosas de outros séculos e climas tivessem nascido na civilização referida, e não na sua, as primeiras realizações dela ter-lhes-iam cabido em sorte. Ericsson ou Galvani, há oito mil anos, poderiam ter polido ou furado a primeira pedra; e, por sua vez, a mão e a mente cuja operação deu início à idade neolítica da cultura humana estariam hoje, se mantidas na sua infância, numa catalepsia inalterável, desde essa altura até à actualidade, a inventar telefones sem fios e extractores de azoto.

Há que admitir algumas reservas a este princípio. Não esta ainda provado, antes pelo contrário, que uma habilidade extraordinária, embora igual em intensidade, seja idêntica em direcção. É altamente improvável que Beethoven, posto no berço de Newton, tivesse estabelecido o cálculo matemático, ou que este tivesse dado à sinfonia a sua forma final. Podemos e, evidentemente, devemos reconhecer faculdades congénitas que são bastante especializadas. Tudo aponta para o facto de as faculdades mentais elementares como a memória, o interesse e a abstracção serem naturalmente desiguais em indivíduos de habilidade equivalente, mas inclinação distinta, e isto apesar da cultura. O educador que proclamasse a sua capacidade de converter uma memória natural para números absolutos, ou para fórmulas matemáticas, numa retenção igualmente forte de sons singulares ou de melodias complexas, não mereceria confiança. Mas não importa, essencialmente, que a faculdade originante seja uma só, ou que haja várias, na mente. Se Eli Whitney não pudesse ter formulado a diferença entre o subjectivo e o objectivo e Kant, no seu lugar, tivesse deixado de inventar uma máquina prática para descascar o algodão, Watt, Fulton, Morse ou Stephenson poderiam, em lugar do primeiro, ter realizado este feito e Aristóteles ou Tomás de Aquino a tarefa do último. Possivelmente, nem sequer é exacto manter que as individualidades do desconhecido inventor ou inventores do arco e da flecha e as das armas de fogo podiam ter sido permutadas, pois a primeira produção do arco envolveu, necessariamente, uma faculdade mecânica e até manual, ao passo que a descoberta da pólvora e da sua aplicabilidade a armas pode ter requerido a diferente habilidade de perceber certas qualidades peculiares de uma superior natureza dinâmica ou química.

Em resumo, trata-se de um ponto debatível, não obstante ter o maior interesse psicológico, até que ponto a faculdade humana é divisível e subdivisível em géneros distintos. Mas a questão não é vital no actual contexto, pois é difícil alguém ter a ousadia de sustentar que existem tantas faculdades distintas quantos os seres humanos separados; o que seria, de facto, o mesmo que afirmar que as capacidades não diferem em intensidade ou grau, mas apenas em direcção ou género; em resumo: que, embora não existam dois homens iguais, todos são iguais em capacidade potencial. Se este ponto de vista não está correcto, então pouco importa que os géneros de habilidade sejam diversos ou muitos porque, em qualquer dos casos, hão-de ser muito poucos comparados com o interminável número de organismos humanos; pois hão-de existir tantos indivíduos possuindo cada faculdade que cada época deve conter pessoas com baixa, medíocre e alta medida de intensidade de cada uma delas e os homens extraordinários de uma espécie, num período, continuarão, por conseguinte, a ser substituíveis pelos de outro tempo, da maneira indicada.

Portanto, se a interpretação da mentalidade de quem quer que seja ficar perturbada por algumas das equivalências particulares que foram sugeridas, facilmente podem encontrar outras que pareçam mais justas sem divergirem do princípio subjacente de que a marcha da história, ou, como se tornou costume chamar-lhe, o progresso da civilização é independente do nascimento de personalidades particulares; uma vez que estas perfazem uma média substancialmentel igual, tanto no que se refere ao génio como à normalidade, em todos os tempos e lugares, fornecem o mesmo substrato para o social.

Estamos, pois, perante uma interpretação que confere ao indivíduo e, através dele, à hereditariedade tudo o que a ciência do orgânico pode legitimamente reivindicar sobre a força dos seus feitos efectivos e que dá igualmente ao social o raio de acção mais pleno no seu próprio campo distinto. A realização do indivíduo, comparado com outros indivíduos, depende, se não totalmente pelo menos no essencial, da sua constituição orgânica, tal como a sua hereditariedade a combina. As realizações de um grupo, em relação a outros grupos, pouco ou nada são influenciadas pela hereditariedade, porque grupos suficientemente grandes têm, em média, uma composição orgânica muito semelhante.

Esta identidade de média é incontestável em relação a alguns exemplos das mesmas nações em épocas sucessivas próximas — Atenas em 550 e 450 ou a Alemanha em 1800 e em 1900 —, em cujos curtos períodos a sua composição hereditária não poderia ter mudado uma pequena fracção do grau em que a realização cultural variou; ela é, por certo, provável, mesmo para pessoas do mesmo sangue, separadas por grandes intervalos de tempo e vastas divergências de civilização, e é muito capaz de ser verdade, embora não esteja provado nem refutado, como já foi sugerido, para as raças mais distantes.

O SUPERORGÂNICO

A diferença entre as realizações de um grupo de homens e as de outro grupo não é, pois, da mesma ordem que a diferença entre as faculdades de uma pessoa e de outra. É através desta distinção que se pode encontrar uma das qualidades essenciais da natureza do social. O fisiológico e o mental estão ligados como aspectos da mesma coisa, um resolvendo-se no outro; o social não é, directamente considerado, resolúvel no mental. O facto de só existir depois de um certo tipo de mentalidade se achar em acção tem levado à confusão entre ambos e até à sua identificação. O erro desta identificação constitui uma falta que tende a permear o pensamento moderno no tocante à civilização e que tem de ser vencida através de auto-disciplina, antes de a nossa compreensão desta ordem de fenómenos, que preenchem a nossa vida e lhe dão cor, se tornar clara ou utilizável.

Se a relação aqui delineada do indivíduo com a cultura é verdadeira, um ponto de vista incompatível, por vezes defendido e a que já se fez alusão, não pode ser aceite. Trata-se do parecer de que todas as personalidades, embora não sejam idênticas, são potencialmente iguais em capacidade, devendo-se os seus variados graus de realização unicamente a diferentes medidas de concordância com o meio social, com o qual estão em contacto. Este ponto de vista raramente terá sido formulado como princípio genérico mas parece estar, ainda que de uma maneira usualmente vaga e apenas por implicação, na base de muitas tendências para a reforma social e educativa, e é, pois, provável que venha a achar enunciação formal, a dada altura.

Este pressuposto, que teria sem dúvida extensa aplicação prática se pudesse ser verificado, parece apoiar-se, em última análise, numa vaga, embora profunda, percepção da influência da civilização. Embora esta influência da civilização se faça sentir de maneira mais completa nos destinos nacionais do que nas carreiras individuais, deve, todavia, influenciar igualmente estas. O maometismo — um fenómeno social —, ao sufocar as possibilidades imitativas das artes pictóricas e plásticas, afectou obviamente a civilização de muitos povos, mas também deve ter alterado as carreiras de muitas pessoas nascidas em três continentes, durante mil anos. Os talentos especiais que estes homens e mulheres possuíssem para a representação delineativa podem ter sido suprimidos, sem uma compensação correspondente noutras direcções, naqueles em quem tais dotes eram únicos. Em relação a indivíduos assim, é verdade que as forças sociais a que estavam sujeitos desencorajaram cada um deles de uma realização bem sucedida, forçando-os a algo de mais medíocre. E o mesmo meio terá, sem dúvida, elevado a uma categoria superior muitos indivíduos cujas capacidades especiais, noutra época e país, teriam sido desencorajadas em seu detrimento pessoal. A personalidade nascida com as qualidades que conduzem a comandar com êxito salteadores religiosos, por exemplo, tem, sem dúvida, assegurada uma carreira mais próspera e satisfeita em Marrocos do que na Holanda dos nossos dias.

Mesmo dentro de uma esfera de civilização de limites nacionais, é forçoso que ocorram resultados semelhantes. O lógico ou o administrador espontâneo, nascido numa casta de pescadores ou de varredores de ruas, não alcançará provavelmente a satisfação na vida, e muito menos o êxito, que lhe caberia se os pais fossem brâmanes ou *kshatriyas;* e o que é verdade formalmente para a Índia mantém-se substancialmente para a Europa.

Mas o facto de um meio social poder afectar de certa forma o destino e a carreira do indivíduo, comparado com outros indivíduos, não prova que o indivíduo seja totalmente o produto de circunstâncias exteriores a ele, tal como não se prova que o contrário seja verdadeiro, ou seja que uma civilização seja apenas a soma dos produtos de um grupo de mentes organicamente talhadas. O efeito concreto de cada indivíduo na civilização é determinado pela própria civilização. A civilização parece mesmo, nalguns casos e em certa medida, influenciar o efeito das actividades naturais do indivíduo sobre si mesmo. Mas saltar de tal percepção para a inferência de que todo o grau e qualidade de realização por parte do indivíduo é o resultado de ser moldado pela sociedade que o rodeia é suposição, ainda por cima extrema e em desa-cordo com a observação.

É, pois, possível sustentar a interpretação histórica ou civilizacional de fenómenos sociais sem passar à posição de que os seres humanos, que são os canais através dos quais a civilização corre, são só e integralmente os produtos do seu fluxo. Do facto de a cultura se firmar como faculdade humana específica não decorre que esta faculdade, a coisa que é supra-animal no homem, seja de determinação social. A linha entre o social e o orgânico não pode ser traçada ao acaso ou à pressa. O limiar entre o dote que torna o fluxo e a continuação da civilização possíveis e aquele que proíbe mesmo o seu começo constitui a demarcação — sem dúvida bastante duvidosa outrora, mas hiante durante um período maior do que o abrangido pelo nosso conhecimento — entre o homem e o animal. Porém, a separação entre o social propriamente dito, a entidade a que chamamos civilização, e o não social, o pré-social ou orgânico, é a diversidade de qualidade ou de ordem que existe entre animal e homem conjuntamente, por um lado, e os produtos das interacções de seres humanos, por outro. Nas páginas anteriores, o mental foi já subtraído do social e somado ao que é fisicamente orgânico e que está sujeito à influência da hereditariedade. Do mesmo modo, é necessário eliminar o factor da capacidade individual da consideração da civilização. Mas esta eliminação significa a sua transferência para o grupo de fenómenos organicamente concebíveis, não a sua negação. Na realidade, nada se afasta mais do caminho de um justo exercício da compreensão da história do que semelhante negação de diferenças de grau, nas faculdades de homens individuais.

O SUPERORGÂNICO

Em resumo, a ciência social, se é que podemos aceitar esse termo como equivalente a história, não nega a individualidade, tal como não nega o indivíduo. Recusa-se, sim, a ocupar-se quer da individualidade quer do indivíduo enquanto tais. E baseia esta recusa unicamente na rejeição da validade de ambos os factores para a consecução dos seus próprios objectivos.

É verdade que os acontecimentos históricos também podem ser encarados mecanicamente e expressos fundamentalmente em termos de física e química. O génio pode revelar-se definível pelos caracteres genéticos ou pela constituição dos cromossomas e as suas realizações particulares, pelas reacções osmóticas ou eléctricas dos neurónios. Talvez um dia aquilo que teve lugar no tecido do cérebro de Darwin, quando ele ideou o conceito de selecção natural, possa ser proveitosamente estudado, ou até aproximadamente averiguado, pelo fisiólogo e o químico. Semelhante feito, por destrutivo que possa surgir àqueles a quem a revelação atrai, seria não só defensável como de enorme interesse e, possivelmente, de utilidade. Só que não seria história, nem seria um passo em direcção à história ou à ciência social.

Conhecer as reacções precisas que se verificaram no sistema nervoso de Darwin, no momento em que o pensamento da selecção natural lhe sobreveio, em 1838, envolveria um triunfo genuíno da ciência. Mas não significaria nada historicamente, uma vez que a história se ocupa da relação de doutrinas como a da selecção natural com outros conceitos e fenómenos sociais e não da relação do próprio Darwin com fenómenos sociais ou com outros fenómenos. Não é esta a visão corrente da história; mas, por outro lado, a visão corrente apoia-se no pressuposto interminavelmente recorrente, mas evidentemente ilógico, de que, como sem indivíduos a civilização não poderia existir, a civilização é, pois, apenas uma soma das operações psíquicas de uma massa de indivíduos.

Assim, como há duas linhas de diligência intelectual na história e na ciência, cada uma com o seu objectivo e conjunto de métodos separados, e como é só a confusão entre estas duas coisas que redunda em esterilidade, há que reconhecer também duas evoluções totalmente díspares: a da substância a que chamamos orgânica e a dos fenómenos denominados sociais. A evolução social não tem antecedentes nos primórdios da evolução orgânica. Começa tarde no desenvolvimento da vida — muito depois de os vertebrados, os mamíferos, os primatas até, se terem instalado. Não conhecemos o seu ponto de origem exacto, e talvez nunca o venhamos a conhecer; mas podemos limitar o raio de acção abarcado por ela. Esta origem ocorreu numa série de formas orgânicas que a nível de faculdade mental generalizada se encontravam mais avançadas do que o gorila e muito menos desenvolvidas do que a primeira raça que se conhece e que é unanimemente aceite como humana, o homem de Neandertal e de Le Moustier. Com respeito ao tempo, estes primeiros portadores dos rudimentos da civilização devem antedatar, de longe, a raça de Neandertal, mas devem ser posteriores a outros antepassados humanos extintos, com o nível intelectual aproximado do gorila e do chimpanzé modernos.

O início da evolução social, da civilização que é o objecto da história, coincide assim com o do mistério do espírito popular: o elo perdido. Mas o termo «elo» induz em erro. Sugere uma cadeia contínua. Mas, com os desconhecidos portadores dos primórdios da civilização que se manifestaram gradualmente, o que teve lugar foi mais uma profunda alteração do que um aperfeiçoamento do que já existia. A princípio devagar e aparentemente de pequeno alcance, mas ganhando peso, dignidade e influência, surgiu um novo factor que viria a ter as suas consequências independentes, um factor que ultrapassara a selecção natural, que já não estava totalmente dependente de qualquer agente da evolução orgânica e que, embora embalado e agitado pelas oscilações da hereditariedade subjacente, flutuava sobre ela sem se deixar submergir.

A alvorada do social não é, pois, um elo de uma cadeia, nem um passo num caminho, mas um salto para outro plano. Pode ser comparada à primeira ocorrência de vida no universo até então morto, à hora em que teve lugar aquela dentre muitas combinações químicas infinitas que deu existência ao orgânico e fez com que, desse momento em diante, houvesse dois mundos em lugar de um. Não houve interferência nas qualidades e movimentos atómicos quando esse acontecimento aparentemente ligeiro teve lugar; a majestade das leis mecânicas do cosmos não sofreu diminuição, mas algo de novo foi inextinguivelmente acrescentado à história deste planeta.

Poder-se-ia comparar o começo da civilização ao final do processo de aquecer lentamente água. A expansão do líquido demora muito tempo. A sua alteração pode ser observada por meio do termómetro, bem como em volume, na sua força dissolvente, ou na sua agitação interna. Mas não deixa de ser água. Finalmente, contudo, é atingido o ponto de ebulição. Produz vapor: a velocidade de aumento de volume cresce mil vezes e, em lugar de um líquido reluzente que se infiltra, um gás volátil difunde-se invisivelmente. Nem as leis da física nem as da química são violadas; a natureza não é posta de lado mas deu-se, contudo, uma mutação: as lentas transições que se acumularam de zero a cem foram transcendidas subitamente e passa a existir uma condição da substância caracterizada por novas propriedades e novas possibilidades de efeito.

Tal deve ter sido, de certa forma, o resultado do aparecimento desta coisa nova que é a civilização. Não temos de supor que ela tenha abolido o curso de desenvolvimento da vida. Não fez, por certo, desaparecer de maneira nenhuma o seu próprio substrato orgânico. E não há razão para crer que tenha nascido plenamente desenvolvida. Todos estes incidentes e modos do início do social pouca consequência têm, afinal, para uma compreensão da sua natureza específica e da relação dessa natureza com o carácter da substância orgânica que a precedeu no tempo absoluto e continua a sustentá-la. A questão é que houve uma adição de uma coisa de um género novo, uma iniciação daquilo que viria a ter um percurso próprio.

Podemos esboçar a relação que existe entre a evolução do orgânico e do social (fig. 1). Uma linha que progrida com o fluir do tempo sobe lenta mas constantemente. A dado ponto, outra linha começa a divergir dela, insensivelmente a princípio, mas elevando-se cada vez mais no seu próprio curso até que, no momento em que a cortina do presente nos impede de ver, cada uma avança, mas longe da outra e sem ser influenciada por ela.

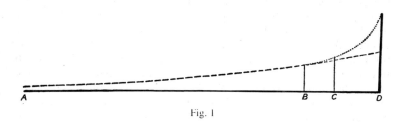

Fig. 1

Nesta ilustração, a linha contínua denota o nível inorgânico; a linha a tracejado a evolução do orgânico; a linha ponteada o desenvolvimento da civilização. A altura acima da base é o grau de avanço, quer se trate de complexidade, heterogeneidade, grau de coordenação ou outra coisa qualquer. *A* é o começo do tempo nesta terra, tal como se revela ao nosso entendimento. *B* assinala o ponto do verdadeiro elo perdido, o primeiro precursor humano, o primeiro animal que continuou e acumulou tradição. *C* denotaria o estado atingido pelo que estamos habituados a designar por homem primitivo, esse *homo* de Neandertal que foi nosso antepassado na cultura, se não no sangue; e *D* o momento presente.

É claro que, se houver fundamentos para os pontos de vista diferentes que foram expostos, argumentar a partir de uma destas linhas para a outra será inútil. Afirmar que, como a linha superior subiu ligeira imediatamente antes de ser interrompida a de baixo também deve ter subido proporcionalmente mais, neste período, do que em qualquer outro período anterior não é, evidentemente, compulsório. O facto de as nossas instituições, o nosso conhecimento, o exercício das nossas mentes, terem avançado vertiginosamente em vinte mil anos não é razão para que os nossos corpos e cérebros, o nosso equipamento mental e a sua base fisiológica tenham avançado num grau correspondente, como afirmam por vezes os cientistas e como os homens em geral têm por ponto assente. Quando muito, poderia ser um indício de que a linha orgânica inferior caiu na sua taxa de ascensão; mas esta civilização fez frente à luta do mundo de uma maneira tal que muita pressão se centrou em direcções que não as do corpo e da mente. Não discutimos que o progresso da evolução orgânica constitua indicação *prima facie* de que a matéria inorgânica seja mais complexa, mais avançada nas suas combinações, ou, num certo sentido, «superior» ao que era há cinquenta milhões de anos e muito menos que a evolução orgânica tenha tido lugar através de uma evolução inorgânica que serviu de causa. Tal como não podemos inferir do desenvolvimento social um progresso das formas de vida hereditárias.

Com efeito, não só é injustificado teoricamente estabelecer uma correlação entre as linhas de desenvolvimento orgânico e social (como seria querer demonstrar a compressibilidade ou peso do vapor a partir dos da água) como toda a evidência aponta para a convicção de que, em períodos recentes, a civilização tem corrido a uma velocidade que ultrapassa de tal maneira o ritmo da evolução hereditária que esta tem tido todo o ar, senão de estar efectivamente parada pelo menos de não fazer relativamente nenhum progresso. Há uma centena de elementos de civilização onde havia só um, no tempo em que o crâneo de Neandertal encerrava um cérebro vivo; e não só o teor da civilização, como a complexidade da sua organização, aumentou uma centena de vezes. Mas o corpo e a mente associada desse homem primitivo não atingiram um ponto cem vezes, nem sequer duas vezes, mais fino, eficiente, delicado ou forte do que eram nessa altura; é duvidoso que se tenham aperfeiçoado uma quinta parte. É verdade que há quem afirme o contrário. Todavia, há que dizer com toda a justiça que tais afirmações se não baseiam na interpretação objectiva dos factos mas num desejo de encontrar uma correlação, um desejo de tornar o fio da evolução um único fio sem ramificações e de ver o social apenas como orgânico.

Temos, pois, de chegar a uma conclusão. Eis em que pé nos encontramos: a mente e o corpo não são senão facetas do mesmo material ou actividade orgânicos; a substância social — ou a textura insubstancial, se preferirmos essa expressão —, a coisa a que chamamos civilização, transcende-se, apesar de arraigados na vida. Os processos de actividade civilizacional são-nos quase desconhecidos. Os factores que governam o seu funcionamento estão por resolver. As forças e princípios da ciência mecanicista podem, com efeito, analisar a nossa civilização; mas, ao fazê-lo, destroem a sua essência e não nos dão a compreender a própria coisa que buscamos. O historiador, de momento, pouco pode fazer a não ser imaginar. Indaga e relaciona o que parece remoto, equilibra, integra; mas não explica verdadeiramente, nem transmuta os fenómenos em coisa diferente. O seu método não é mecanicista; mas o físico ou o fisiólogo também não podem ocupar-se de material histórico deixando-nos a civilização, nem convertê-lo em conceitos de vida e não deixar nada por fazer. O que todos somos capazes de fazer é dar conta deste hiato, ficar humildemente impressionados com ele e seguir o nosso caminho, de cada um dos seus lados, sem nos vangloriarmos ilusoriamente de que o abismo foi transposto.

4

A POSSIBILIDADE DE UMA PSICOLOGIA SOCIAL

1918

Este texto compõe-se de cerca de um terço de um artigo publicado um ano depois de O Superorgânico (cap. 3). Os trechos escolhidos foram incluídos por diversas razões. Uma é a crítica a Herbert Spencer, nos quatro últimos parágrafos que aqui reproduzimos. Outra é a pequena tabulação no oitavo parágrafo, que prefigura a exposição mais pormenorizada, dezoito anos depois, em A Chamada Ciência Social (cap. 6). A terceira é a injecção de valores, embora estes se situem nas disciplinas «descritivas», por oposição às «processuais» e não nos domínios superestruturais, por oposição aos subjacentes (parágrafos dez a treze). Finalmente, temos a tentativa de desprender a cultura do «social» indiferenciado, conducente à identificação do «superpsíquico» com o «cultural» (parágrafo vinte). Porém, não estava ainda livre dos laços da hesitação entre o emprego de «social», para denotar aquilo que hoje em dia entendemos rigorosamente por «social», e, doutras vezes, por «cultural» ou «sociocultural». Assim, continuo a elogiar Spencer por dizer que as sociedades dos insectos não são verdadeiros agregados sociais, mas os simulam; o que seria apropriado se, em vez de «social», Spencer tivesse dito «cultural». Algumas frases adiante, no parágrafo vinte, afirmo: «As verdadeiras diferenças entre a sociedade cultural do homem e a pseudo-sociedade sem cultura das formigas.» Porque haveria de tratar-se de uma pseudo-sociedade só por não ter cultura? Hoje diríamos antes que a sociedade das formigas é uma sociedade genuína, mas manifesta uma pseudocultura. Parece que, em 1918, os dois conjuntos de fenómenos, durante longo tempo indiferenciados, da sociedade e da cultura, ainda não tinham sido formulados conceptualmente de maneira consistente. Onze anos depois, Bernhard Stern ainda estava a tentar vigorosamente clarificar o significado dos termos.

A NATUREZA DA CULTURA

Claro que a minha «psicologia social» da altura era uma coisa muito diferente da psicologia social dos nossos dias, criada, conjuntamente por psicólogos e sociólogos, como disciplina que se ocupa de grupos marginais, minorias, estereótipos, ajustamentos, atitudes, liderança, propaganda, opinião pública e outras relações interpessoais dentro de uma sociedade, sem referência a conteúdo ou formas culturais a não ser na medida em que um conteúdo cultural pode ser necessário para definir uma situação sociopsicológica.

O meu sonho, como possibilidade distante, era uma verdadeira ciência processual, que explicasse causalmente o quadro da história da cultura. Não me parece que estejamos, em 1951, muito mais próximos de tal ciência do que estávamos em 1918. Continuo a achar que os processos através dos quais as formas culturais podem ser explicadas causalmente devem ter uma natureza larga ou essencialmente psicológica. Tenho discutido várias vezes, nos últimos anos, a «psicologia cultural», embora como um inevitável reflexo ou qualidade psicológicos que todas as culturas devem patentear e não como o seu processo ou causa básicos. Não creio que, em si e por si, as relações interpessoais ou sociais dos homens em grupos alguma vez venham a explicar os traços específicos de culturas específicas — como nunca explicarão as suas ideologias, conhecimento, técnicas, arte ou compreensão. Os psicólogos sociais modernos nem sequer colocam o problema. Não estão interessados na inter-relação de factos culturais; tal como eu, em 1918, embora falasse muito de psicologia social, me interessava pela cultura e muito pouco pelas inter-relações sociais. Com efeito, a seguir à cultura, interessava-me, e interesso-me ainda, muito mais pelas qualidades e motivações dos indivíduos do que pelo que os seres humanos fazem uns aos outros em grupo. A presente dissertação deve ter deixado tanto sociólogos como psicólogos, à época e de então para cá, perplexos. Apraz-me duplamente a sua indulgência.

Num recente exame dos fundamentos teóricos da psicologia dos povos *[Völkpsychologie]* de Wundt ([1]), o Dr. H. K. Haeberlin analisou, de maneira simultaneamente incisiva e convincente, a base e o método dos estudos feitos no campo da cultura humana pelo grande psicólogo alemão. O Dr. Haeberlin destaca, no pensamento de Wundt, a ideia de que os fenómenos mentais possuem, pelo seu carácter imediato, uma actualidade tão grande como a dos fenómenos físicos. Esta actualidade deve ser consistentemente distinguida da substancialidade. Só com base nesta distinção é possível falar da existência de uma «alma»; mas no sentido de uma actualidade não há que negar esta existência...

Não faremos qualquer tentativa... de estabelecer a actualidade dos fenómenos culturais. Mas as ideias acerca da natureza destes fenómenos continuam a ser, com frequência, tão tímidas e hesitantes que talvez valha a pena examinar algumas das consequências de uma aplicação do pressuposto da realidade da cultura.

Começamos, pois, pela crença na realidade igual de quatro géneros de fenómenos: os da matéria e da força como tais, os da vida como tal, os da consciência e os da vida social ou cultura. Estas quatro variedades de factos da experiência também podem ser denominadas o inorgânico, o directamente orgânico ou vital, o mentalmente orgânico ou psíquico e o civilizacional ou superorgânico ou, melhor, super-psíquico. O físico que actua no domínio do inorgânico pode acalentar a convicção de que todos os fenómenos orgânicos acabam por ser total e absolutamente resolúveis em factores inorgânicos. Não insiste, todavia, em que a expressão de dados orgânicos em termos orgânicos induz em erro. Nem sequer a proclama inútil. Tão-pouco tolera a ciência orgânica apenas como uma actividade secundária, depois de o seu enraizamento no inorgânico se achar completamente delineado em todos os pontos possíveis. Se adoptasse qualquer uma destas atitudes teria de sustentar que a biologia se justifica apenas depois de se saber exactamente o que é a vida, no que respeita ao inorgânico. Ora, esse conhecimento é talvez, para o biólogo, o objectivo último do seu trabalho. Não é por certo a sua primeira tarefa, quando não a sua biologia seria apenas física e química puras. Como biólogo, ele aceita a vida como uma coisa dada e investiga as suas formas e processos enquanto tais.

A atitude do psicólogo é paralela. Pode partilhar com o biólogo e o químico a convicção de que a consciência se apoia absolutamente numa base orgânica e, através desta, numa base inorgânica. Mas enquanto psicólogo, cabe-lhe determinar as manifestações e processos da consciência enquanto consciência. Tal tarefa talvez não agrade a algumas pessoas. Depara-se-lhes então a oportunidade de interpretar a consciência em termos orgânicos. Mas se exercerem esta escolha... renunciam ao estudo da psicologia a favor da prática da fisiologia.

O mesmo se passa com os que visam os fenómenos sociais. A alternativa é tratá-los em termos sociais ou em termos materiais, vitais e mentais. Não há que queixar-nos deste último curso. Mas tão-pouco é possível tolerar uma condenação *a priori* do primeiro método. Num caso, o objectivo é uma física, biologia ou psicologia dos fenó-menos sociais; no outro, uma sociologia ou uma história dos fenóme-nos sociais.

A não ser que se esteja pronto para assumir uma atitude monística inflexível e sustentar que só há uma ciência, há que admitir pelo menos quatro tipos de ciência: física e química, no domínio do inorgânico; biológica, no domínio do orgânico enquanto tal; psicológica, relacionada com os aspectos psíquicos do orgânico ou do mental enquanto tais; e social, que se ocupa dos fenómenos superorgânicos.

Existe, porém, outra divisão que atravessa o conhecimento. Os dados podem ser considerados directamente tal como se apresentam ou podemos procurar, através deles, os processos envolvidos. Nesta base, as ciências ou são históricas, e só acidentalmente se ocupam de mecanismos, ou não são históricas e dedicam-se inteiramente à determinação de mecanismos. A aplicação desta classificação resulta num total de oito grupos de ciências, que podem ser organizadas na tabulação junta.

	Formulação de processos	Descrição de fenómenos
Fenómenos superorgânicos ...	Psicologia social	História da cultura
Fenómenos orgânicos mentais	Psicologia	História biográfica
Fenómenos orgânicos vitais ..	Fisiologia	História natural
Fenómenos inorgânicos	Física, química	Astronomia, geologia

Não há ideia de uma linha nítida entre as ciências explicativas e as descritivas. Constituem, sim, extremos de método, entre os quais se encontra uma série indeterminada de transições...

Devemos, pois, reconhecer em cada uma das nossas quatro ordens de estudo uma sequência que vai do extremo totalmente descritivo da ciência até ao absolutamente mecanicista ou processual. Só nesta extremidade é que as ciências de um plano começam a ter contactos directos com as dos outros planos.

Também é verdade que quanto mais básica é a dimensão em que um tipo de ciência funciona mais rapidamente se realiza a transição do tratamento descritivo para a determinação de mecanismos. Pode haver ou não uma razão lógica para esta circunstância. Ela é exposta, aqui, apenas como um facto empírico. Inversamente, como a determinação de processos se realiza mais facilmente nestas dimensões inferiores, a descrição directa dos fenómenos é mais difícil, pelo menos mais difícil de alcançar com significado. O astrónomo atinge um mínimo de história cósmica por meio de um máximo de mecânica física e química. A mecânica orgânica está muito menos desenvolvida, mas a história orgânica é muito mais completa do que a cósmica ou terrestre. A história humana é infinitamente a mais rica de todas as ciências descritivas, a sua mecânica a mais atrasada. A própria idade das ciências aponta uma direcção idêntica. Do lado descritivo, a história, no sentido vulgar da palavra, é a mais antiga — as fases superorgânica e psíquica foram as primeiras a ser cultivadas. Na linha de explicação pelos processos, o plano inorgânico foi o que mais cedo se mostrou produtivo.

Alude-se à mesma situação quando se diz, vulgarmente, que a ciência histórica se deixa ficar para trás porque o seu material é o mais «complexo». Parece duvidoso que assim seja. Os fenómenos de natureza inorgânica são provavelmente tão «complexos» como os da

A POSSIBILIDADE DE UMA PSICOLOGIA SOCIAL

história humana. Os seus processos são, contudo, muito menos complexos, na medida em que os factores dos fenómenos podem, por alguma razão, ser isolados e determinados com muito mais facilidade. Por outro lado, os fenómenos da história, em razão da sua própria proximidade em relação a nós, prestam-se, com uma facilidade correspondentemente maior, ao tratamento mais imediato da descrição. Igualmente se pode pôr em causa se é verdade a máxima que afirma que os valores são inerentes ao material psíquico e superpsíquico e se ocupar-nos deste material envolve, portanto, uma expressão qualitativa, em contraste com as formulações quantitativas procuradas pelo estudioso do inorgânico. Parece-me, antes, que os valores qualitativos devem ser o objectivo último do método descritivo, independentemente do seu material, e que determinações quantitativamente concebíveis devem ser a meta visada por toda a investigação de meios ou mecanismos. Segundo os pontos de vista de Wundt e Rickert, por exemplo, são as ciências da metade ou quadrante superior da tabela anexa que se ocupam de valores, as da parte inferior que tratam de quantidades. Mas parece que é da essência do *método* descritivo ou histórico formular valores; do procedimento mecanicista procurar determinações quantitativas exprimíveis...

É evidente que os valores são inerentes a todas as ciências descritivas. Uma pessoa indisciplinada no pensamento científico só com dificuldade poderá ser levada a alimentar interesse por qualquer formulação ou lei da física. O seu impulso instintivo será sempre evitar o processo científico em si e centrar a atenção nos meros resultados do processo, tal como se manifestam em aplicações práticas e úteis, ou em exposições de significado emocional. Por outro lado, toda a gente, mesmo que não seja educada, se interessa pelas determinações ou suposições concretas de uma ciência como a astronomia — pelo modo «como as coisas são», ou por «o que aconteceu» —, desde que os mecanismos envolvidos possam ser omitidos da descrição, ou lhes seja dado um colorido emocional. Fragmentos do conhecimento aceite ou conjectural, como o facto de existirem estrelas imensamente maiores do que o nosso Sol, de estarem a milhares de anos-luz, de a nossa Terra ter feito outrora parte de um turbilhonante sol gasoso ou de a Lua ter esfriado e encolhido ou de as suas crateras se terem formado num bombardeamento da sua superfície plástica por meteoros — todos estes factores ou supostos factos têm um significado imediato para a mente e suscitam uma reacção emotiva comparável à produzida pela história da travessia do Rubicão por César, ou o quadro evocado pela expressão «a queda do império romano»...

É certo que aquilo a que vulgarmente se chama «ciência», coisa distinta da história, isto é o género de ciência que se resolve em factores quantitativamente descritíveis, ou com eles funciona, não tem praticamente feitos a reivindicar no plano do superorgânico. Seria portanto legítimo duvidar que tal ciência fosse possível no plano superorgânico da cultura. É, decerto, da maior importância aperceber-nos de que aquilo que o método processual da ciência possa realizar com material cultural é, por enquanto, apenas uma esperança e uma possibilidade. Afirmar que alguma coisa de decididamente utilizável tenha sido atingida a este respeito corresponde a uma ilusão que impossibilita diligências. Mas, por outro lado, basta a analogia para indicar a possibilidade, talvez até a probabilidade, de se desenvolver uma ciência «exacta» [de processos], que venha a ser capaz de se ocupar com alguma eficácia dos fenómenos civilizacionais. A experiência leva-nos a esperar que semelhante ciência venha a ficar sempre para trás, ultrapassada pelas ciências que se ocupam dos processos do psíquico, do vital e do inorgânico; mas o próprio desenvolvimento destas, na sua sequência, torna precipitada a previsão da impossibilidade de uma verdadeira ciência social.

Não existe, por conseguinte, nenhuma razão visível *a priori* para que uma ciência da mecânica cultural, ou da psicologia social, ou da sociologia, seja impossível; e a investigação vira-se para o problema do porquê de esta possibilidade ter sido, até hoje, larga ou totalmente ignorada...

A resposta parece ser que os sociólogos mais antigos não se contentaram com actuar no plano ou dimensão do seu material, mas tentaram produzir resultados à força, apropriando-se de processos determinados noutros planos e aplicando-os aos seus fenómenos especiais. Partindo dos dados da história humana, reconheceram o facto de estes serem passíveis de interpretação generalizada, bem como de descrição concreta. Estabeleceram, portanto, a sua ciência mas, não tendo nada imediatamente à mão com que preencher o seu esqueleto, recorreram à psicologia, à biologia e às ciências inorgânicas para dar substância a esse vazio. Desse modo impediram, e talvez até tenham em grande parte bloqueado, o lento e natural, mas só por si saudável, crescimento que poderia ter tido lugar, no sentido de uma compreensão dos factores sociais contidos nos fenómenos sociais.

Esta tendência tem sido observável desde o início. Comte, que forjou o termo «sociologia», possuía um vincado sentido do social como tal. Trata-se, evidentemente do elemento especificamente novo do seu trabalho, o seu contributo definido para o pensamento do mundo. O resto do seu sistema é o monismo materialista do século anterior e o seu positivismo constitui, em grande parte, o sintoma do predomínio deste ponto de vista na sua individualidade peculiar. O próprio termo «sociologia» é portador de defeito fatal do eclipsar do cultural pelo subcultural...

Se Comte fundou, Spencer estabeleceu a sociologia. Foi ele o primeiro a empregar a palavra «superorgânico». Spencer detinha, decerto, o conceito de cultura. Fala de um factor dos fenómenos sociais «cuja potência dificilmente pode ser subestimada. Refiro-me a essa acumulação de produtos superorgânicos que, habitualmente, distinguimos como artificiais.» «Estas diversas ordens de produtos superorgânicos...», diz ele, «cada uma actuando sobre as outras ordens, sofrendo ao mesmo tempo a reacção delas, constituem um conjunto de influências imensamente volumoso, imensamente complicado e imensamente poderoso... Formam gradualmente aquilo que podemos considerar ou uma parte não vital da própria sociedade ou, então, um meio secundário que, eventualmente, se torna mais importante do que o meio primário ([2]). »

Mas estes produtos superorgânicos, ou «civilização», como lhes deveríamos chamar, são tratados por Spencer ao mesmo nível dos factores suborgânicos. As suas primeiras palavras sobre os factores dos fenómenos sociais referem-se ao inorgânico...

Dos insectos sociáveis, Spencer diz, com sã discriminação, que as suas sociedades «simulam agregados sociais»... As diferenças reais entre a sociedade cultural do homem e a pseudo-sociedade sem cultura das formigas e das abelhas não chegam a impressionar Spencer. Que os insectos sociáveis não aprendem nem adquirem conhecimento como grupos; que lhes falta totalmente tradição; que, substancialmente, todas as suas actividades são inatas e determinadas pela hereditariedade orgânica, ou dependem da actuação da experiência psíquica individual sobre a faculdade hereditária; em resumo, que carecem totalmente de qualquer corpo de «produtos superorgânicos», transmitido de indivíduo para indivíduo e de grupo para grupo, independentemente da natureza desses indivíduos e grupos — Spencer passa por cima de todas estas características essenciais do super-psíquico ou cultural sem uma palavra. Temos, com efeito, de lhe dar crédito por algumas antevisões de uma compreensão do superorgânico mas falta-lhe, por certo, uma concepção activa dele...

No essencial, porém, Spencer ocupa-se a traçar uma analogia de grande alcance entre organismos verdadeiros e «organismos sociais». É verdade que chama constantemente a atenção para o facto de a semelhança ser apenas analógica. Mas aprofunda-a com tal minúcia que o efeito geral no mundo foi quase equivalente a uma verdadeira resolução dos fenómenos sociais em causas orgânicas. É impossível discutir durante centenas de páginas a semelhança de sociedades e seres orgânicos sem deixar no espírito de todos, a não ser de pensadores profundamente críticos e autocontrolados, a convicção de que as sociedades são orgânicas ou de que, pelo menos, se assemelham de tal modo a organismos que a semelhança é a sua característica mais digna de nota. Com efeito, a própria extensão e sistematização com que Spencer trata a analogia evidencia o facto de ele ter pouco mais a apresentar sobre o tópico dos fenómenos sociais, a não ser, aqui e além, um achado isolado de uma actividade cultural numa actividade directamente psíquica, ou inter-relações dispersas de fenómenos sociais com fenómenos sociais...

NOTAS

[1] *Psychological Review*, XXIII (1916), 279-302.
[2] *Principles of Sociology*, § 12. As afirmações de Spencer discutidas nos dois parágrafos seguintes encontram-se nos seus § § 6 e 3.

5

A RECONSTITUIÇÃO HISTÓRICA DO DESENVOLVIMENTO DAS CULTURAS E A EVOLUÇÃO ORGÂNICA

1931

Esta comunicação constitui o reflexo de um interesse pela história natural, que tenho desde que me conheço. Quer se trate das formas, estruturas e qualidades funcionais de animais, de culturas ou das suas partes, quer de linguagens, todas elas sempre me atraíram mais ou menos por igual. Julgo que o mesmo se não poderia dizer dos cientistas sociais típicos. É evidente que não sou, por temperamento, um cientista social. Levei várias décadas a aperceber-me desse facto.

A propósito, esta comunicação deu origem a uma discussão com o o meu guru, Boas — a qual nunca interferiu com a nossa amizade pessoal. Ele reprovara a minha tendência para a reconstituição histórica, e eu dava-lhe resposta.

O propósito deste ensaio é discutir certas semelhanças de objectivo e método na reconstituição, respectivamente, do desenvolvimento das culturas, pelos antropólogos, e da história ou «evolução» orgânica, pelos biólogos.

1. As culturas, especialmente nos seus aspectos cíclicos, têm sido por vezes comparadas a organismos. São, todavia, compostos óbvios: agregados mais ou menos fundidos de elementos de origem vária, antigos e recentes, naturais e estrangeiros. Assemelham-se, pois, mais a faunas e floras, que também são compostos ou agregados de espécies animais ou vegetais constituintes, com frequência de origem bastante diversa no espaço e no tempo; e essas totalidades são representativas de, ou estão ligadas a, regiões naturais. Os análogos mais próximos de áreas culturais, como a África Ocidental ou o Sudoeste da América, são, pois, áreas zoológicas, como a região árctica ou a neotropical, e as culturas são comparáveis a *biotas* [cap. 9, dois últimos parágrafos].

Levando esta comparação um pouco mais longe, podemos comparar espécies a traços culturais, ou elementos e géneros, ou famílias, a complexos de traços culturais. É evidente que esta analogia não deve ser levada demasiado longe, especialmente no que se refere à sua

A NATUREZA DA CULTURA

segunda metade. Um complexo cultural é, com frequência, «polifilético»; um género é, quase por definição, monofilético. Contudo, a analogia refere-se pelo menos ao facto de os elementos da cultura, tal como as espécies, representarem as mais pequenas unidades de material com as quais o antropólogo histórico e o biólogo, respectivamente, têm de trabalhar.

2. Correspondendo a traços ou complexos relativamente estacionários ou persistentes da cultura, tal como a Idade da Pedra Lascada ou a culturas atrasadas como a da Tasmânia, temos grupos de animais, antigos e de alteração lenta, como os tubarões, e áreas zoológicas isoladas e atrasadas, como a Austrália e a Nova Zelândia. Inversamente, é possível reconhecer traços e espécies em rápida difusão ou expansão e culturas e faunas sujeitas a invasão e assinaladas pela mudança.

3. Os fenómenos ligados à distribuição têm um peso evidencial igual, em ambos os domínios. A ocorrência geográfica de membros do grupo Cactaceae com o seu peso no México, e limitando-se à América, por exemplo, permite inferências quanto à origem e história geográfica do grupo, comparáveis às inferências tiradas habitualmente quanto à origem da agricultura do milho, à construção das pirâmides em degraus e a traços culturais associados, na região central americana.

Em ambas as ciências, a continuidade geográfica reforça enormemente outros indícios de relação. Mas a continuidade da distribuição actual não é de modo algum indispensável para provar uma origem comum; e, inversamente, a simples continuidade não prova a relação histórica, por causa da possibilidade de fenómenos de origem separada adquirirem, secundariamente, distribuições que são contínuas.

4. O princípio da Idade e da Área parece ser o mesmo na biologia e na antropologia cultural. Utilizado primeiro de maneira decisiva na biologia, parece ter sido descoberto independentemente, pouco tempo depois, pelos antropólogos. Na sua essência, o princípio já era claro para Razel, embora ele tenha embotado o gume do seu valor técnico, hesitando, nas suas aplicações, entre populações e culturas.

As mesmas limitações e crítica ao princípio são válidas em relação às duas ciências. Devem comparar-se grupos de espécies, ou traços relacionados de perto, e não os que estão afastados ou não relacionados: o trabalho em cobre com o trabalho em bronze, por exemplo, um complexo de técnicas de tecelagem simples com outro elaborado, e não o trabalho em bronze com a construção em tijolos feitos de lama, ou uma arte têxtil com um culto religioso. Um botânico dificilmente se arriscaria a inferir a idade respectiva da distribuição de gramíneas e coníferas. Um zoólogo deduziria a idade da área dentro de um género, família ou talvez ordem, dificilmente o faria entre classes, ou entre ordens que pertençam a espécies diferentes. Em antropologia, esta limitação não tem sido geralmente reconhecida de maneira explícita,

DESENVOLVIMENTO DAS CULTURAS E A EVOLUÇÃO ORGÂNICA

não tem ocasionalmente sido observada com a devida cautela, do que resultaram ataques desnecessários ao princípio.

5. Os fenómenos de convergência ou de origem paralela independente *versus* relação por origem ou ascendência comuns e expansão ou difusão há muito que foram reconhecidos em ambos os grupos ou ciências, mas a sua discriminação não tem, de maneira geral, provocado grandes dificuldades na biologia moderna, conquanto tenha levado a controvérsias fundamentais na antropologia.

Há quarenta anos, Ratzel chamou a atenção para o facto de o pressuposto da origem independente de fenómenos culturais semelhantes envolver, geralmente, o recurso a forças auto-suficientes, mas vagas como a «unidade da mente humana», paralelas à «geração espontânea» dos biólogos mais antigos, e de ser historicamente mais produtivo pôr os factos à prova partindo de uma hipótese experimental admissível, de conexão genética. Quando as semelhanças são específicas e estruturais, e não apenas superficialmente conceptuais, há muito que é este o método aceite na biologia evolucionária e sistemática. Não há nenhuma razão aparente para que o mesmo ponto de vista não prevaleça na antropologia histórica. O risco de que hipóteses admissíveis possam, de quando em vez, transformar-se em sistemas é um risco que tem de ser aceite. Como exemplo podem mencionar-se as grosseiras estatuetas de cerâmica que se encontram desde a parte ocidental do México até à Venezuela e ao Peru e a partir das quais, como principal indício, se reconstituiu um horizonte ou tipo de cultura arcaico da América Central. Se se demonstrasse que as semelhanças destas estatuetas eram específicas em vários pontos, ninguém hesitaria em aceitá-las como prova da expansão de uma cultura comum, não obstante as variações locais. Mas se as semelhanças se limitam às semelhanças conceptuais do emprego de argila, modelação grosseira e representação humana, a causa da unidade histórica fica, obviamente, por demonstrar, por muito valiosas que estas semelhanças possam ser, como sugestão ou pista.

6. O valor evidencial fundamentalmente diferente, de semelhanças homólogas e análogas, para a determinação de relação histórica, isto é para a genuína relação sistemática ou genérica, há muito que é um axioma da ciência biológica. A distinção tem sido muito menos clara em antropologia e raramente tem sido feita de forma explícita, mas é igualmente válida. Um conceito como o de casta, por exemplo, tem indubitavelmente uma certa validade lógica ou psicológica, mas uma validade histórica muito dúbia. Conceptualmente, a casta constitui um grupo de fenómenos tão inexpugnável como o representado pela categoria «marisco» (moluscos, crustáceos, tartarugas); historicamente, pode ser igualmente isenta de significado. Ao contrário, é difícil ver apenas uma analogia superficial entre o jogo asteca chamado *patolli* e o jogo hindu chamado *pachisi,* há muito analiticamente

comparados por Tylor. As suas semelhanças estruturais específicas, tais como tirar as sortes de dois lados, os totais dependendo da frequência das combinações das sortes, um circuito de marcação de pontos cruciforme, a anulação das fichas do adversário que são alcançadas, etc., demonstram uma verdadeira homologia e, por conseguinte, uma uni-dade genética das duas formas de jogo, não obstante a sua separação geográfica. Os biólogos, decerto, o veriam por esse prisma. Por outro lado, os calendários de permutação azteca-maia e do Sudeste da Ásia são semelhantes apenas no facto conceptual de aplicarem a permutação à contagem do tempo. O seu repectivo teor específico (as sequências de nomes), a sua estrutura numérica específica (13 x 20 *versus* 10 x 12), em parte a sua função ou aplicação nas suas culturas, são profundamente diferentes, pelo que, a haver alguma relação histórica, deve ser remota e indirecta. Por outro lado, se a tentativa de Graebner de equacionar as sequências mexicana e asiática, nome com nome, fossem de molde a angariar a convicção, ter-se-ia estabelecido um forte ponto de homologia e, com isso, uma prova razoável a favor de uma conexão histórica.

Em situações destas, há que ter em consideração o factor das possibilidades limitadas. Por exemplo, só existem alguns, poucos, tipos possíveis de disparo de flecha. Recorrências destes em regiões diferentes não têm, por conseguinte, o mesmo peso como prova a favor de conexão histórica, que recorrências de um traço qualquer quando as variações possíveis são muitas. A totalidade de distribuições e, em especial, de traços associados deve, pois, ser escrutada muito mais minuciosamente, antes de se tirarem conclusões. O mesmo se passa com números «sagrados» estandardizados ou utilizados regularmente. Estes hão-de quase necessariamente ser escolhidos dos números entre três a doze. O paralelo biológico não é exacto, mas uma situação um tanto ou quanto semelhante é apresentada pelo número limitado de escolhas que a natureza tem entre exosqueleto, endosqueleto e ausência de esqueleto.

7. É a totalidade de estrutura que decide das relações entre grupos de organismos, ou entre complexos de traços da cultura. O facto de algumas borboletas terem apenas quatro patas em lugar do padrão básico de seis, que é próprio dos insectos, não é importante para a relação fundamental, atendendo à esmagadora identidade de estrutura destas e de outras borboletas noutros aspectos. O número menor é, evidentemente, um fenómeno secundário de redução e só é significativo para efeitos de subclassificação dentro da esfera mais imediata de relação. Assim, com um complexo cultural que é, no seu todo, um sistema bastante uniforme, como a nossa semana, as variações têm apenas uma importância secundária desde que as características essenciais do sistema recorram: uma série de sete dias com o nome dos corpos celestes ou os seus equivalentes em divindades, numa determinada

DESENVOLVIMENTO DAS CULTURAS E A EVOLUÇÃO ORGÂNICA

sequência. Sempre que este conjunto de traços ocorre, não há que pôr em dúvida uma derivação directa de uma fonte comum única. Por outro lado, um dia de feira ou um dia ritual que recorra de sete em sete dias não deriva de modo nenhum necessariamente da mesma fonte que a nossa semana, uma vez que a semelhança se estende apenas a parte das características. Há casos em que não é simples decidir se a totalidade dos traços aponta para uma verdadeira relação ou para uma convergência secundária. Vem a propósito falar das aves corredoras. Tem sido defendido que a avestruz, a ema, o casuar, etc., formam um verdadeiro grupo, e também que representam, apenas, assimilações secundárias de antepassados originalmente diversos. Da mesma maneira, os pinípedes têm uma unidade filogenética duvidosa. Podem derivar de várias famílias de carnívoros. Contudo, poucos biólogos duvidariam de que uma análise suficientemente intensiva da estrutura acabe por resolver problemas de ascendência como estes. Não parece haver razão para que, no todo, o mesmo optimismo cauteloso não predomine no campo da cultura; isto é, para que as homologias não sejam positivamente distinguíveis das analogias, quando uma análise da totalidade dos fenómenos em questão se tornou verdadeiramente intensiva. O facto de tal análise estar, com frequência, ausente, mas de isso não obstar ao pronunciamento de juízos, não invalida a segurança positiva do método. Máscaras, sociedades religiosas secretas, costumes de *couvade* *, instituições matrilineares, a monarquia, são alguns dentre muitos complexos da cultura cuja história deveria ser, em última análise, averiguável com uma certeza razoável, pelo menos em linhas gerais. Rivet, Jijón e Nordenskiöld demonstraram definitivamente a probabilidade extremamente alta da origem americana independente do bronze, tomando em consideração todos os fenómenos associados possíveis, como por exemplo as formas dos objectos. Sem estes dados associados, o problema ter-se-ia mantido insolúvel, a não ser por uma mera questão de opinião.

Estas observações não refutam o que foi dito acima em defesa da recomendação de Ratzel de considerar a conexão como uma possibilidade, não obstante os hiatos geográficos — desde que as semelhanças sejam mais do que conceptuais e desde que qualquer hipótese se mantenha genuinamente experimental e continue a ser um instrumento para posterior investigação.

8. Do mesmo modo, deve ser a totalidade dos constituintes que decide as relações entre faunas, floras ou culturas. Estas serão sempre

---

* Costume de certas regiões, que consiste no facto de o pai ir para a cama durante o nascimento do filho, queixando-se de dores de parto e compartilhando, desse modo, o sofrimento da mulher. (*N. do T.*)

necessariamente complexas, embora em grau variado. Talvez se possa provar que os Aztecas jogavam um jogo de origem hindu e que os Maias esculpiram elefantes, mas o grosso da civilização da América Central pode ser uma produção puramente nativa. Os biólogos já não estão à espera de que uma fauna qualquer se tenha originado totalmente numa outra região remota qualquer. Tampouco os antropólogos o devem esperar em relação a uma cultura. E, no entanto, pode verificar-se uma preponderância decisiva. É óbvio que isto só é exprimível em termos da totalidade de espécies ou de traços envolvidos.

9. Neste contexto, ausências e paucidades tornam-se indícios importantes: a virtual ausência de mamíferos placentários na Austrália, por exemplo, especialmente se for conjugada com a raridade de marsupiais em qualquer outra parte. Da mesma forma, a ausência, na América, de ferro, rodas, arados, dos cereais habituais e de animais domésticos, de instrumentos de corda, ordálios e provérbios, como Boas observou, sugere que a cultura na América deve ter tido uma história considerável ou predominantemente separada do resto do mundo; se bem que semelhante conclusão deixe algumas, embora provavelmente poucas, introduções na América, inteiramente possíveis, expectáveis mesmo.

10. A degenerescência ou simplificação é um factor na história cultural, bem como na natural. Não só as áreas podem empobrecer biótica ou culturalmente, mas um sistema, como, por exemplo, uma técnica de fabrico, ou escultura, um alfabeto ou um culto, podem degenerar de maneira muito semelhante a um grupo orgânico: por exemplo, os ascidiáceos, cuja estrutura simples e regressiva os levou a serem durante muito tempo excluídos do seu lugar entre os cordados. Até mesmo a supressão de partes, devida a parasitismo, tem os seus paralelos culturais: muito provavelmente, entre os Negritos e entre nómadas pastores em contacto com populações agrícolas e citadinas. O trabalho de Rivet sobre o desaparecimento de artes úteis é importante neste contexto; e Perry e Smith demonstraram a razão de alguns casos de deterioração que não são menos valiosos em si mesmos pelo facto de também serem usados como argumentos a favor de um esquema mais vasto e, de maneira geral, não aceite.

* * * * *

A luz dos paralelos precedentes do método biológico e cultural, diversas teorias ou pontos de vista antropológicos anteriores e actuais parecem inadequados, quando avaliados por padrões comparáveis na ciência biológica. Todas as explicações de manifestações culturais específicas, que dizem que estas se devem essencialmente à estrutura psíquica comum da humanidade, são uma rejeição praticamente tão

DESENVOLVIMENTO DAS CULTURAS E A EVOLUÇÃO ORGÂNICA

improvisada e antiquada de problemas reais como seria a suposição de que as formas orgânicas se originam espontânea e independentemente. Esquemas universais de desenvolvimento tipológico unilinear parecem, em princípio, merecer pouco mais consideração do que esquemas gerais de evolução unilinear receberiam em biologia. O parecer de Smith e Perry de que, substancialmente, toda a civilização superior se deve à expansão a partir de uma origem no Egipto há cerca de cinco mil anos tem tantas hipóteses de ser verdadeira como uma tese que afirme que as principais ordens de mamíferos tiveram origem num período específico, numa determinada área e num conjunto de circunstâncias, e depois se espalharam pela terra sem muito mais mudança do que a perda de algumas espécies, géneros e famílias e a modificação de outros. A teoria da *Kulturkreis,* por vezes rebaptizada *Kulturgeschichtliche Methode,* não é assim tão simplista. Mas os seis ou oito blocos de associações de traços da cultura que postula como primários são comparáveis a seis ou oito associações de espécies que se afirmasse terem produzido todas as faunas do mundo. Se qualquer zoólogo moderno avançasse tal ponto de vista, apontaria pelo menos o tempo e lugar aproximados e as circunstâncias peculiares da origem dos seus blocos ou associações primários. Dificilmente se poderá dizer que os *Kulturkreisler* tenham começado a fazê-lo, a não ser secundariamente. Afinal, apontar que esta e aquela cultura recente, aqui ou além, consiste essencialmente em constituintes que se encontram igualmente em tal ou tal blocos primários, não é o mesmo que definir as circunstâncias da origem dos blocos. A valorosa e brilhante remodelação do Padre Schmidt contribuiu em muito para tirar ao esquema original de Graebner a sua absoluta aridez e rigor mecânico. Mas o valor das suas modificações reside nelas mesmas, não em ter tornado o esquema mais demonstrado. Teriam provavelmente mais influência se tivessem sido feitas independentemente do esquema. E, finalmente, a reivindicação dos nomes «difusionista» e «histórico-cultural» é quase tão infeliz como se os aderentes de um conjunto particular de interpretações paleontológicas ou sistemáticas as proclamasse «a visão evolucionista». Todos os etnólogos modernos reconhecem a difusão e todos se ocupam de história da cultura.

A antropologia é mais jovem do que a biologia e controla um corpo de factos precisos mais pequeno e menos intensivamente organizado e classificado. É, pois natural que os padrões críticos tenham sido, de maneira geral, menos exactos; que se tenha verificado muita formulação de esquemas largos, conceptualmente simples, fortalecidos depois por evidência seleccionada; que as mais das vezes se não tenha feito sentir a necessidade de uma conduta puramente empírica e de interpretação estritamente indutiva. As páginas anteriores tentaram demonstrar que, apesar da diferença entre fenómenos orgânicos e superorgânicos ou culturais, e os mecanismos muito diversos a eles inerentes, o curso histórico dos dois conjuntos de fenómenos, os problemas que apresentam e, em especial, os métodos por meio dos quais é possível abordar estes problemas e obter soluções válidas, são notavelmente semelhantes em muitos pontos.

Em antropologia, como em biologia, o interesse pode centrar-se primordialmente no processo ou no acontecimento — na «fisiologia» ou na «história natural». Muitos fisiólogos, que experimentam apenas um vago interesse pelos fenómenos, ficam pouco impressionados mesmo pela reconstituição mais sólida, empiricamente fundamentada e cuidadosa dos acontecimentos, mas são analogamente sensíveis a erros e excessos nessas reconstituições. Não têm, pois, de maneira geral, confiança nos achados da biologia histórica — infelizmente denominada «evolucionista» — e gostariam de restringir a história natural a uma «sistemática» descritiva estática, relativamente estéril, só admitindo sequências na medida em que são estabelecidas pelo registo paleontológico, o qual será por força sempre extremamente incompleto.

Do mesmo modo, em antropologia, uma viciação preponderante nos chamados aspectos «dinâmicos» ou processuais, pode conduzir a uma suspeita ou aversão genéricas em relação a toda a reconstituição histórica, quer crítica quer fantástica, com a etnografia relegada para um papel essencialmente descritivo e apenas a evidência arqueológica aceite como historicamente sólida — embora, mesmo assim, relativamente pouco importante, porque os processos nunca podem ser delineados com a mesma plenitude em culturas desenterradas e em culturas históricas ou vivas.

Se a «fisiologia» fosse o único objectivo válido das ciências da vida e da cultura, estas atitudes achar-se-iam justificadas. Mas, como não há acontecimentos sem processos, nem processos sem acontecimentos, e nenhuma da coisas pode ser integralmente apreendida sem tomar conhecimento da outra, o que se encontra realmente envolvido é um centrar ou pesar diferente do interesse; e isto reflecte, tal como outra coisa qualquer, o temperamento ou personalidade. Há os que preferem ocupar-se directamente dos fenómenos, tratando o processo como sendo principalmente inerente ou implícito. Há outros cuja propensão é deduzir processos, torná-los explícitos; e para esses espíritos os acontecimentos pouco significado têm, a não ser como poldras ou ilustrações. Cada conduta obtém resultados peculiares; cada uma complementa a outra. Levado a extremos, isolado, um dos métodos conduziria a um fenomenalismo desorganizado; o outro, a um conceptualismo árido e estéril. Uma ciência sã e completa deve apoiar-se em ambas as abordagens, numa reintegração de ambas. A depreciação fundamental de qualquer das abordagens é descabida. Há uma geração ou duas, a biologia entrou numa fase em que havia pessoas que só viam virtude e proveito na mesa de laboratório e na experimentação.

DESENVOLVIMENTO DAS CULTURAS E A EVOLUÇÃO ORGÂNICA

A história natural era desacreditada por meramente factual, antiquada e descritiva, produtora dos materiais da ciência, sem ser científica; não interpretativa quando era sólida e subjectiva quando era interpretativa. Mas a história natural sobreviveu e floresce. A antropologia, que só há pouco descobriu conscientemente os processos na cultura, mostra actualmente sinais de entrar na mesma fase de desenvolvimento. Há quem seja do parecer que a história da cultura deve manter-se um prolegómeno descritivo; a reconstituição da cultura, como quer que seja empreendida, parece um desperdício de esforço, ou uma perigosa ilusão. Excluindo o facto de a biologia se achar mais desenvolvida, a situação é muito semelhante: dentro de cada disciplina, é necessária a tolerância das duas abordagens possíveis. Em antropologia, como em biologia, a boa ciência consiste primordialmente, não em ver os acontecimentos através de processos nem processos através de acontecimentos, mas em temperar a imaginação com sentido crítico e em lastrar o juízo com evidência.

6

HISTÓRIA E CIÊNCIA NA ANTROPOLOGIA

(1935)

Este texto continuava e ampliava a minha discussão em Boas a que me refiro no cap. 5, mas não tenho qualquer desejo de preservar a discussão. Por isso, extraí apenas um trecho desta comunicação, que constitui cerca de uma sétima parte do total e que se ocupa de princípios gerais.

Quero sugerir, como característica distintiva da abordagem histórica, em qualquer campo, não o ocupar-se de sequências temporais — embora isso seja praticamente inevitável, aqui e além, quando os impulsos históricos são genuínos e fortes — mas o esforço no sentido de uma integração descritiva. Por «descritiva» entendo que os fenómenos devem ser preservado intactos como fenómenos, na medida do possível diferentemente da abordagem das ciências não históricas, que procuram decompor os fenómenos com o fim de determinar os processos enquanto tais. Claro que a história não ignora o processo, mas recusa-se a tê-lo como objectivo primeiro. O processo, na história, é um vínculo entre os fenómenos tratados enquanto fenómenos, não uma coisa que há que procurar extrair do fenómenos. A actividade histórica é essencialmente um procedimento que intenta integrar os fenómenos como tais; a actividade científica, sejam quais forem as suas sínteses fundamentais, é essencialmente um procedimento analítico, que intenta dissolver os fenómenos com vista a convertê-los em formulações processuais.

Estas duas abordagens são aplicáveis a todos os campos do conhecimento, mas com variados graus de proveito. É, naturalmente — não pretendo explicar porquê —, no domínio inorgânico que a abordagem processual da ciência tem dado mais resultados mas é, ao passar sucessivamente para os domínios do orgânico, do psíquico e do social--cultural-«histórico», que esta abordagem se confronta com dificuldades cada vez maiores e que os seus frutos diminuem. Costuma dizer-se que os fenómenos são mais «complexos» nos níveis orgânico e superorgânico. Sinto-me inclinado a duvidar e a crer antes que as dificuldades residem no facto de se tratar de epifenómenos — do ponto de vista da abordagem científica processual e analítica. Daí a constante tendência para reduzir os fenómenos orgânicos a explicações físico-químicas, os fenómenos psicológicos a explicações biológicas (o arco reflexo), os fenómenos socioculturais a explicações físicas. Do prisma da ciência esta conduta está perfeitamente correcta, uma vez que, desde que possa ser aplicada, fornece resultados coerentes e verificáveis.

A abordagem histórica, por outro lado, começou por ser aplicada e mostrou-se mais produtiva no campo das sociedades humanas; e encontra dificuldades cada vez maiores à medida que se aproxima do inorgânico. No campo orgânico tem ainda bastante êxito; em geologia e astronomia apoia-se tão pesadamente na ciência processual que a natureza destas disciplinas, que no seus objectivos são nitidamente históricas, é geralmente considerada completamente «científica». No respeitante à biologia, chamei recentemente a atenção, num ensaio sobre o assunto [cf. cap. 5], para o facto de toda uma série de «processos» fenomenalmente formuláveis, que são habituais na antropologia — convergência, degeneração, agrupamento por áreas, etc., — serem igualmente importantes nas actividades biológicas abrangidas pela antiga expressão «história natural»; e de os problemas da história natural andarem a par, em muitos pontos, dos problemas da história humana ou cultural. Não creio de forma alguma que estas semelhanças sejam «meras» analogias, desprovidas de sentido e ilusórias. Isso pode ser verdade do ponto de vista da ciência processual e experimental. Mas do ponto de vista da ciência histórica, da história, ou da abordagem histórica do mundo, têm, obviamente, um significado metodológico, uma vez que objectivos correspondentes envolvem métodos correspondentes.

Não estou a tentar afirmar que estas duas abordagens — a histórica e a processual — nunca possam convergir, muito menos que estejam de alguma maneira em conflito. Em última análise, e tanto quanto possível sempre, devem complementar-se. Vem a propósito recordar o quanto a astronomia lucrou apoiando-se na ciência experimental e dela tomando empréstimos. Mas, precisamente por terem de cooperar, parece que devem reconhecer e tolerar a individualidade uma da outra. Dificilmente se poderá imaginar que algo de bom saia de uma mistura de abordagens cujos objectivos são diferentes.

Quanto ao elemento da sequência temporal: se estou certo ao dizer que a qualidade essencial da abordagem histórica é uma integração de fenómenos e, portanto, em última análise, uma integração do ponto de vista da totalidade dos fenómenos, é evidente que as relações temporais dos fenómenos entram em linha de conta nessa tarefa. Não pretendo apoucar o factor tempo; sou apenas de opinião de que não é o critério mais essencial da abordagem histórica. As relações de espaço podem tomar o seu lugar e tomam-no por vezes.

A ser assim, o ponto tantas vezes defendido, não só por Boas e pelos seus seguidores como pelos sociólogos e funcionalistas, de que a história é legítima e apropriada, mas a reconstituição histórica infundada e estéril, perde muita, se não toda, validade. Sustentaria, pelo contrário, que a história e a reconstituição histórica têm objectivos e abordagem idênticos e fazem uso das mesmas faculdades mentais. (Em linguagem técnica, possuem o mesmo objectivo e método básicos; mas talvez seja melhor evitar este último termo porque pode tornar-se ambíguo neste contexto.) É verdade que a história tem as relações de tempo dadas em grande parte pelos seus dados, ao passo que a reconstituição histórica parece, em larga medida, indagá-los. Mas isto apenas faz desta uma instância um tanto ou quanto mais difícil do que aquela, tomada no seu sentido mais lato.

Um pouco de reflexão demonstrará que toda a conduta histórica é da ordem de uma reconstituição e que nenhuma determinação histórica é certa no sentido das determinações exactas da ciência física, isto é verificáveis objectivamente. As determinações históricas são, na sua essência, achados subjectivos e, quando muito, aproximam-se apenas da verdade ou da certeza. Diferem umas das outras pelo facto de aparentarem ser mais ou menos provavelmente verdadeiras, sendo o critério para as avaliar o grau de perfeição com que uma interpretação histórica se enquadra na totalidade dos fenómenos ou, se quisermos, na totalidade das interpretações históricas dos fenómenos.

A história conta supostamente «o que realmente aconteceu». Mas é evidente que tal é impossível: o tornar a contar «real» demoraria tanto tempo como os eventos e seria absolutamente inútil para qualquer propósito humano concebível. O famoso princípio deve, evidentemente, ser entendido de modo converso: a história não deve contar o que não aconteceu; isto é, não deve ser arte fictícia. Mais útil é a definição de um historiador como alguém que «sabe peencher as lacunas». Mas mesmo isto é demasiado escasso. O historiador profissional acha-se, sem dúvida, extremamente consciente das ocasiões em que se lhe deparam francos hiatos nos seus dados; mas acha-se o tempo inteiro, por hábito, inconsciente, lendo entre as linhas dos seus dados, por um lado, e omitindo dados menos significativos, por outro. Se não o fizesse, nunca chegaria a uma interpretação. Que esta conduta seja declarada ou não, ou, se declarada, que os cientistas a conheçam ou não pouco importa: tem sido e é ainda a conduta de todos os historiadores [cf. cap. 8]. Se alguns de nós, etnólogos, tentam fazer história temporal em relação aos pobres primitivos que não possuem datas, temos mais um desconhecido a defrontar e os nossos resultados são, por essa razão, mais aproximados. Mas se admitirmos francamente esse facto, não parece haver qualquer razão válida para que sejamos condenados por estarmos intrinsecamente infundados por fazermos, com maiores dificuldades, o mesmo tipo de coisa que os historiadores são respeitados por fazerem. É de esperar que os historiadores nos prestem pouca atenção a nós, os seus parentes pobres: quem somos nós para entrar nas moradas do substancial quando nem sequer possuímos um documento escrito?

Muitos cientistas não sabem o que é a história, ou limitam-se a supor que não é uma ciência. Mas é antiga e respeitada e é aceite desde que se restrinja a documentos. Em contrapartida, os cientistas quase não fazem qualquer esforço para aplicar os seus métodos a materiais documentais. Se o objectivo da antropologia é indagar os processos de mudança ou de dinâmica que se verificam nas sociedades e nas culturas humanas, porquê esta timorata limitação aos primitivos, que só nos é dado observar por um instante, quando temos ao nosso dispor dados ricos sobre mudança que remontam a séculos atrás relativamente à nossa a outras civilizações letradas? A resposta habitual é «complexidade». Mas constituirá isto um obstáculo sério diante da vantagem de trabalhar com dados datados nos estudos de mudança?

Bom, o resultado é que a reconstituição histórica com base em documentos datáveis não é encarada como uma reconstituição e é apresentada como louvável ou permissível, embora não científica; mas, depois de patenteada a reconstituição, como os papéis datados não são apresentados, é considerada uma diligência inútil ou infundada...

7

A CHAMADA CIÊNCIA SOCIAL

(1936)

Esta dissertação prossegue o tema dos caps. 4, 5 e 6. Como se dirige a um público mais vasto do que o dos antropólogos, o seu tom é mais genérico. A sociedade e a cultura não são plenamente distinguidas e a expressão «sociocultural» surge pela primeira vez nos meus escritos.

Constitui este ensaio uma tentativa de compreender com maior clareza a natureza daquilo a que se tornou costume chamar as ciências «sociais». Esta tarefa envolve, evidentemente, a questão da sua relação com a restante ciência ou conhecimento organizado.

O problema envolve duas considerações principais: o material das diversas ciências e os seus objectivos. Os métodos dependem em parte do material, mais ainda do objectivo. A história das ciências no seu todo mostra que existe uma certa conexão ou correlação parcial entre material e objectivo: métodos que conduzam à consecução plena de certos objectivos são desenvolvidos com mais facilidade para uns materiais do que para outros. Não examino este facto epistemologicamente, mas postulo-o como um dado fornecido pela soma da experiência. A correlação das partes levou ao pressuposto de que certos propósitos e métodos de compreensão são intrinsecamente próprios de certos materiais e não de outros. Este facto é, decerto, confirmado pela maioria da evidência que possuímos sobre a história da ciência do passado. Mas há uma nítida minoria de experiência, no registo total da ciência, que aponta para o contrário. Esta minoria de evidência invalida o pressuposto, a não ser que se lhe possa dar uma explicação satisfatória. Em lugar dessa explicação, é-nos mais proveitoso aceitar como verdadeiras as evidências bastante numerosas contrárias ao pressuposto e partir da premissa oposta de que qualquer objectivo de compreensão, com os métodos que dele dimanam, pode ser levado a cabo em qualquer corpo material fenomenal, se bem que com um grau relativamente diferente de facilidade, proveito e êxito. A razão destas diferenças constitui um problema à parte, para o qual não tenho resposta. Talvez seja um problema mais para o filósofo do que para o cientista.

I

Os assuntos ou materiais da ciência — os fenómenos do mundo — são abrangidos por quatro classes, ou níveis, principais: o inorgânico, o orgânico, o psíquico e o sociocultural ou superpsíquico, uma vez que é menos ambíguo designá-lo deste modo do que chamar-lhe «superorgânico». Estou, mais uma vez, a falar empiricamente, sem saber o que é que na natureza das coisas, ou na mente humana, produz a segregação substancial de fenómenos destas quatro classes ou níveis. Pode-se chamar-lhes legitimamente «níveis» porque até hoje toda a experiência no campo da ciência, no sentido mais restrito ou rigoroso — tal como em breve a definiremos —, aponta para a existência de uma hierarquia entre as classes. A hierarquia apoia-se no facto de fenómenos de uma classe poderem por vezes — nem sempre, mas com frequência — ser cientificamente entendidos por conversão dos seus processos nos termos de uma outra classe, mas nunca no sentido oposto. Uma parte dos fenómenos orgânicos é já inteligível, ou coerentemente exprimível, em termos de processos físico-químicos. Mas é mais que evidente que não temos casos em que um fenómeno físico-químico tenha sido explicado por meio de um processo orgânico. O mesmo se pode dizer do psíquico e do orgânico: a convertibilidade que existe tem sempre um único sentido. Este facto justifica que se designe por níveis as classes de fenómenos. Os fenómenos de um nível superior são epifenómenos do ponto de vista de um nível inferior (cf. cap. 6, parágrafo 2).

Não há a intenção de afirmar que os níveis são absolutamente separados ou separáveis por definições inatacáveis. São substancialmente distintos na experiência da totalidade da ciência e isso basta. Para indicar que não pretendo afirmar mais do que isso, nem ocupar-me de entidades metafísicas, coloquei deliberadamente, no diagrama apenso, a bioquímica na linha que separa os níveis orgânico e inorgânico, entre a fisiologia e a química. Se isso é incorrecto aos olhos dos bioquímicos, eles que me corrijam: avalio o caso apenas à guisa de exemplo [diagrama da pág. seguinte].

No ano da graça de 1936, parece que esta distinção dos quatro níveis deveria ser, e, no essencial, é, um lugar-comum que não carece de comprovação, não obstante existirem indubitavelmente alguns cientistas do inorgânico, tão absortos nos seus próprio níveis — e trata-se do nível mais auto-suficiente — que acabam por achar-se pouco certos quanto à diferença entre os dois níveis superiores. A maior parte das dúvidas ou opiniões contrárias que ainda se verificam provêm de quem trabalha nos níveis superiores e parecem dever-se a dois factores: um é que alguns dos homens que actuam formalmente num nível se interessam, na realidade, pelo que lhe está imediatamente abaixo e não gostam, por essa razão, de limites — por exemplo, o psicólogo nominal, que é substancialmente, ou por desejo, um fisiólogo, ou o historiador ou antropólogo que preferiria psicologizar em vez de ter de proceder a achados no seu próprio campo. Estes «conexionistas» ou internacionalistas têm o seu lugar e valor próprios, mas os seus protestos de que fronteiras *de facto*, nascidas de uma longa experiência comum, são ilusórias ou despidas de significado serão provavelmente tendenciosos.

A outra resistência à aceitação dos níveis provém de uma confusão: a inferência de que, como alguns fenómenos psíquicos foram convertidos ou explicados, sob o tratamento especial da ciência, em formulações de processos orgânicos (e é de supor que os restantes possam ser convertidos do mesmo modo), os fenómenos psíquicos não existem e existe apenas um nível, e não dois. O mesmo se aplica, como é evidente, ao superpsíquico e ao psíquico. No fundo, esta confusão parece basear-se em impulsos simplistas. Há quem prefira um sistema, desde que seja simples e fechado, a defrontar-se com a diversidade fértil e essencialmente inexplicável de fenómenos que o mundo oferece.

Níveis / Abordagens

	LÓGICA	HISTÓRICA	CIENTÍFICA	PRÁTICA
SOCIOCULTURAL	Sociologia	História	Sociologia	
	Teoria Económica	História Económica	Economia	
PSÍQUICO	(Psicologia pré-experimental)	Psicologia da Personalidade?	Psicologia	Psicologia Educativa
ORGÂNICO	(Suplantado)	História Natural	Genética	Medicina
		Paleontologia	Fisiologia Bioquímica	
INORGÂNICO	(Suplantado)	Geologia	Química	Engenharia
		Astronomia	Física	

Matemática

Quase não merece a pena chamar a atenção para o facto de esta atitude, a ser expressa francamente e de maneira generalizada, vir a produzir um imediato curto-circuito na ciência. Desviaria todas as múltiplas actividades da ciência para a promulgação de um sistema mecanicista de filosofia. Os fenómenos são e mantêm-se, simultaneamente, orgânicos, psíquicos e socioculturais, ainda que os processos que se verificam neles possam, em última análise, ser exprimíveis, através do mecanismo de um verdadeiro método científico, em termos físico-químicos, bem como em termos dos seus próprios níveis. Poder-se-ia também acrescentar ao número de níveis outros quatro, através de uma subdivisão. A física e a química examinam diferentes aspectos dos fenómenos inorgânicos. Destes, os físicos são habitualmente considerados mais básicos — os achados químicos convertem-se mais vezes em físicos do que o contrário; e as descobertas do nível seguinte, superior ou orgânico, são, de maneira geral, exprimíveis quimicamente e não fisicamente. Passa-se mais ou menos o mesmo entre a sociedade e a cultura. A sociedade é portadora de cultura e compõe-se de pessoas com mentes individuais. Dentro do nível mais alto, a cultura pode, pois, ser interpretada como o estrato mais alto, a sociedade como o mais baixo. Talvez se pudesse subdividir o nível orgânico em subníveis relacionados, respectivamente, com as plantas e os animais, sendo estes os únicos com sistema nervoso, o qual por sua vez é a base da psique do nível seguinte. Possuímos, de facto, as ciências bastante separadas da botânica e da zoologia, correspondentes a esta subdivisão.

Em resumo, poder-se-ia defender a existência de seis, sete ou mais níveis, em vez dos quatro com os quais me contento. Não pretendo negar um número maior, nem entrar no problema essencialmente filosófico daquilo em que se baseiam os níveis dos fenómenos. Limito-me a sustentar que há pelo menos quatro facilmente discerníveis e que eles são diferenciáveis com base na experiência empírica adquirida no desenvolvimento da ciência ou da compreensão, na sua totalidade.

Do mesmo modo, é possível avançar argumentos, o que já tem sido feito, a favor da redução do número de níveis primários de quatro para três, interpretando quer o plano de clivagem orgânico-psíquico quer o psíquico-superpsíquico como menos claro e decisivo do que os outros dois. Subjectivamente, haveria quem estivesse disposto a concordar com uma destas reduções e quem estivesse disposto a concordar com a outra. Haveria ainda, pelo contrário, quem, sob a influência da dicotomia *Naturwisenschaft-Geisteswissenschaft*, considerasse que a clivagem orgânico-psíquico transcende as outras duas em importância. Trata-se, repito, de problemas epistemológicos, que têm o seu lugar, mas nos quais seria inútil entrar neste contexto, ainda que para tal fosse competente.

Não sei o que fazer com a matemática. Não está no mesmo tipo de nível das outras porque é não fenomenológica. Coloquei-a por isso fora do quadro do diagrama, abaixo de todos os níveis das abordagens científicas e utilitárias propriamente ditas.

II

Os objectivos, uma vez que não são humanos e, por conseguinte, de motivação frequentemente mista, são mais difíceis de desenredar do que os fenómemos, que são, essencialmente, exteriores a nós. A separação que faremos a seguir, do conhecimento organizado ou da ciência, no seu todo, em quatro abordagens, pode pois encontrar mais resistência do que a separação em níveis. Podemos designar as quatro abordagens deste modo: a científica propriamente dita, a prática ou aplicada, a histórica e a logística. Há uma aproximação gradual entre elas — os motivos têm tendência para se misturar. Não obstante, há quatro propósitos básicos em acção e, saindo deles, ou pelo menos correspondendo a eles, quatro métodos fundamentais. Daí o emprego do termo «abordagem».

O método *científico* propriamente dito é, evidentemente, exemplificado pela física, a química, a fisiologia, a psicologia experimental. O objectivo desta abordagem é a compreensão do mundo através da conversão de fenómenos sensíveis em conceitos não qualitativos. Daí a quantificação da ciência propriamente dita. Daí também a designação da ciência, por Windelband, como nomotética. A experimentação é uma ferramenta valiosa deste objectivo, mas não a sua característica fundamental. Com efeito, a experimentação é apenas uma forma especial de observação, de um género controlado, orientado. Tem sido importante na ciência há menos de duzentos anos. Até à data de 1750 obtiveram-se resultados enormes na ciência pura, com pouquíssima experimentação. As qualidades essenciais da abordagem científica genuína são: primeiro, procurar a compreensão como um fim em si; segundo, insistir, ao procurar esta compreensão, em partir de fenómenos e com eles trabalhar; e, terceiro, ao obter êxito, destruir os fenómenos enquanto fenómenos, transmutando-os em conceitos abstractos — leis, constantes, relações matemáticas e coisas do género. Daí dizer-se que a ciência converte qualidades em quantidade. Tudo isto é do conhecimento público, mas há que reiterá-lo com referência às distinções que se seguem.

A ciência *aplicada* é prática. Não visa a compreensão pela compreensão, mas efeitos tangíveis que sejam aceitáveis como proveitosos e desejáveis — curar os doentes ou construir pontes. Daí que se caracterize a medicina e a engenharia como «artes» — artes úteis, distintas das belas-artes, cujo propósito é a satisfação estética interior. Os engenheiros, que se apoiam fortemente na ciência física, podem achar por vezes que a sua profissão é ciência e não uma arte; mas o propósito e produto final de uma actividade é que deverá ser determinativo, numa classificação como esta. As ciências aplicadas servem-se das ciências puras (como era costume chamá-las antes da moda linguística as ter rebaptizado de «ciências fundamentais») para fins práticos e são por isso, num aspecto, absolutamente distintas das ciências puras, cujo objectivo de compreensão simples se encontra de *per si* isento de considerações práticas. O facto de muitos cientistas rapidamente verem as possibilidades de aplicação prática das suas descobertas e de muitos médicos e engenheiros vasculharem ansiosamente os resultados da ciência, em busca de achados de que se possam servir, prova apenas as íntimas e férteis inter-relações de duas actividades cujas metas — e, por conseguinte, métodos básicos — são distintas. Tão-pouco aqui nos achamos perante alguma coisa de novo; mas a diferenciação adquire significado quando passamos a considerar o campo da ciência social.

A terceira abordagem, a *histórica*, é a que apresenta maiores dificuldades. Inclui actividades intelectuais tão distintas como a história no sentido convencional — uma profissão ou disciplina reconhecida, que se ocupa da narração de acontecimentos humanos —, a geologia e a astronomia. Entre estes dois extremos encontra-se o domínio daquilo que era costume referir pela expressão apropriada «história natural», a qual foi quase completamente superada, na linguagem académica, por termos como biologia «sistemática», «taxonómica» e «evolucionista». São expressões um tanto ou quanto infelizes porque transmitem, em parte, uma sugestão de opróbio e porque se referem a especializações da técnica e não ao método básico; ou, no caso de «evolucionária», porque a referência tem, a maioria das vezes, uma implicação de progresso. Não tentarei provar que a astronomia e a geologia são ciências históricas, pois tal é admitido pela maioria dos astrónomos e geólogos. O facto é ignorado, quando o é, por ambas as ciências utilizarem tanta física e química, se bem que o façam para os seus próprios fins, que podem, superficialmente, parecer tão científicos, no sentido rigoroso, como estas. O erro é, todavia, tão crasso como se a engenharia fosse entendida como uma ciência básica ou pura. Mais uma vez, é o objectivo e o método fundamental, que emana do objectivo, que definem efectivamente o género de abordagem.

Temos, pois, uma série de actividades intelectuais que vão desde a história humana, que opera, pelo menos em grande parte, no nível sociocultural, à astronomia, que opera no inorgânico, cuja qualidade histórica é mais ou menos admitida. Qual é o factor comum?

Ocupar-se de sequências temporais é, provavelmente, a primeira resposta. Mas este traço parece ser apenas um incidente. A característica essencial da abordagem histórica parece ser a diligência de conseguir uma integração conceptual dos fenómenos, preservando ao mesmo tempo a qualidade dos fenómenos. Esta qualidade, a abordagem estritamente científica não a tenta preservar. Pelo contrário, destrói os fenómenos enquanto fenómenos, ao utilizá-los para as suas próprias conceptualizações de ordem diferente. O tempo e o espaço entram, sem dúvida alguma, nas considerações e resultados da ciência propriamente dita; mas os seus achados ou resultados finais são

A CHAMADA CIÊNCIA SOCIAL

formulações fora do tempo e do espaço, na medida em que são independentes de tempo e lugar específicos ou particulares. Os achados da abordagem histórica, por outro lado, são sempre e necessariamente dados num tempo e num espaço especificados — poder-lhes-íamos chamar tempo e espaço fenomenais, em contraste com a medida abstracta de tempo e espaço na ciência. Um achado despido de data e de lugar na história humana, na história natural, na paleontologia, na geologia, ou na astronomia, não teria sentido. Se um bloco de fenómenos sem data e sem lugar for descoberto, o primeiro problema que se depara a qualquer disciplina histórica é, toda a gente sabe, achar a sua data e localização. Inversamente, quando aparece uma lacuna fenomenal no quadro data/lugar, preencher esta lacuna com os fenómenos relevantes é uma necessidade e um problema. A abordagem histórica, por conseguinte, tem sempre a natureza de uma reconstituição — reconstituição dos próprios fenómenos e das suas datas e lugares.

Ora, qual é a natureza deste processo, conceptualmente reconstituinte ou integrativo, que caracteriza a abordagem histórica? Ela não parece ter sido definida a não ser pelo facto de ser, por um lado, conceptual e integrativa e, por outro, fenomenológica, ao passo que a ciência propriamente dita é igualmente conceptual, igualmente integrativa, mas de maneira diferente, a abstractiva em vez de fenomenológica. Esta distinção compensatória talvez não faça muito sentido para o físico vulgar, que na astronomia vê apenas aplicações especiais da física e na sociedade humana apenas uma narrativa estética divertida ou aborrecida, ou para o aspirante a cientista social, que considera a história como gosto pelas antiguidades; mas quem quer que se tenha servido, com competência, da abordagem histórica aperceber-se-á da antítese, quer concorde quer não concorde totalmente com a tentativa feita para defini-la.

Rickert procedeu a uma formulação valiosa do problema quando coloca a ciência e a história de acordo, no que se refere à destruição de apercepções imediatas no esforço de construir conceitos, mas em desacordo pelo facto de a ciência também destruir a individualidade, ao passo que a história a preserva. A arte — quer dizer, a arte pura —, continua ele, não visa conceitos e difere ainda mais da história pelo facto de preservar as apercepções imediatas, mas destruir a individualidade convertendo-a, presumivelmente, em generalizações não conceptuais do tipo que denominamos estéticas. A história, conclui, é, pois, verdadeiramente, a ciência da realidade e a sua essência reside na sua forma de transmutar apercepções em conceitos. Poder-se-ia discutir até à exaustão o que se entende por «individualidade»; mas é evidente que não está longe daquilo a que acabei de chamar «qualidade fenomenológica». A caracterização da história, por Windelband como ideográfica visa, igualmente, algo de muito semelhante.

Fenómenos e acontecimentos, com as datas e lugares que a eles estão ligados, são, pois, o material — não apenas o ponto de partida mas o material perpétuo — da abordagem histórica. Ela não pode libertar-se deles sem se dissolver. Embora conceptualize, não abstrai totalmente. A abstracção meticulosa em qualquer campo da história torna-se generalização, fórmula, ou esquema enfraquecidos, coisa que os historiadores capazes, seja qual for o seu material, sempre acharam ser fatal para os seus objectivos. A essência da sua tarefa é o estabelecimento de fenómenos seleccionados e reconstituídos — não a reprodução de fenómenos, o que seria a um tempo inútil e impossível — em relações ou agrupamentos conceptuais significativos. A validação fundamental de achados pela abordagem histórica parece residir no seu grau de enquadramento ou integração na totalidade de achados conceptuais feitos pelo método.

O estabelecimento de sequências temporais constitui um traço normal, mas não o traço fundamental, da abordagem histórica. A sequência de acontecimentos constitui um elemento nitidamente menor em astronomia, a não ser nos seus aspectos mais especulativos. O grosso dos seus resultados é descritivo. Esta caracterização não é um paradoxo. Verifica-se, sim, uma confusão superficial: como a astronomia tem tido de se ocupar tanto da medição do tempo, os meios têm sido tomados pelos fins. Muita da história propriamente dita também é mais estaticamente descritiva do que narrativa — sempre que, por exemplo, um momento ou período histórico, numa dada área, é retido para análise dos seus fenómenos e reintegração destes nas formulações que caracterizam o período ou cultura. Campos inteiros, obviamente adjacentes à história — a etnografia, por exemplo —, são primordialmente descritivos; esta disciplina pode habitualmente narrar na medida, somente, em que as suas reconstituições ou formulações adoptam um matiz especulativo. Ao nível da história natural, a biologia sistemática é imediatamente descritiva, embora o seu trabalho seja feito tendo em vista seguir a pista dos desenvolvimentos no tempo.

Um corolário de a abordagem histórica se ligar aos fenómenos é o facto de o processo se manter secundário ou implícito. A abordagem científica destrói os fenómenos por meio da análise sistemática, para extrair processos e por conseguinte termina, de *per si,* em abstracções. A abordagem histórica preserva os fenómenos para os integrar como conceitos aos quais o concreto continua a aderir. Numa publicação anterior [cap. 4] tentei dar expressão a esta distinção servindo-me dos termos, um tanto impróprios, «descritivo» e «explicativo» (ou «processual»). Em princípio, é claro que os mesmos fenómenos, quer se trate de planetas, animais, seres humanos quer de produtos socioculturais, podem ser atacados por ambos os métodos, se bem que não necessariamente com a mesma presteza ou êxito. Daí a possibilidade e necessidade fundamental de relações frutuosas entre as duas abordagens, a todos os níveis.

A quarta abordagem é a *logística* ou caracteristicamente lógica. É mais ou menos científica pelo facto de não ser puramente formal, mas ocupar-se de corpos de fenómenos. Todavia, os fenómenos são essencialmente os da observação ou experiência comuns, distintos da experiência dissecada, pesada ou ensaiada, e o modo de proceder, ao trabalhar a partir deles, recorre a construções lógicas. À medida que estas construções se desenvolvem, entram frequentemente num nova relação com os fenómenos, após o que se reata o processo lógico, e assim sucessivamente, atingindo por vezes grandes alturas.

Há-de ser óbvio que, no fundo, a abordagem logística é apenas semicientífica e característica da imaturidade da ciência num determinado nível. No plano do inorgânico há muito que perdeu o seu lugar, expulsa pelo progresso feito pela astronomia, a física e a engenharia. Todavia, continua a avultar no nível sociocultural, detendo um lugar considerável na economia e na sociologia.

Claro que estas quatro abordagens se aproximam gradualmente — grande parte da actividade científica compõe-se de trabalho feito por duas ou mais abordagens. O diagrama tão-pouco abrange devidamente todas as relações e aproximações graduais, uma vez que é bidimensional. Uma representação mais adequada seria talvez por meio de um cilindro em posição horizontal, com quatro secções longitudinais, cada uma mais ou menos em contacto com as outras três, para as abordagens, e seccionada por três planos transversais, a indicar os quatro níveis.

III

Dirigindo agora a nossa atenção para as chamadas ciências «sociais», encontramos as quatro abordagens representadas no nível mais alto, mas de maneira muito irregular, e com o desenvolvimento menos acentuado na abordagem científica propriamente dita, onde deixei deliberadamente um espaço em branco...

A história é, evidentemente, a mãe de toda a ninhada das ciências sociais. Em certo sentido, devem ser suas filhas ilegítimas ou bastardas, pois reivindicam um nome científico e, por conseguinte, a paternidade científica, enquanto a história nunca confessou ser a noiva da ciência, mantendo a sua integridade virginal na sua proverbial torre de marfim. A história também raramente afirmou a sua utilidade; a maior parte destas asserções, tal como a maior parte das tentativas de aplicar a história, partiram de não historiadores. Da mesma forma, o elemento logístico nunca foi indiscreto sempre que se tornava indiscreto, era suave mas decisivamente afastado na qualidade de *Geschichtsphilosophie*. É evidente que os historiadores achavam que sabiam qual era a ocupação da história e a ela se agarraram firmemente. A sua tradição tem sido forte, ainda que as definições explícitas do seu trabalho sejam, com frequência, curtas ou hesitantes.

Como actividade desenvolvida, a história é tão antiga como a física. Tucídides é equidistante de Pitágoras e Arquimedes e reconhece-se-lhe uma grandeza e importância comparáveis. Até há pouco tempo, não havia um sentimento de conflito entre ambas e existia pouca necessidade de delimitação de fronteiras. A história continuou a ser particularista em relação aos acontecimentos humanos, a ciência tem-se ocupado das generalidades repetitivas dos fenómenos sub--humanos. Contudo, agora que a ciência foi colocada num pedestal de primazia e se tornou *de facto* o deus de inúmeros leigos, reivindica-se um domínio totalitário para ela. A história, que se limita a tentar continuar o seu caminho autónomo, é posta em causa e vê-se obrigada a colocar-se na defensiva. Em contraste com as ciências sociais, diz-se, a história não será nem utilitária nem científica e o seu direito à existência, a não ser como divertimento inofensivo, é posto em causa.

Embora esta atitude seja o produto da rápida extensão da ciência desde 1750, aproximadamente, não é a sua consequência logicamente necessária. Em parte, a atitude baseia-se no facto de a história primitiva se confinar aos dois níveis mais altos ou humanos, a ciência primitiva aos níveis sub-humanos. Esta atitude não reconhece, igualmente, o facto de certas ciências aceites terem um objectivo histórico. Daí a seguinte dicotomia: a história ocupava-se de acontecimentos e valores humanos, à sua maneira individualizadora, e era *Geisteswissenschaft*, enquanto a ciência se ocupava de fenómenos sub-humanos, de uma maneira generalizadora, e era *Naturwissenschaft*. Nem sequer Rickert está liberto desta antítese, embora tenha dado o importante passo de pôr a cultura, em vez de *Geist*, como material ou campo da história. Todavia, logo que admitimos que uma abordagem histórica não só é possível como existe no nível orgânico e inorgânico, surge-nos a possibilidade inversa de um ataque genuinamente científico ao material psíquico e cultural. A psicologia, desde que se tornou experimental, concretizou efectivamente, no seu próprio nível, os primórdios de uma verdadeira ciência. Mas a história tem tendido a isolar-se de tais extensões e não propôs nenhuma da sua lavra. Não conseguiu, no total, distinguir entre abordagem histórica, ou método essencial, e campo ou material históricos, mas continuou a tratar as duas coisas como facetas da mesma. Assim, a história ficou restringida a um único nível, enquanto a ciência tentava progredir, e progrediu efectivamente bastante, de nível para nível. O resultado é que a história não sabe o que fazer do rebanho de ciências sociais que se lhe colam às saias. Hesita entre reclamá-las como filhas, por se ocuparem do seu próprio material, e repudiá-las, por não o tratarem historicamente.Trata-se de uma atitude simultaneamente incomodada e desdenhosa.

Em resumo, logo que vemos que a história e a ciência diferem essencialmente, não no seu campo mas na sua abordagem básica, e que cada abordagem é, em princípio, capaz de ser conduzida através de todos os níveis de fenómenos, o conflito, ou até a colisão, é eliminado e requer-se a cooperação. É verdade que há qualquer coisa na natureza dos fenómenos (ou das nossas mentes) que convida à abordagem histórica como a mais proveitosa, no nível mais alto, e à científica, no mais baixo; mas não pode nem deve entender-se que isto signifique que exista uma delimitação absoluta e inerente de esferas.

Os dois grandes princípios que os historiadores modernos reconhecem constituir a base da sua metodologia são a continuidade da história e a unicidade — a não repetitividade — dos fenómenos históricos. Aquela implica que a história é uma actividade integradora; esta que é individualizadora. Ser a um tempo integrativa e particularizadora não tem, evidentemente, sentido algum do ponto de vista da ciência, cuja conduta é analítica e generalizadora. Só esta diferença bastaria para demonstrar que ambas as abordagens são paralelas e não meramente diferentes pela sua posição numa linha. Mas a diferença de preocupação, segundo o nível, é de ênfase ou peso, não de natureza inerente.

Neste contexto, há que fazer referência a dois problemas discutidos por Rickert: até que ponto a história se ocupa propriamente de valores e se é teleológica ou causal. Há que ter em mente que, para Rickert, a história ainda está limitada à cultura, distinta da natureza, que é o domínio da ciência, ao passo que eu sustento que tudo o que é essencialmente característico do método da história humana também deve ser característico da abordagem histórica em qualquer campo. Quanto a valores, Rickert conclui que, conquanto a história se não ocupe de fazer juízos, elogiando ou acusando, ocupa-se na realidade de valores e é esse o seu dever — os valores existentes na cultura são o tema da história. Sobre o segundo ponto, a sua resposta é que a história não tem de ser teleológica — na verdade, não deveria transgredir a causalidade da realidade, que é de presumir ser a determinada pela ciência; mas ele dá a entender, parece-me, que a história aceita a causalidade da ciência e se conforma com ela, em vez de procurar estabelecer uma causalidade própria. Os vínculos ou relações de que se ocupa são de ordem diferente dos vínculos mecânico-matemáticos da ciência. Quando judiciosamente discernidos, não entram em choque com a causalidade mecânica, mas também se não reduzem a ela; formam um sistema próprio gradualmente integrador, por cujo grau de integração se avalia, em última análise, a validade deles. Aceito o parecer dele de que a história é o verdadeiro estudo da realidade...

Podemos concluir que os historiadores possuem uma metodologia consistente que os satisfaz, que há muito mostrou ser satisfatória para o mundo e que eles consideram, correctamente, ser distinta e independente do método da ciência propriamente dita. Isto mostra grande decisão em comparação com a economia e a ciência política, que combinam ou misturam três ou quatro métodos ou abordagens. Resta inquirir quais as limitações ou deficiências da história, ao ser praticada.

No essencial, as dificuldades da profissão de historiador, durante as últimas gerações, devem-se ao facto de não reconhecer o alcance das mudanças que, na civilização, conduziram a que a ciência não governe já unicamente o reino remoto da natureza sub-humana, mas tente estender activamente o seu tipo particular de controlo a todos os níveis de fenómenos. Teoricamente, uma verdadeira ciência da sociedade e da cultura é não só possível mas é tão desejável quanto pode ser difícil, e deveria mostrar-se imensamente estimulante e enriquecedora para a história. Na realidade, os historiadores que, a maioria das vezes, delimitam o seu tópico em termos do material de que dispõem, e não do seu método de abordagem característico, não conseguiram reconhecer as oportunidades da interacção mutuamente fértil entre dois conjuntos de actividades autónomos e paralelos que se ocupam do mesmo material e mantiveram-se indiferentes, deliberadamente distanciados, desconfiados ou na defensiva. A situação não lhes foi facilitada pelo facto de, para cada polegada do campo sociocultural conquistado pela verdadeira ciência, ter havido um pé de reclamação, por parte de abordagens logísticas e práticas, feita em nome da ciência. Um dos resultados foi que a maioria dos historiadores passou a mostrar uma resistência dupla a toda a generalização, muitos deles até mesmo à generalização histórica propriamente dita. Tem-se verificado uma tendência para ficar preso à narrativa, por ser menos facilmente convertível à generalização; para cingir os acontecimentos, em lugar de engrenar os seus padrões; para abandonar os aspectos económicos da história aos economistas, em lugar de os incluir; para ignorar os resultados da etnografia, pela razão exterior de não terem data e não serem, por conseguinte, históricos; para deixar que a história das grandes civilizações do Oriente asiático se afunde por detrás de divisórias estanques; para olhar de soslaio qualquer história da cultura mais vasta; e para dar ênfase à mecânica da documentação, como indício de que também a história é objectiva e científica. É verdade que estas têm sido as deficiências da massa e não dos líderes, como o comprova o facto de o maior historiador da última geração não ter hesitado em tomar como tema cinco mil anos de quase todos os aspectos da cultura — só o económico é ligeiramente negligenciado — em todo o mundo mediterrânico e, para oriente, até à Mesopotâmia e ao Irão. Não deixa, no entanto, de ser pena que o corpo não tenha seguido mais prontamente os líderes em espírito e propósito, ainda que a sua execução fosse mais humilde.

A antropologia partilha com a história a característica de nunca ter sustentado seriamente a opinião de que tem uma utilidade prática, mas de assumir que o seu fim de compreensão é, em si mesmo, justificação suficiente. Também está relativamente livre de sistematização lógica. Teve o seu quinhão desta nos seus dias mais remotos; mas, por volta de 1900, fez-se a viragem e o interesse logístico está hoje irregularmente representado [cf. cap. 17]. Há mais de uma geração que a actividade antropológica tem estado mais ou menos em equilíbrio entre a abordagem histórica e a científica. Quanto ao cálculo das inter-relações específicas destas abordagens dentro da antropologia, e com particular referência à importante influência de Boas, discuti-o já, de maneira mais ou menos aprofundada, num artigo recente [cap. 6].

As partes pré-histórica e arqueológica da antropologia têm, como é evidente, uma natureza histórica patente, mesmo quando carecem de uma datação absoluta. Muita da etnografia descritiva também é material histórico, quer seja reconhecido com tal quer não. A etnografia comparativa intromete-se inevitavelmente nos problemas históricos. Estes são muitas vezes difíceis ou insolúveis com os dados disponíveis e fez-se uma série de tentativas górdias, com a espada de um esquema ou de uma fórmula; mas outro trabalho mais paciente tem prosseguido sem contratempos. Faltando-lhes, com frequência, qualquer elemento temporal nos seus dados, os antropólogos desenvolveram a técnica de inferi-lo a partir da distribuição de fenómenos culturais no espaço — por vezes com perícia, por vezes grosseiramente. Pretendeu-se distinguir estas reconstituições indirectas por serem de género diferente das construções baseadas em documentos da história. Mas a diferença, embora real, é superficial, pois toda a abordagem histórica, a produzir alguma coisa, produz reconstituições [cap. 8, séc. III]. A diferença mais importante entre a história e a antropologia não reside na questão das datas, mas no facto de os antropólogos terem geralmente poucos ou nenhuns acontecimentos — distintos de padrões — nos seus dados, ao passo que os acontecimentos são o material primário habitual dos historiadores. Os historiadores mais competentes fundem os acontecimentos em padrões ou formulações conceptuais; os menos competentes agarram-se aos acontecimentos e podem acabar por acreditar que tudo o que não se ocupe de acontecimentos que sucedam a indivíduos em alturas específicas não pode ser histórico. A raridade de acontecimentos registados na vida primitiva contribuiu para obrigar os antropólogos a reconhecer formas ou padrões de cultura e, a partir disto, a reconhecer claramente a cultura como tal. Em resumo, talvez mais do que qualquer outro grupo, foram eles que descobriram a cultura, decerto muito depois de historiadores inteligentes terem conhecido o facto. Mas estes tomavam-no por ponto assente e tendiam a ocupar-se da cultura indirecta ou implicitamente, ao passo que os antropólogos se tornaram mais explícitos e mais conscientes no tratamento da cultura. Em todo o caso, há uma diferença bastante marcada entre a antropologia, por um lado, e a sociologia, a ciência política e a economia, por outro. (Ver correcção, referente a 1951, no cap. 18). Estas três disciplinas continuam a funcionar, de um modo geral, não, com efeito, negando a cultura, ou na ignorância da sua existência, mas como se pudessem prosseguir sem uma compreensão pormenorizada da sua natureza enquanto tal. É evidente que são fortalecidas nesta atitude pela convicção da sua utilidade. Quando há que dar satisfação a necessidades práticas imediatas há pouco tempo disponível para lentas investigações da natureza básica das coisas — uma formulação dedutiva está muito mais à mão. Na sua relativa liberdade, tanto da abordagem logística como da utilitarista, na inclinação histórica e na sua consciência *de facto* da cultura, a história e a antropologia contam-se ambas, por conseguinte, entre as disciplinas socioculturais.

A componente genuinamente científica da antropologia é, em parte, resultado de um acidente histórico. À medida que o tema começou a delimitar-se, verificou que os seus materiais de maior importância consistiam em diversas especialidades ou sobras: os primitivos não datados, a parte pré-histórica não datada da arqueologia, as linguagens sem escrita, a história racial do homem. Claro que esta última é biologia pura. Mesmo que se comprovasse que o ataque aos dados sobre a raça tivesse necessariamente de fazer-se mais através de uma abordagem histórica do que através de uma abordagem propriamente científica, lançava raízes no nível sub-humano; e por estas raízes passava uma corrente de opiniões e tradição, próprias da ciência natural, que as outras disciplinas sociais não experimentavam. Depois, verificou-se que os dados mais remotos da pré-história estavam inextricavelmente ligados aos dados biológicos sobre o homem fóssil e, através destes, à paleontologia. Quase toda esta influência da ciência natural era, na realidade, muito mais de ordem histórica do que propriamente científica ou nomotética; mas, dado que as duas ordens ou abordagens estavam profundamente ligadas numa interacção triunfante ao nível orgânico, certa atitude própria da ciência pura foi transportada para a antropologia.

Facto curioso é que esta corrente de influência passou durante muito tempo pelo nível psíquico intermédio. A psicologia e a antropologia têm tido poucas relações intrínsecas, apesar de serem com frequência, e, teoricamente, com acerto, incluídas na mesma categoria.

Wundt abordou vastos problemas ligados à psicologia da cultura mas não teve qualquer influência apreciável na corrente do pensamento antropológico. Só há muito poucos anos é que, tendo alguns antropólogos começado a olhar, para lá das culturas, para as personalidades que as transmitiam com interacções inevitáveis, e alguns psicólogos começado a trocar as experiências e os testes por vislumbres e depois análises de personalidades funcionais totais, se estabeleceram as primeiras conexões activas.

Outro factor que conduziu ao fortalecimento da abordagem científica em antropologia foram os próprios primitivos. O facto mais saliente em qualquer grupo de primitivos é a sua cultura — a sua impressionante diferença em relação à nossa. O primeiro interesse suscitado por esta cultura prendeu-se, com frequência, precisamente, com as suas qualidades exóticas. Mas, com o passar do tempo, verificou-se, através da própria distância, que estas culturas pequenas, aparentemente insignificantes e facilmente dominadas, eram muito mais fáceis de tratar objectivamente do que quaisquer outras — passaram a ser minuciosa e desapaixonadamente analisadas de maneira muito semelhante à de um biólogo que dissecasse uma lagarta ou um camarão. Este hábito, por seu turno, contribuiu enormemente para a descoberta ou consciência da cultura, que foi já referida como a realização característica da antropologia. Todos os antropólogos concordarão, provavelmente, que o seu problema central é o que é a cultura — isto é, de que modo pode ser descrita com exactidão — e como funciona ou, historicamente, como tem funcionado no seu raio de acção total. Na sua primeira forma, trata-se de um problema estritamente científico e, parece-me, mais fundamental do que os que as outras disciplinas sociais se colocam, na medida em que se ocupam primordialmente de partes sociais, económicas ou políticas, do todo sociocultural. Por outro lado, o problema é tão pouco prático quanto é certo ser um problema intelectual profundo.

As palavras com que Eduard Meyer dá início à edição final da sua obra *Geschichte des Altertums* ilustram o que o maior historiador da sua época pensava do elemento científico da antropologia. Ele fala da «antropologia, o estudo das formas gerais» (ou universais, *allgemeinen*) «da vida humana e do desenvolvimento humano — com frequência erroneamente chamado filosofia da história».

A sociologia deveria, em princípio, ser bastante difícil de distinguir da antropologia, uma vez que os dois estudos têm tantos tópicos comuns. Mas, na realidade, a sociologia e a antropologia são temperamentalmente quase antitéticas nas suas motivações. A sociologia teve decididamente um início logístico com Comte. Visa decididamente ser útil. E, pelo menos na América, tem sido esmagadoramente não histórica nos seus interesses...

IV

Se a tese fundamental aqui proposta relativamente a abordagens e níveis está correcta, estamos agora, depois de rever o que as disciplinas sociais estão efectivamente a fazer, em posição de proceder a um balanço. Encontramos as chamadas «ciências» distribuídas de maneira muito irregular pelos quatro compartimentos do nível que lhes cabe. Três delas — a economia, a ciência política e a sociologia — funcionam essencialmente através das abordagens logística e utilitarista; as outras duas — a antropologia e a história — pouco ou nada. A abordagem histórica é empregue exclusiva e conscienciosamente pela história; consideravelmente, mas com hesitação e, muitas vezes, sem um nítido reconhecimento, pela antropologia; como uma subactividade reconhecidamente menor pela economia a a ciência política; nada pela sociologia. O grande lugar vago surge no compartimento científico propriamente dito. A sociologia tem-no proclamado seu há um século, mas pouco fez para o desenvolver. A antropologia deu início a um contributo, mas que está destinado a manter-se pouco notável enquanto a sua preocupação antropológica se mantiver, timidamente, presa unicamente aos primitivos. A história evita deliberadamente entrar num campo que exija uma abordagem científica. A ciência política e a economia estão mais ou menos conscientes da existência do campo, mas foram, até ao momento, impedidas pelos seus antecedentes históricos de se lançarem numa actividade sistemática dentro dele. Afinal, a economia e a política são apenas facetas singulares da sociedade e da cultura e ninguém que se interesse essencialmente pelo problema mais geral e fundamental de saber o que a cultura é, e como actua, quereria limitar as suas operações e estas facetas particulares.

Em resumo, temos até à data, no ataque intelectual ao material sociocultural, as abordagens logística, histórica e prática bem representadas, se bem que irregularmente distribuídas, mas a abordagem científica propriamente dita muito pouco desenvolvida por enquanto. Foi, pois, na qualidade de representação de uma situação que me servi da expressão «A Chamada Ciência Social» para título deste ensaio.

É esclarecedor comparar a situação que prevalece no extremo oposto da série de níveis, o inorgânico, que é próprio da astronomia, geologia, física, química e engenharia. Aqui, foi a abordagem logística que foi posta de parte; mas as outras três abordagens não só estão bem desenvolvidas como estão intimamente coordenadas e inter-relacionadas.

As três abordagens agrupam-se em torno da físico-química básica que lhes serve de eixo comum. Mas existe cooperação interactuante, estimulação mútua e apoio genuíno entre elas. Será difícil pôr em causa, à luz desta história de êxito, que a força da abordagem logística

A CHAMADA CIÊNCIA SOCIAL

constitui um índice de imaturidade das *Wissenschaften* a um dado nível...

Porque razão realizámos até à data tão pouco avanço no sentido de uma física e de uma química da sociedade e da cultura? Muito provavelmente, haverá várias respostas; mas a principal parece ser que a sociedade e a cultura são intrinsecamente difíceis de tratar através de um método científico rigoroso. Os seus dados, tal como os da psicologia, ou mais até do que eles, são uma espécie de epifenómenos em relação aos dos níveis inferiores. [Não que os dados socioculturais careçam de actualidade ou até de uma causalidade própria; mas a sua causalidade específica deve conformar-se com a causalidade mais geral dos níveis inferiores de fenómenos. — 1951.] Não temos, pois, muitos motivos para esperar que alguma vez venha a ser descoberta uma coisa tão simples e básica como, digamos, a lei da gravidade e a tabela periódica nos campos psíquico e superpsíquico.

Não nos deixemos, contudo, ir longe de mais. Há quarenta anos apenas, pouca gente suspeitaria de que uma descoberta de algo tão regularmente repetitivo e fundamental como as leis mendelianas viesse a ser feita no nível orgânico. A analogia, a propósito, tem uma outra implicação pelo facto de, em 1895, as leis básicas da genética, embora não tendo sido ainda descobertas pela ciência, se acharem efectivamente formuladas há trinta anos. É muito possível que já se tenha feito bastante trabalho preliminar na ciência sociocultural propriamente dita para que, quando houver conhecimentos maiores, seja fácil dar um passo organizador decisivo.

É impossível prever de que actividade existente, reconhecida ou não, o pleno desenvolvimento da verdadeira ciência sociocultural emanará... Existe uma possibilidade de vir a verificar-se que esta ciência do futuro é algo de psicológico — talvez uma psicologia «social» ou cultural. Num artigo anterior [cap. 4, 1918] aventei esta mesma sugestão.

Tudo indica que a futura ciência virá provavelmente a ocupar-se mais da cultura do que da sociedade. Afora a maior variedade e riqueza dos fenómenos culturais e a indicação de que a sociedade é mais facilmente interpretada como parte da cultura do que o contrário [cap. 18, séc. V], temos este facto: a psicologia e a biologia humana encontram na cultura, aparentemente, mais material que podem de alguma forma relacionar com os seus do que na sociedade. As influências que incidem na personalidade, por exemplo, ou são outras personalidades individuais ou o conteúdo e forma da cultura ambiente, muito mais do que a estrutura ou organização da sociedade.

Sobre esta questão, porém, ninguém está por enquanto habilitado a falar com muita segurança.

8
CONTEXTO HISTÓRICO, RECONSTITUIÇÃO E INTERPRETAÇÃO
(1938)

Os trechos que se seguem só agora são publicados. Trata-se de excertos de uma série de quatro conferências sobre «O Estudo da Cultura», pronunciadas na Universidade de Chicago, de 7 a 28 de Abril de 1938, com os títulos: I, «Sociedade e Cultura», II, «Historicidade», III, «Interpolação e Extrapolação» e, IV, «Constantes».

I

No que se refere à historicidade ou à abordagem histórica, desejaria apresentar a proposição de que não existem provas concludentes a favor das interpretações que a história faz. Esta afirmação significa que os achados da história não podem nunca ser corroborados por provas, como as provas da ciência natural.

Antes de mais, não se procede ao ensaio ou a interpretações de dados históricos por meio de experimentação. Não é necessário aprofundar este facto básico, mas ele é de importância capital.

Há que observar, neste ponto, uma distinção entre os chamados «factos» históricos e os «achados» ou interpretações históricas. Os factos históricos são com frequência estabelecidos por testemunhas oculares, registos históricos da época, o testemunho das massas e afins. Ninguém duvida de que a independência da América foi declarada em Filadélfia, por Jefferson e mais uns quantos, a 4 de Julho de 1776. Mas tais dados não passam dos factos brutos ou matérias-primas da história. Como actividade intelectual, como tentativa de compreensão, a história tem início apenas quando começa a actuar sobre esses factos por forma a obter achados ou interpretações. É verdade que a narrativa histórica, como tal, deve ater-se aos factos fenomenais. Não pode despojar-se deles nem desviar-se muito deles; mantém-se necessariamente presa a eles, por muito que possa somá-los ou interpretá-los. A interpretação histórica pode ser comparada a uma argamassa que liga os factos ou acontecimentos isolados da história humana e, de *per si,* falhos de sentido, num padrão ou objectivo com sentido... Que faz então o historiador, já que não «prova»? Infere. Infere maiores ou menores probabilidades — probabilidades de facto, de relação, de significado. Toda a sua tarefa, para além da reunião de materiais, é uma judiciosa ponderação de possibilidades e uma selecção e combinação destas no todo ou no padrão mais coerente. Trata-se de um processo de reconstituição progressiva, até a textura total, com todas as suas ramificações e complicações, atingir o enquadramento mais harmonioso possível de todas as suas partes — e, acrescente-se, o enquadramento mais harmonioso para toda a restante história reconstituída... [comparar com o «contexto», no cap. 14].

Todo o trabalho genuinamente histórico é complexo porque visa preservar, tanto quanto possível, a complexidade de acontecimentos individuais que variam interminavelmente, interpretando-os, ao mesmo tempo, em função de um objectivo que possua uma certa coerência de sentido. Se o padrão ou objectivo resultante parece intrinsecamente improvável, com base em todos os outros objectivos históricos, ou por ser óbvio que não integra grandes massas de dados que pertencem ao âmbito do seu período e área, a construção histórica é abalada. Se, pelo contrário, o objectivo é convincente é por causa do seu êxito em revelar a interconexão harmoniosa, directa ou indirecta, do maior número de dados possível...

Santayana, num trecho citado num ensaio lido aqui, em Chicago, em 1936, por Radcliffe-Brown, diz que «factos passados inferidos são mais enganadores do que factos profetizados». Os próprios acontecimentos, com o tempo, encarregam-se de mostrar que o prognosticador se encontra certo ou errado. Ao passo que, diz Santayana, «o historiador, embora seja na realidade tão especulativo como o profeta, pode nunca ser descoberto» ([1]).

Aceito este juízo, na medida em que se refere a factos inferidos do passado que são simplesmente isso e nunca corroboráveis em absoluto. Não aceito a afirmação de Santayana de que, conquanto exista risco de erro na inferência, não há possibilidade de descobrir o erro. Os erros estão constantemente a ser descobertos. Os historiadores estão sempre a desmascarar-se uns aos outros. Também isso faz parte do seu trabalho. E é por isso que a história continua a ser escrita e reescrita.

Acrescente-se que Santayana falava de «uma ciência natural que se ocupa do passado». Incluiria, juntamente com a história humana, a história natural ou biológica, a paleontologia e a geologia, e a astronomia. Chamei algures [cf. cap. 7] a atenção para o facto de, por grande que seja o disfarce devido a técnicas e ajudas especiais da ciência de laboratório, os objectivos fundamentais, as maneiras de tratar a evidência e as limitações destas chamadas ciências «naturais» e da história humana ou cultural serem, não obstante, os mesmos. Se este ponto de vista não é aceite de maneira mais generalizada é porque vivemos numa época que está sob o signo do fetiche da ciência e porque o aparato científico proveitosamente tomado de empréstimo pela biologia, a geologia e a astronomia históricas tem disfarçado, ao olhar apressado, o carácter e propósito essencialmente históricos destas disciplinas. A maioria dos cientistas que têm pensado no que a ciência é reconhece na biologia, geologia e astronomia «sistemáticas» uma natureza histórica. Por isso, se o historiador humano não pudesse ser descoberto, tão-pouco o poderiam ser o historiador filogenético e o geólogo, ou o astrónomo que defende opiniões sobre a história do sistema solar.

Mais um ponto genérico. A verdadeira abordagem histórica nunca resulta num esquema ou numa fórmula. As fórmulas são o produto legítimo do bom método científico. No estudo histórico são sinal de ingenuidade — ou, ocasionalmente, de um cientista mal orientado, que tenta aplicar o seu método a problemas sem resolução. Não é preciso dizer mais para explicar esta afirmação aparentemente dogmática, pois todos os historiadores de prestígio a subscreverão.

Com a fórmula cai também a origem. Na história idónea não há uma «origem» fundamental, nem definitiva, de nada [cap. 1]. Há origens, no sentido de estádios incipientes e, além destes, influências mais remotas. «A origem» de qualquer movimento ou instituição, no sentido rigoroso do termo, não é uma concepção válida. Um bom historiador não chega a colocar a questão. Violaria os seus dois axiomas fundamentais, a saber: a unicidade de todos os fenómenos históricos e a continuidade ou unidade da história. Procurar «a origem» do cristianismo, do sistema de castas hindu ou do clã unilateral é, em si, uma conduta errónea. É simplista e emotiva. A palavra «origem», historicamente, só é permissível como símbolo estenográfico, uma referência coloquial a um conjunto de processos ou acontecimentos que se sabe serem complexos e não unitários.

A haver um conjunto qualquer de instituições com uma origem unitária precisa, particular, definível, seria o das grandes religiões cosmopolitas com fundadores pessoais: o budismo, o cristianismo, o maometismo. Se o cristianismo tem «uma origem» há-de ser a personalidade de Jesus. Seria esta a resposta do leigo e talvez a dos cientistas, que depressa se tornam leigos para lá dos confins da sua ciência. Mas para o historiador o problema é apenas revelado, e não resolvido, por qualquer resposta deste tipo. Quais as influências a que Jesus esteve sujeito? E os seus contemporâneos? Quais os paralelos parciais às suas crenças e actos que aparecem nas gerações imediatamente anteriores na Síria, no Egipto, na Pérsia? E em séculos mais remotos? O que foi acrescentado ao contributo pessoal de Jesus no século que se seguiu à nova religião, no segundo, no terceiro e nos outros séculos? Não é preciso aprofundar esta questão. A suposta «origem» não é mais do que o ponto de partida de uma vasta série de investigações, com respostas altamente intrincadas, que nunca serão fornecidas numa forma final...

II

Por contraste com a história idónea, gostaria de citar um exemplo de má história.

Há alguns anos, um estudioso de línguas, topando com o campo dos nomes vernáculos para o tabaco, empenhou-se na opinião de que alguns dos nomes índios americanos para o tabaco se assemelhavam a alguns outros africanos e árabes, e que estes eram anteriores. Daqui passou à asserção de que o tabaco e o hábito de fumar foram introduzidos na América vindos de África; e, finalmente, chegou à conclusão de que muito do remanescente da cultura americana geralmente considerada pré-histórica — caso das estatuetas de cerâmica teotihuacanas e das elevações tumulares do vale do Mississipi — não só era de origem africana como pós-colombiana. Sobre esta tese escreveu alguns volumes cheios de citações de evidência. Mais ninguém partilha a opinião dele. Não tenho conhecimento de um único antropólogo que a considere, sequer, possivelmente verdadeira, com todos os seus achados. No que se refere à idoneidade, não vale a pena considerar o trabalho. Mas vale a pena inquirir, à guisa de exemplo, em que consiste o seu infundado.

O autor ocupa-se do género habitual de evidência: linguística, documental, arqueológica, etc. Possui centenas de páginas deste tipo de evidência; ela provém de uma enorme extensão de fontes e revela portanto erudição; e a um não americano pode parecer tão impressionante como, por exemplo, os testemunhos a favor de uma reconstituição da história pré-colombiana do milho ou da metalurgia. Mas está em contradição directa com algumas persistentes massas de factos, tais como a presença de cachimbos em centenas de localidades pré-históricas americanas, isentas de qualquer dose de artefactos provenientes do Velho Mundo. Tais massas de factos ou são ignoradas ou explicadas superficialmente pelo autor; mas as explicações requerem cada vez mais engenho. Não é o que se passa com a história inferencial da cultura do milho ou do trabalho em metal. Em segundo lugar, o proponente da teoria da origem africana é levado, nas suas explicações, a estabelecer numerosas teorias subordinadas: por exemplo, que os índios do St. Lawrence, no começo do século XVI, mantinham um comércio activo e sistemático em frutos tropicais e afins com os europeus no golfo do México, o que vai ainda contra todo o conhecimento aceite por historiadores e antropólogos.

Em resumo, o autor de uma tese desta natureza serve-se do mesmo género de evidência que um historiador idóneo, mas faz mau uso dela. Escolhe uma posição e manipula depois a evidência por forma a apoiá--lo, deixando geralmente de fora grandes quantidades dela que não é possível manipular. Os fenómenos são, pois, na sua maioria, tirados do seu contexto de ocorrência fenomenal. O historiador idóneo, pelo contrário, respeita basicamente o contexto da ocorrência fenomenal. Não parte de uma tese específica; pode, pois, deixar que os factos, ou a pre-ponderância do seu curso, o levem às suas conclusões. Se o curso dos factos é pouco nítido ou flutuante pode dizê-lo, porque não está deter-minado a atingir uma meta particular. Ele nunca força os factos; são antes os factos que forçam as conclusões a que chega.

Existe, com efeito, uma certa analogia entre um trabalho histórico grosseiramente infundado e um sistema de delírio paranóide. Em ambas as coisas temos o início — e o termo — com uma ideia específica cuja fonte parece fortuita ou obscura. Em ambas as coisas vemos uma ideia apoderando-se cada vez mais do processo de pensamento e alastrando obsessivamente para áreas cada vez maiores. O raciocínio, num dado ponto, é arguto e pode parecer plausível. O seu carácter monomaníaco torna-se evidente através do facto de todos os fenómenos examinados serem absorvidos pelo sistema. Na natureza, no mundo da realidade, isso não acontece. A natureza é demasiado complexa, contraditória, incerta e irracional. O homem são mantém-se mais ou menos aberto a toda a experiência. Mede a sua área problemática, procurando ajustá-la a esta totalidade. Para o paranóico, ou vítima de delírio, o problema converteu-se numa atitude fixa à qual é dada prioridade e o resto da experiência é ajustado o melhor possível à volta dessa atitude, ou é ignorado.

Algo de semelhante a esta diferença entre o homem normal e o de inclinações paranóicas é a diferença entre o bom e o mau historiador. O pouco idóneo tem uma tese, algo a provar, uma proposição particular a advogar. Um trabalho idóneo mostra não só que se pesaram as possibilidades mas que elas não são necessariamente exclusivas. Não existe, a não ser por vezes como correcção de um anterior desequilíbrio, um ponto específico estabelecido, mas uma grande massa de fenómenos é disposta num padrão que nos surge como equilibrado, precisamente por não ser demasiado simples, mas possuir, não obstante, coerência interna juntamente com significado.

A história de Tucídides tem valor — isto é, está cheia de perspicácia e sentido — precisamente por não poder ser formulada numa proposição. Inversamente, a *História da Sociedade Melanésia*, de Rivers, um cientista invulgarmente competente, não tem quase valor nenhum e é essencialmente fantástica como história, porque pode ser reduzida a uma fórmula ou proposição...

III

Resta considerar a questão das lacunas ou hiatos históricos no conhecimento. É sabido que, entre os historiadores profissionais, a perícia é medida não só pela capacidade de descobrir relações como pela capacidade de preencher lacunas, de construir pontes convincentes por sobre os hiatos, os trechos onde faltam dados. Ora, poder-se-ia argumentar — na realidade, isso tem sido feito — que isto faz, com efeito, parte da tarefa do historiador, mas que, no essencial, se lhe deparam mais factos do que hiatos, ao passo que ao antropólogo, que geralmente não tem arquivos, se deparam muito mais hiatos do que factos, quando tenta desenvolver uma interpretação histórica. Metaforicamente, segundo este ponto de vista, o historiador seria uma espécie de engenheiro que, ao construir uma estrada, tivesse de edificar de quando em vez uma ponte sobre um rio; mas o etnólogo seria um fantasista, sonhando com pontes imaginárias entre ilhas esporádicas, num mar imenso. Ou então, numa linguagem mais técnica e menos metafórica, poder-se-ia entender que o historiador que trabalha com arquivos acha ocasionalmente necessário interpolar e o etnólogo se ocupa essencialmente com a extrapolação.

Conquanto reconheça à partida existir considerável diferença relativa ou quantitativa na plenitude dos dados, faltaria demonstrar que esta diferença é significativa no que toca ao método ou à abordagem, para que o ponto de vista acima descrito mostrasse a sua força. Há várias considerações que vão contra tal diferença significativa, e passarei a desenvolver uma delas.

A amplitude das lacunas que se verificam na história ortodoxa é grandemente subestimada pelos leigos. Os historiadores, como acontece com toda a gente, estão mais empenhados em relatar o que sabem ou pensam ter descoberto do que o que não sabem. A sua ocupação habitual consiste em contar uma história e não em deplorar a sua ignorância, nem em ponderar, demoradamente, possibilidades alternativas. O seu comboio corre, pois, suavemente sem que o passageiro leigo se aperceba, senão vagamente, de atravessar um monte, um aterro ou uma ponte...

A ilustrar esta posição, gostaria de analisar resumidamente um problema específico relativo à história documental.

O exemplo refere-se à origem da cidade medieval tal como é delineada por Carl Stephenson no livro editado por Rice em 1931, intitulado *Methods in Social Science*.

No começo do século XIX, os historiadores afirmavam que as cidades medievais eram permanências das municipalidades romanas. Em 1831 Wilde derivava-as das guildas. Em 1854 Arnold expunha a opinião de que as cidades medievais haviam surgido de agrupamentos de homens livres em torno de um bispo, em cujos privilégios de imunidade participavam. Cinco anos depois, Nitzsch advogava a opinião contrária, da origem a partir de uma comunidade servil, sob a jurisdição senhorial de um grande proprietário de terras. Em 1869 Maurer acrescentava uma nova interpretação: a cidade era uma variante especial da marca, a aldeia autónoma que era a unidade primeva da sociedade teutónica. Pouco depois, Sohm realçava o carácter mercantil das cidades, derivando-as dos mercados. A partir de 1887, Von Below, aceitando embora a interpretação da marca ou *Landgemeinde* quanto às origens, remontava o desenvolvimento efectivo das cidades a quatro factores: os mercados, o muramento, a individualidade jurisdicional e a dispensa de certas responsabilidades políticas, como o lançamento de impostos e o serviço militar. Estas quatro características, sustentava, eram economicamente determinadas e, depois, legalmente validadas.

De 1893/95 em diante, Pirenne desenvolveu o ponto de vista de que o núcleo da cidade medieval era uma colónia de mercadores, geralmente um bairro fortificado com uma paliçada, adjacente a um castelo ou abadia, de situação favorável ao comércio na altura em que este começou a reviver. Independentemente, e mais ou menos na mesma época, de 1894 a 1897, Rietschel desenvolveu, para as cidades alemãs, uma interpretação muito semelhante à que Pirenne desenvolvera para as belgas. Contemporaneamente, em 1894, Keutgen adoptava uma posição oposta: originalmente uma comuna rural, a cidade tornava-se cidade quando recebia proclamação régia de paz; a sua identidade era estabelecida pelo reconhecimento legal de um privilégio militar, e não comercial. Em 1915, Von Below aceitava a interpretação de Rietschel para os últimos estádios das origens das cidades, mantendo ao mesmo tempo o conceito de marca como fundamental para os estádios incipientes.

Em Inglaterra, a visão de Maurer/Von Below da origem na marca, na aldeia ou na municipalidade foi adoptada por Stubbs até 1903 e por Vinogradoff em 1905; mas Maitland, em 1897, defendia uma explicação do tipo fortaleza, semelhante à de Keutgen. Em França, Luchaire, em 1890, caracterizou a comuna ou cidade como uma *seigneurie collective* de origem desconhecida. Giry e Reville, em 1893, sublinharam os factores económicos, sem chegar às interpretações específicas de Pirenne. Contudo, Bourguin, em 1903, inclinou-se para a doutrina de Maurer/Von Below da importância fundamental da marca. Halphen, em 1911, e Coville, em 1928, pelo contrário, endossam a opinião de Pirenne.

É tudo quanto ao sumário do exame analítico de Stephenson, escrito como contributo de um historiador a propósito de um método histórico aplicado num caso concreto. Examinemos as implicações.

Em primeiro lugar, estamos perante os resultados a que chegaram historiadores profissionais e reconhecidamente eminentes, trabalhando com materiais documentais que se ocupavam de aspectos da nossa cultura no último milhar de anos. Se isto não é história, no sentido mais rigoroso, não existe história. A seguir, não há aqui, a não ser ocasionalmente, de quando em quando, uma narrativa analista, um simples encadeamento de coisas ou acontecimentos, uma preocupação primária com as datas enquanto datas. Todas as características falsamente assustadoras de que os que ignoram a história ou não são capazes de a compreender, lhe investem estão ausentes. Temos, em vez delas, como produto final, uma série de formulações ou interpretações de padrões quanto à natureza e crescimento de uma instituição. E estas interpretações não são mais que reconstituições — sublinho a palavra: reconstituições. Temos cinco ou seis delas neste único corpo de material, mais uma dúzia de variantes e combinações. Nem uma só é final; nem uma pode ser provada, no sentido daquilo que constitui prova na matemática ou na ciência experimental [cap. 5, §§ 3-6; cap. 6, §§ 5-9].

Ora, em que difere esta situação, a não ser em pormenor, de um problema típico de etnologia, por exemplo quanto à história dos clãs na primitiva América do Norte? Creio que temos de admitir que não difere em objectivo, princípio, ou método. É natural que um etnólogo julgue que os clãs se originaram no continente uma vez, outro duas vezes, outro ainda que surgiram quatro ou cinco vezes separadas. Um acha difícil acreditar que um clã materno se possa transformar num clã paterno, ou vice-versa; um segundo vê em ambos apenas aspectos subsidiários coordenados de ascendência unilateral; um terceiro procura evidência indirecta da transformação de um no outro. Os pontos de vista não são mais conflituosos do que os que se referem à cidade medieval, em que as autoridades divergem quanto à questão de os fundadores serem servis ou livres; se foi o clero ou a nobreza que serviu de ponto principal de reunião; quais os factores mais determinativos, se os económicos se os político-jurídicos; se a origem reside na vida comunitária agrária, se na política régia, em mercados rurais abertos, ou em grupos de mercadores defendidos por paliçadas.

As primeiras reconstituições da cidade medieval e da sua história tendiam a ser simplistas e a resolver o problema convenientemente, mas de maneira um tanto ou quanto improvisada, explicando o que era parcialmente conhecido em função de algo antecedente, mas, por vezes, ainda menos conhecido. As últimas reconstituições evitam geralmente esta armadilha e são, no seu todo, mais complexas — pesam mais factores. A mesma mudança é perceptível no progresso da etnologia. Finalmente, em cada um dos casos, as reconstituições têm a natureza de padrões: qual o padrão essencial de um complexo institucional num dado momento e de que modo esses padrões sucessivos se transformaram noutros. Subjacente a estas determinações de padrões está uma tipologia de elementos-padrão: de que modo, num caso, a marca, a guilda, o mercado, o burgo, devem ser concebidos; o clã, as metades *, o totem, o *calpulli,* no outro.

Em comparação com estes paralelos, as diferenças de técnica são externas. A distribuição geográfica de um fenómeno de clã e uma referência em pergaminho, do século XII, a uma municipalidade, constituem ambas testemunho. A crença numa maior validade ou veracidade factual de um testemunho, por provir de um arquivo, é puro fetichismo. No essencial, é também o fetichismo do leigo e não do historiador.

Os objectivos, as condutas e o tipo de resultados nestes dois casos e na maioria dos casos na história e na etnologia são, segundo a minha apreciação, essencialmente semelhantes e intimamente semelhantes.

NOTAS

[1] *The Life of Reason,* V (1906), 50.

---

* *Moieties* no original. Trata-se de uma forma de organização social frequente em certas zonas da América do Norte e do Sul, em algumas ilhas da Polinésia e na Austrália (mas igualmente presente noutras regiões do globo), em que a sociedade é dividida em duas partes complementares, divisão essa que, por vezes, está relacionada com um dualismo mais vasto, referente aos fenómenos da natureza e do cosmos. (*N. do T.*)

9

ESTRUTURA, FUNÇÃO E MODELO EM BIOLOGIA E ANTROPOLOGIA

(1943)

Este ensaio retoma a comparação biológica iniciada nos caps. 2 e 5, mas leva a argumentação mais longe. Laborando nas distribuições, convergências, reconstituições e relacionamento baseados na estrutura total, tal como já foi discutida nos caps. 5 e 8, dá especial relevo ao padrão. Trata-se de um conceito que tem ganho força nos estudos de cultura mais recentes, mas há muito mais tempo que é utilizado em biologia.

Os conceitos relativos aos aspectos de estrutura e função são bem conhecidos em biologia. Propomo-nos examinar aqui até que ponto os dois conceitos podem e não podem ser devidamente aplicados em antropologia.

Os termos estrutura e função são consideravelmente utilizados em antropologia, mas com um sentido variável. Em especial, a função tem sido empregue em tantos sentidos, e tão ambíguos, que alguns antropólogos culturais, com Milke, advogam o seu abandono. Linton, pelo contrário, tentou distinguir a forma, sentido, emprego e função dos fenómenos culturais. A estrutura tem, por vezes, o seu sentido habitual, como quando falamos da estrutura de uma canoa. Por vezes dá destaque à forma; por vezes à organização, como na expressão «estrutura social», que tende a substituir «organização social».

No fundo, parece que, em biologia, quando as estruturas dos organismos foram suficientemente analisadas, caem dentro de certos padrões. Estes padrões agrupam ou classificam os organismos e os que mostram o mesmo padrão são considerados não apenas semelhantes mas aparentados — isto é, ligados por ascendência. Em resumo, um dos significados de estrutura é o que fornece classificação por padrão, que, por seu turno, tem significado genético ou «evolucionário» — por outras palavras, significado histórico. Claro que não é este o único significado de que a biologia se ocupa: a biologia fisiológica ocupa-se do processo — da inter-relação directa de estruturas específicas com funções específicas, tal como existem, sem investigar de que modo surgiram. Contudo, em biologia histórica — na morfologia comparativa, na sistemática, na paleontologia, parcialmente na genética — as operações processam-se, explícita ou implicitamente, em termos de padrões básicos com profundidade histórica.

Assim, o padrão de dentição dos mamíferos placentários é de 44 dentes: três incisivos, um canino, quatro premolares, três molares, de cada lado de cada maxilar; e este padrão — embora possa ser reduzido e muito modificado por especialização de feitio — não é violado a não ser no caso de algumas antigas linhas de organismos, como os cetáceos e os desdentados, cuja estrutura total, bem como o funcionamento total, se acha altamente modificada. O padrão dos vertebrados, pelo menos acima dos peixes, proporciona um par de membros em cada extremidade do tronco.

Também quando se obtém uma função alterada, como voar, é por conversão de um par de patas em asas. Nos morcegos e em certos répteis antigos a superfície de voo da asa é suportada por uma especialização da estrutura digital. Nas aves e em alguns outros répteis a asa é suportada nos ossos pesados mais próximos do membro, com perda das suas partes digitais. Mas em caso algum um vertebrado adquiriu o voo sem ser por conversão funcional — e estrutural — de um dos pares de membros que serviam geral e originalmente a locomoção terrestre ou aquática. Isto está em contraste com os insectos, cujo padrão básico inclui três segmentos torácicos, cada um com um par de patas articuladas e dois deles igualmente com asas. Um insecto, por conseguinte, voa sem se desfazer de qualquer das suas patas, por conversão.

Por arraigado que este padrão dos insectos seja — e ele tem uma antiguidade geológica —, não é absolutamente básico. Os outros artrópodes são desprovidos de asas mas possuem mais de seis patas nos seus padrões: as aranhas oito, os caranguejos dez, outros crustáceos, escorpiões e centopeias ainda mais; mas sempre com um único par de segmento. O padrão dos insectos representa, pois, uma importante modificação de um padrão ainda mais ancestral.

A ideia de padrão básico não está ausente na antropologia. Sapir articulou-a de modo bastante claro. A linguagem é a parte da cultura que se presta mais particularmente ao reconhecimento de padrões, uma vez que a sua precisão de forma facilita a análise. Contudo, como conceito ou ferramenta, o padrão básico tem sido, na antropologia, muito menos utilizado e formulado de modo menos claro do que na biologia. Uma das razões é que, na cultura, a força tremendamente conservadora da hereditariedade orgânica não se faz sentir; pelo menos, não é obviamente o factor actuante, directo ou imediato. Os factores culturais tendem, por isso, a ter uma duração relativamente curta: podemos remontá-los a alguns milhares de anos, mas não a muitos milhões. Além disso, culturas amplamente divergentes podem hibridizar-se e fazem-no; os organismos podem-no, somente, dentro de limites muito estreitos de relacionamento e ascendência. Não existe nada no domínio biológico comparável à fusão das civilizações heleno-romana e asiática para produzir as civilizações cristãs; ou da cultura sino-japonesa e da ocidental no Japão, desde 1868. A árvore da vida ramifica-se incessantemente e não faz nada de fundamental senão ramificar-se, se exceptuarmos o fenecer dos ramos. A árvore da história humana, pelo contrário, está constantemente a ramificar-se e, ao mesmo tempo, a recompor os seus ramos. O seu plano é, pois, muito mais complexo e difícil de seguir. Até mesmo os seus padrões básicos podem, até certo ponto, fundir-se, o que é contrário a toda a experiência no domínio meramente orgânico, em que os padrões são virtualmente irreversíveis, na mesma medida em que são fundamentais.

No entanto, dada a relativa mutabilidade, plasticidade e fusibilidade essenciais de todos os padrões da história humana, não restam dúvidas de que existem padrões culturais que são mais básicos ou primários e, na totalidade, mais antigos, e outros que são mais superficiais, secundários e transitórios. É evidente que, se queremos delinear a história da civilização humana — especialmente nas suas fases pré--letradas e, por conseguinte, pré-históricas — é da maior importância reconhecer os padrões básicos e distingui-los das suas modificações secundárias. Parece-me que a antropologia mais antiga — Tylor, por exemplo — fez uma tentativa deliberada neste sentido. Falhou, pelo menos em larga medida, por causa de várias deficiências, relacionadas entre si. Por vezes colocava um denominador comum em lugar de um verdadeiro padrão. Também sintetizava prematuramente, por meio de formulações como animismo, magia e totemismo, que são, com efeito, em parte padrão básico, mas apenas em parte denominador comum. E, finalmente, olvidava que toda a história registada era uma série de acontecimentos objectivamente únicos, cujo significado mais importante reside na sua organização em padrões distintivos e não em fórmulas mal definidas ou em denominadores generalizados — e que é muito provável que o mesmo se aplique à parte pré-histórica e primitiva da história humana. É certo que também empregamos a palavra «fórmula» para a dentição dos mamíferos. Mas a fórmula dentária dos mamíferos é quantitativa; é inteiramente precisa; é altamente distinta — na realidade, única; e tem, tanto quanto a totalidade do nosso conhecimento nos permite julgar, autêntica profundidade e significado históricos. Em contraste com isto, uma formulação como o animismo ou o totemismo não possui nenhuma destas qualidades, a não ser profundidade histórica, e esta pode vir a mostrar-se um denominador acidental; nem mesmo o significado histórico é muito certo, especialmente em relação ao totemismo. Atendendo a que os padrões relativamente mutáveis da cultura são mais difíceis de desenredar do que os padrões relativamente estáveis da vida, a primitiva antropologia, conquanto se encaminhasse numa direcção acertada, fez uma síntese superficial e prematura — talvez, precisamente, por causa da sua imaturidade como ramo de estudo.

A necessidade de uma análise mais exacta e profunda foi reconhecida no estádio seguinte da nossa ciência; mas, com ela, os impulsos sintéticos esmoreceram. Desenvolveu-se uma sadia desconfiança das formulações indistintas da geração anterior. Se delas nos servíamos, era por necessidade; eram muletas, tinham deixado de ser metas a alcançar. Deliciávamo-nos com a descoberta da rica diversidade de formas que a cultura assumia. Analisávamos com o mesmo cuidado de um historiador mas abstivemo-nos, durante algum tempo, de fazer história, de sondar em busca da profundidade do tempo e de sequências relativas. Tínhamos reservas em relação ao tipo de achados que os nossos predecessores consideravam históricos, ou um equivalente dos achados históricos; mas não tínhamos ainda atingido o conceito do padrão, básico, como ferramenta inevitavelmente portadora de implicação histórica, se não mesmo de significação directa.

No estádio actual da antropologia há duas correntes que se dirigem em sentidos opostos. Primeiro, verifica-se um retomar do interesse histórico: a análise prossegue a partir do estádio anterior, mas está a ser utilizada de maneira mais ousada, para objectivos históricos construtivos, com um reconhecimento cada vez maior do valor do método do padrão básico. Importa recordar que esta abordagem não é totalmente fenomenológica e antidinâmica. Afinal, assim como um padrão é básico também é determinativo das suas modificações — fixa o quadro dentro do qual a mudança pode ter lugar; é um dos factores que produzem, em conjunto, o que acontece. A acusação, por vezes levantada, de que a história não passa de uma série de factos, sem organização a não ser da sua ordem no tempo e sem significado a não ser em si mesmos, prova apenas uma coisa: que os que pensam assim têm, por uma excessiva preocupação com outros interesses, uma cegueira relativamente à abordagem histórica, quer em biologia quer em assuntos humanos, e não são capazes de reconhecer as significações que se prendem inevitavelmente com as organizações de padrões.

A outra corrente da antropologia contemporânea visa uma espécie de fisiologia da cultura e da sociedade. Ocupa-se em desenredar o processo, em desvendar a dinâmica. Compreende aqueles que aceitam a designação de funcionalistas e os de tendência semelhante, que insistem em trabalhar com os fenómenos actuais e têm pouca consideração pelo passado. Esperam passar directamente do contemporâneo para a generalização, quiçá para universais. É verdade que o conhecimento de fenómenos vivos é, inevitavelmente, capaz de ser mais completo do que o conhecimento de fenómenos anteriores. Uma «fisiologia» dos fenómenos culturais e sociais é presumivelmente

ESTRUTURA, FUNÇÃO E MODELO EM BIOLOGIA E ANTROPOLOGIA

possível e seria decerto extremamente importante. O perigo está em confundir uma meta com uma consecução. O grande público não está consciente do facto de que, na fisiologia biológica, a experimentação selectiva com controlo é a essência do método, mas de que, na fisiologia social, só a selecção é principalmente possível estando a experimentação e o controlo ainda por planear, se é que virão a ser planeados algum dia. Ao focar-se no contemporâneo, também a perspectiva temporal se desvanece e, com ela, a melhor oportunidade de reconhecer os padrões fundamentais envolvidos. Com efeito, a área de que há uma consciência imediata, em estudos de mudança cultural e social contemporânea, parecer-nos-ia ser a das modificações especiais que têm lugar no momento, ao passo que a consciência dos traços estruturais mais duradouros e básicos tende a perder-se de vista — tanto para os que desejam promover mudança como para os que estão interessados em estudá-la. Não é, pois, por acaso que Malinowski confessava um preconceito anti-histórico; que Radcliffe-Brown aceita a abordagem histórica, mas limita-a a dados documentados e cita, como exemplos seus de antropologia histórica, principalmente os precursores de Tylor; e que Warner se esquiva à disputa mas, na realidade, considera apenas antecedentes recentes, e esses, essencialmente, para realçar o contraste do fundo.

Todos os funcionalistas dão uma ênfase invulgar à integração. Isto, ou equivale a tornar explícito o que sempre fora tomado por ponto assente ou, levado ao auge, chega a elevar a integração a um princípio final — o que abafa, por essa razão, posterior investigação. É como se os fisiólogos proclamassem como seu achado essencial: vejam como o corpo humano se mantém coeso! Vejam como funciona harmoniosamente!

Claro que não há nenhuma disputa válida cujo interesse primário incida na função, no que respeita ao campo sociocultural, desde que esse interesse se não estenda a um dogma ou panaceia de superioridade. É tão parcial e, em última análise, estéril preocuparmo-nos exclusivamente com a estrutura como com a função. Há muito que a biologia aprendeu isto e a antropologia terá que aprendê-lo igualmente.

Um conceito partilhado pela biologia e a antropologia é o de convergência — por exemplo, o olho pseudovertebrado, bico e espinha dorsal do molusco choco. Árvores e mesmo vinhas têm-se originado, repetidas vezes, independentemente umas das outras, em famílias separadas de plantas; o mesmo acontece com o hábito de os órgãos sexuais masculinos e femininos serem produzidos separadamente — alternadamente — por diferentes indivíduos vegetais. As cobras movimentam-se como os vermes e as baleias nadam como os peixes. O voo foi alcançado separadamente por insectos, répteis, aves e os morcegos mamíferos, para não falar do homem, se transcendermos o nível orgânico. Uma socialização quase exactamente paralela foi alcançada pelas térmites, que descendem do ramo das baratas, e pelas formigas, que são himenópteros. Existem milhares de casos, alguns deles altamente especiais, como o das armaduras dianteiras córneas com que o acesso à toca é bloqueado, tanto por certos sapos como por algumas castas guerreiras das térmites.

Ora, o que é característico de todas as verdadeiras convergências orgânicas é o facto de serem análogas e não homólogas. Existe uma semelhança de função, mas uma dissemelhança de estrutura. A dissemelhança é vulgar mesmo no órgão ou órgãos convergentes, invariavelmente presente na estrutura total dos organismos. Em resumo, é por padrões básicos diferirem que a semelhança é convergente. As histórias são distintas, os resultados secundários são parecidos, em especial no tocante a função, uso e comportamento, se bem que os resultados parecidos não tenham de ser superficiais, nem triviais — com efeito, podem ser acompanhados de modificações penetrantes do organismo.

Conquanto tenhamos reconhecido há muito a convergência na antropologia, temos tendido a tratar, principalmente, de casos específicos limitados, em que não era muito difícil produzir provas razoáveis. É provável que tenhamos estado demasiado inseguros quanto à existência de uma estrutura de padrões fundamentais no campo proteico da história humana, para nos aventurarmos a classificar fenómenos maiores, correspondentes a hábito arbóreo, voo, reptação, socialização, quer como convergências quer como persistências de padrões históricas. Trata-se, por certo, de uma questão em que a antropologia está atrasada. Mas é evidente que o progresso pode seguir-se apenas na medida em que apreendermos a dissociar os padrões em padrões básicos e em padrões derivativos ou modificatórios. Isto há-de ser, de certeza, mais difícil no campo da cultura do que foi no da biologia, mas os precedentes devem encorajar pelo menos a tentativa.

Há um facto que pode ajudar. As convergências orgânicas nem sempre envolvem fortemente a função, mas as suas semelhanças são facilmente reconhecidas; a observação leiga e a observação do simples bom-senso bastam para reconhecer árvores, voo, socialização e coisas afins.

Isto sugere que fenómenos de cultura frequentemente recorrentes e há muito reconhecidos serão, provavelmente, aqueles entre os quais as nossas amplas convergências se encontrarão. Como exemplos poderíamos mencionar o clã, o totemismo, o casamento entre primos, o tabu da sogra, o *potlach,* o feudalismo. No que se refere a vários destes, há algum tempo têm sido advogadas causas e origens múltiplas em bases específicas. Outros exemplos possíveis são o tabu, o sacrifício, a monarquia, a urbanização, a escrita, a navegação, as sociedades secretas.

ESTRUTURA, FUNÇÃO E MODELO EM BIOLOGIA E ANTROPOLOGIA

Quando era garoto, veio-me parar às mãos uma história natural popular, provavelmente reeditada a partir de um original já com várias gerações, que classificava os animais em *Schalthiere,* caso dos mexilhões, lagostas, tartarugas e armadilhos, que tinham conchas; *Kriechthiere,* que incluíam vermes e cobras, que rastejavam, etc. O que espanta é que semelhante obra se encontrasse ainda em circulação chegando ao lar e às mãos de quem quer que tivesse nascido no último quartel do século XIX. A classificação é lógica, ingénua e essencialmente funcional. É verdade que as conchas, nominalmente, designam uma estrutura, mas a sua semelhança real está limitada à sua função protectora e defensiva. Aparentemente, é da função que a mente pré-científica se apodera primeiro. A análise da estrutura surge depois, porque as suas implicações, as suas significações resultantes não saltam à vista — a sua investigação tende a passar, a princípio, por perda de tempo arqueológica e sem qualquer objectivo.

Ora, temos feito bastante análise em antropologia para ter boas razões para crer que os fenómenos recorrentes a que chamamos, indiscriminadamente, feudalismo, clãs, casamento entre primos, etc., têm origens poligenéticas; e, com isso, a inferência é de que se trata, apenas, de padrões derivativos e não básicos. Parece que o melhor a fazer seria evitar esta inferência mais explicitamente e, ao mesmo tempo, procurar com maior rigor padrões que sejam básicos. Isso não é tão fácil como na biologia, onde podemos, pelo menos, começar por colocar um espécime sobre a mesa e golpeá-lo com uma faca e ir buscar depois o microscópio e os reagentes, quando necessários. Se a nossa busca fosse tão simples como isso, os antropólogos teriam ido já mais longe do que foram. Mas, dadas as dificuldades, teremos, não obstante, tentado o mais afincadamente possível?

Há duas diligências indispensáveis nesta busca de padrões básicos: análise e comparação. As análises fazemo-las bem. Há uns quarenta ou cinquenta anos que tem sido produzido um número cada vez maior de estudos analíticos monográficos sobre culturas tribais, suficientemente minuciosos em muitos casos, nem sempre inspirados, mas, no essencial, competentes e úteis. É na comparação que estamos atrasados, talvez por um medo descabido de que todo o trabalho genericamente comparativo venha a sofrer o estigma das antigas comparações, que se destinavam francamente a descobrir universais. Quando os antropólogos modernos fazem estudos comparativos de vasto âmbito, estes tendem a limitar-se a coisas como o propulsor ou candeeiros a petróleo, em vez de versarem culturas ou sistemas inteiros. E em tudo isto há, manifestamente, uma falta de coragem para atacar problemas que podiam ser rotulados de construtivamente históricos. Mas havemos de nos deixar dissuadir para sempre, pelo facto de terem existido, outrora, especuladores simplistas que construíram pseudo--histórias?

Há um critério que ajudará. Com um padrão básico válido, as suas variadas manifestações mostram uma correspondência ponto por ponto. Não que todo o mamífero placentário deva ter 44 dentes de quatro feitios; mas os dentes que tiver devem corresponder a dentes particulares dos 44; e, sendo assim, quanto maior for a sua modificação em relação ao feitio geral ou original — como as presas incisivas do elefante e os molares sucessivos —, mais interessantes serão o seu corte, adaptação e história. Com efeito, em linguística comparativa, que é linguística histórica ao tratar-se do indo-europeu, do semita, do bantu, esta insistência na correspondência ponto por ponto logrou tornar-se um princípio essencial de método. A história da cultura é, sem dúvida, mais difícil; mas temos todas as razões para crer que o princípio se aplica.

Talvez seja altura de citar alguns exemplos de padrões básicos na cultura. São, como é evidente, mais certos em casos em que as culturas estão documentadas há um período considerável. O monoteísmo hebraico-cristão-maometano parece uma boa ilustração — e rica, se nos lembrarmos de todas as suas diversificações em religiões, igrejas e seitas. Sabemos que as três «religiões» estão historicamente ligadas — são como produtos umas das outras. Podemos igualmente definir o padrão: uma divindade única de poder ilimitado, excluindo todas as outras, a não ser derivados declarados, e proclamada por ser humano particular, inspirado pela divindade. Se colocarmos em contraste com esta as divindades supremas de outras religiões, filosóficas e primitivas, verificamos que lhes falta invariavelmente um ou mais dos traços característicos — geralmente em número de três. Estas outras divindades supremas constituem, por isso, apenas convergências análogas.

Um outro exemplo é o alfabeto, separado de outros métodos de escrita. Toda a escrita alfabética — isto é, símbolos gráficos que denotam os mais pequenos elementos acústicos da fala, mas sem outro tipo de símbolos — difundiu-se, a partir de uma origem única, pelo ocidente asiático, há cerca de três mil anos. E existe uma correspondência ponto por ponto em todas as múltiplas variedades de alfabetos. *Aleph, beth, gimel, daleth* correspondem a alfa, beta, gama, delta e a A, B, C, D. Quando há mudanças de forma de letra, do seu valor sonoro ou da sua posição, podem ser explicadas, pelo menos na maioria dos casos, e conduzir-nos ao padrão original. Por exemplo, sabemos porquê, como e quando o C passou a substituir o G como terceira letra na nossa forma do alfabeto, e quando foi acrescentado o W.

Semelhante padrão, ou o nosso padrão monoteísta, é, na realidade, um sistema que cruza as culturas e não é privilégio de nenhuma cultura particular. É possível que o mesmo seja verdadeiro, de maneira geral, de todas as associações ou complexos de fenómenos culturais que se enquadram em padrões básicos. Representam invenções puras, ou uma série de invenções, mais ou menos correspondentes a mutações, ou séries de mutações, na natureza orgânica. A palavra «mutação» não é aqui empregue em nenhum dos sentidos específicos que possa ter em genética, como referência a um mecanismo particular, mas como um rótulo genérico para indicar qualquer mudança radical, drástica ou significativa no tipo hereditário.

Por contraste, sistemas de escrita como o egípcio, o cuneiforme ou o chinês não partilham qualquer correspondência ponto por ponto, nem com o alfabeto nem uns com os outros — nem na forma, nem no valor, nem na ordem dos seus caracteres. Na medida em que são semelhantes — no facto de serem pictográficos, ideográficos e silábicos — são parecidos apenas a nível de função geral, não de estrutura específica, e representam convergências analógicas. O que têm em comum, com a tendência para representar os sons da fala por uma espécie de trocadilho — o método logográfico — e a tendência para tratar de sílabas em vez de sons elementares deve-se provavelmente a factores psicológicos da constituição humana herdada, encontrando-se, por isso, fora do nível da cultura. Exactamente do mesmo modo, certos traços genéricos comuns a organismos que partilham, por exemplo, um hábito arbóreo, natatório ou voador, são condicionados por factores mecânicos a que os organismos se adaptam.

Quando abordamos os aspectos materiais ou tecnológicos da cultura, factores físico-químicos invadem igualmente a cultura. O facto de o bronze se compor de cobre e estanho e de ser mais duro e fundir melhor do que qualquer um dos metais separados, é questão de natureza físico-química. Consequentemente, o simples facto de a antiga Mesopotâmia, a China e o Peru fabricarem bronze não é relevante para o problema de as suas artes do bronze pertencerem ou não ao mesmo padrão, ou a padrões diferentes — isto é, de se acharem geneticamente ligadas ou separadas. Isso deve ser determinado a partir de traços culturais específicos, como técnicas não compulsórias no processo metalúrgico, as formas moldadas e afins. Considerados estes traços, torna-se provável que o bronze mesopotâmico e o bronze chinês sejam manifestações estilisticamente variantes do mesmo padrão, mas que o bronze peruano antigo represente um padrão e origem separados. Por exemplo, a Mesopotâmia e a China utilizavam o bronze para fabricar espadas e vasos rituais ou outros recipientes; o Peru, não.

A agricultura com arado constitui outro exemplo de um padrão básico. Este padrão compreende pelo menos três traços essenciais: o arado em si; animais para o puxarem, que devem, evidentemente, ser domesticados; e plantas alimentícias de natureza tal que, como a cevada, o trigo e o milho, possam ser proveitosamente cultivadas por sementeira a lanço, o que envolve, por sua vez, campos de bom tamanho, maiores que as hortas. Há ainda outros traços associados, como o emprego do estrume dos animais como fertilizante. Considera-se geralmente que o arado terá sido uma invenção única, cuja data, lugar e circunstâncias precisos não conhecemos, embora tenha tido lugar no final da Idade da Pedra e, provavelmente, no Sudoeste da Ásia, ou próximo, tendo-se espalhado, juntamente com o gado, a cevada e outros cereais, e geralmente com o adubo, a todas essas partes da Europa, da Ásia e da África onde era utilizado em 1500. Na América primitiva também se desenvolveu um sistema de agricultura altamente evoluído, ao qual fomos pedir, nos dias de hoje, importantes empréstimos. Mas a agricultura americana primitiva pertencia a um padrão radicalmente diferente.

Não conhecia o arado. Não utilizava animais de tiro, embora tivesse domesticado animais, como o lama. Não semeava a lanço, mas plantava à mão e cultivava em outeiros. Não possuía trigo, cevada e outros cereais do mesmo tipo, sendo estes substituídos por uma série de outros, dos quais o milho era o mais espalhado e o principal. E, ou não empregava adubo ou servia-se de peixe. Por isso, há muito que os estudiosos conservadores e pouco dados à especulação chegaram à conclusão de que a agricultura do Novo Mundo teve origem e uma história inteiramente separadas da agricultura com arado do Velho Mundo. Em resumo, temos dois padrões e duas histórias.

Não chamaria à agricultura em si um padrão, mas antes um denominador comum. Numerosos povos primitivos na África, Ásia e Oceânia praticavam a agricultura, plantando com enxadas ou paus, sem se servirem de animais, e criando tubérculos, frutos e até alguns cereais, como o arroz ou o sorgo. Não podemos afirmar que toda esta agricultura ou horticultura tenha tido uma única origem ou várias. É possível que a agricultura com arado represente uma «mutação de invenção», acrescentada a uma fase qualquer desta horticultura mais primitiva. Mas não podemos dizer de momento qual, tal como não sabemos se as fases tiveram uma ligação histórica ou foram desenvolvimentos independentes. Em resumo, a agricultura com arado é um fenómeno padronizado específico, ou um conjunto de fenómenos associados, tal como a dentição dos mamíferos, ao passo que a agricultura é, por assim dizer, uma generalização ou conceito, na realidade, logicamente definíveis, mas demasiado vagos, variáveis, ou amorfos, para servir de fundação sólida para uma estrutura científica; tal como o facto de ter o corpo protegido por uma concha, ou o hábito de viver nas árvores, ou a locomoção aérea, mostraram ser pouco úteis para uma classificação científica elementar.

Determinado traço pode formar uma parte crítica de um padrão, numa situação, e ter um baixo valor, como padrão, noutras. Os dentes, por exemplo, têm menos significado a nível de diagnóstico e classificação nos vertebrados inferiores e nos invertebrados do que nos mamíferos. O mesmo se aplica ao campo da cultura — por exemplo, no que se refere à estrutura social «dicotomizada», ou organização por metades. Na Austrália primitiva as metades eram quase universais e na Nova Guiné e na Melanésia são frequentes. Determinam basicamente o casamento e a ascendência — com quem não se pode casar, com quem se deve casar. Na Austrália há redicotomização em quatro secções, e até re-redicotomização em oito subsecções. Ligado a este plano está o facto de todos os seres humanos com quem se tem assuntos a tratar serem considerados parentes — serem tornados parentes, se necessário for — e colocados numa ou noutra metade. Toda esta organização, por vezes muito elaborada, se sobrepõe a outra de outro tipo: a pequena horda local, autónoma e na posse de um território, com todos os seus membros ligados através de ascendência masculina e, por conseguinte, impossibilitados de casar com membros da horda. Os dois planos da organização não estão em conflito, mas complementam-se. Do ponto de vista do nativo, a metade é um fenómeno universal e propicia, pois, amizades e laços externos, sem interferir com a solidariedade ligada à subsistência e à família na horda. Este esquema australiano é muito distintivo — infinitamente variado no pormenor, mas notavelmente constante no padrão subjacente.

Ora, as metades ocorrem igualmente em todos os outros continentes, mas esporadicamente. Ocorrem com frequência entre povos que não vivem em hordas e que não insistem em classificar toda a gente como parente. Por vezes tão exógamas, ocasionalmente endógamas, por vezes nem sequer estão ligadas ao casamento ou à ascendência, mas ao ritual, a jogos ou ao governo. Todas estas outras dicotomizações sociais na Ásia, na África e nas Américas não se reduzem a um padrão coerente e a sua distribuição geográfica é torturantemente irregular e não contínua. Por isso se considera, com justeza, provável que tenham tido uma série de origens, separadas quanto às circunstâncias, bem como ao tempo e ao lugar, e com crescimentos separados e diferentes. As semelhanças que apresentam umas com as outras e com metades australianas são, por conseguinte, superficiais e da ordem das convergências.

Pode muito bem existir na natureza da mente humana uma tendência profundamente implantada para interpretar e organizar o seu mundo em termos de dualidade, bipolaridade e dicotomização, e esta tendência pode estar na origem de todas as metades, tanto na Austrália como algures. Mas, a existir tal tendência, trata-se de um facto psicológico. É uma condição da cultura, não um fenómeno dela. Ao nível cultural, subsiste a diferença de que, na área australiana, a inclinação psicológica para a dicotomização foi canalizada para uma expressão consistente, difundida, influente e provavelmente antiga, num padrão de estrutura social, mas noutros lugares a mesma inclinação penetrou apenas padrões locais, intermitentes e secundários.

Estes exemplos dos campos religioso, intelectual, tecnológico, económico e social talvez bastem para ilustrar o que se entende por «padrões fundamentais de cultura». É mais evidente que são algo de diferente dos «Padrões de Cultura», de Benedict. Estes são orientações psicológicas das sociedades, comparáveis a orientações ou atitudes da personalidade, como paranóide, megalómano, apolíneo, etc. Quando fortemente desenvolvidas, são igualmente influentes, mas de maneira selectiva e do ponto de vista de uma dada cultura, ao passo que os padrões básicos aqui discutidos operam construtivamente e muitas vezes numa interacção cultural. Na abordagem de Benedict, um padrão é uma constelação psíquica que molda a personalidade típica de uma sociedade, comunicando uma certa deformação à cultura dessa sociedade. Os padrões básicos a que nos referimos neste ensaio são as formas mais universais e permanentes assumidas por uma massa específica de conteúdo cultural, e tendem a espalhar-se, a partir de uma sociedade e cultura, para outras. Em resumo, os padrões básicos são vínculos entre traços culturais, que assumiram uma estrutura definida e coerente, que logram funcionar com êxito e que adquirem o maior peso e persistência históricos.

Voltando à analogia biológica, temos de distinguir onde é que o paralelo dos padrões se mantém e onde é que não se mantém. Uma cultura particular não é comparável a uma espécie, ainda que os membros de uma dada sociedade mostrem, pela sua cultura comum, uma certa parecença de comportamento algo comparável, exteriormente, à parecença dos membros de uma espécie. (Os mecanismos que produzem a parecença são, evidentemente, muito diferentes.) Uma cultura é sempre, tanto quanto podemos avaliar, altamente compósita na origem dos materiais constituintes. Como acabei de dizer, os ramos de árvore da cultura humana voltam sempre a crescer. Toda a gente sabe que, na nossa civilização americana, falamos uma língua germânica que tomou forma em Inglaterra, com a absorção de um teor latino mais vasto; temos uma religião palestina; comemos pão e carne de plantas e animais que devem ter sido domesticados, pela primeira vez, no ocidente asiático ou próximo, com outros produtos provenientes da América tropical; bebemos café da Abissínia e chá da China; escrevemos e lemos estas palavras com letras que tiveram origem na Fenícia, sofreram aumento na Grécia, receberam a sua forma actual em Roma e foram impressas, pela primeira vez, na Alemanha; e assim por diante. Não há qualquer razão para crer que alguma cultura viva seja menos intricadamente híbrida. Assim, a analogia entre culturas e espécies cai por terra. É antes aos agregados ecológicos que há que comparar as culturas: associações locais de espécies de origem diversa. Decerto, as regiões zoológicas e florais mais vastas, como a paleárctica, a neotropical, a indo-oriental, a etíope, a austro-papua, correspondem nitidamente, ainda que, em parte, por coincidência geográfica, às regiões culturais mais vastas geralmente aceites [cap. 5, § 1]; e há paralelos no atraso, especialização e produtividade expansiva de novas formas.

ESTRUTURA, FUNÇÃO E MODELO EM BIOLOGIA E ANTROPOLOGIA

Tudo isto sugere que a contrapartida mais próxima da espécie orgânica no campo da cultura é talvez o traço ou feixe de traços culturais, mas não a identidade da cultura ou a cultura total. É a espécie que é repetitiva nos seus indivíduos; o traço que é repetitivo nos seus exemplares — nos milhares de automóveis ou machados de pedra fabricados segundo um modelo ou forma; na palavra ou construção gramatical expressa vezes sem conta. São as espécies, géneros, famílias, ou ordens, relacionados, que possuem padrões estruturais persistentes comuns e é entre os traços que pertencem a um campo da cultura — a escrita, a crença em divindades, a agricultura — que os padrões sistematizados e persistentes da cultura crescem. Seria fácil levar a analogia mais longe; mas, dentro dos limites próprios, teria utilidade para estimular a investigação reflexiva, em especial no que se refere aos aspectos históricos dos fenómenos orgânicos e superorgânicos.

Pós-escrito, 1951. — O paralelo entre padrão orgânico e cultural parece-me manter-se válido como analogia. Serve, pelo menos, para focar mais nitidamente o que é básico e o que é acidental nos padrões ligados à cultura.

Em *Anthropology* (1948) denominei os padrões aqui exemplificados «padrões sistemáticos». Contudo, depois de ter discutido o assunto com várias classes desde então, sinto-me menos inclinado do que em 1948 a limitar a categoria «padrões sistémicos» a grandes agregados da cultura. O cristianismo, por exemplo, é um sistema tão real como o grupo maior de religiões exclusivamente monoteístas. Há, afinal, muito de padrões comuns recorrentes em todas as seitas e comunidades cristãs. Até religiões com dogmas de formulação menos nítida, como o shintoísmo, o bramanismo ou os cultos helénicos, contêm muito destes padrões de sistema. Também o grupo bem destacado de escritas indianas e seus derivados forma uma subdivisão nítida dentro do sistema do alfabeto; na realidade, são marcados por uma considerável remodelação do sistema — ressilabação, uma nova ordem de letras — que se tornaram depois o sistema de padrões básico para o seu grupo histórico. Em resumo, as qualidades características dos padrões sistematizados podem ser encontradas em crescimentos culturais grosseiramente correspondentes, no seu raio de acção, a desenvolvimentos biológicos mais pequenos, como famílias ou ordens, bem como às classes ou géneros maiores.

Também é evidente que qualquer grupo de línguas historicamente relacionadas, com as indo-europeias ou as semítico-hamíticas, partilha um padrão universal de estrutura. Este pode ser considerado um grande sistema, cujo correspondente menor seria qualquer língua particular, com a sua tendência para manter grande parte do seu plano particular de estrutura através de períodos sucessivos de alteração.

A grande diferença entre filogenia orgânica e cultural continua, evidentemente, a residir no mecanismo de perpetuação ou transmissão, o qual faz com que duas formas orgânicas, tendo divergido num grau relativamente pequeno da sua fonte comum, já não possam reintegrar-se ou fundir-se. Os crescimentos culturais, tanto parciais como totais, podem interpenetrar-se a fundir-se, e fazem-no, mesmo quando se tornaram muito diferentes. Ora, pode verificar-se que uma fusão regularmente equilibrada, de meio por meio, é rara e difícil mesmo na cultura — que um padrão ou uma cultura prepondera, normalmente, na formação de qualquer novo sistema. Mas, mesmo assim, não há dúvida de que há uma enorme quantidade de mistura e fusão de conteúdo cultural, enquanto para lá de uma esfera bastante estreita, as formas orgânicas não podem «recompor-se». A consequência disto é que, mesmo com o máximo grau de segregação e protecção, os sistemas de padrões da cultura devem ser imensamente curtos na sua expectativa de duração, quando comparados com desenvolvimentos orgânicos moldados por padrões.

10

HISTÓRIA E EVOLUÇÃO

(1946)

A argumentação retoma a dos caps. 4/8, dando maior atenção à evolução.

I

O recente e estimulante ensaio de Leslie A. White sobre «História, Evolucionismo e Funcionalismo» ([1]) soma o «evolucionismo», na qualidade de terceiro método, aos métodos aceites da «história» e da «ciência». Parte do que White descreve como abordagem evolucionista parece ao autor deste ensaio claramente histórico, como adiante se exporá. O resíduo que fica após a subtracção deste elemento é menos fácil de caracterizar e será posteriormente examinado. White reconhece três «processos» ([2]) na cultura, aos quais correspondem três «interpenetrações». São eles: o temporal, que se ocupa da sequência cronológica de acontecimentos únicos, que produz a história; o formal, não temporal, mas estrutural-funcional, que leva à ciência; o temporal-formal, sequência temporal de formas, «cuja interpretação é o evolucionário». Parece-me razoável. Mas a definição do tratamento histórico, que afirma que este se ocupa apenas de acontecimentos singulares na sua sequência cronológica, é demasiado limitativa. Sugere uma concepção analística da história que nem historiadores políticos nem muito menos biólogos históricos aceitariam como quadro. A exposição das observações de White acerca da unicidade e as suas exemplificações sugere que, para ele, essa qualidade comporta igualmente uma implantação de isolamento dos factos tratados. Deste modo, ele fala de uma «consequência cronológica de acontecimentos, cada um dos quais é considerado único», em que «único» parece incluir também «discreto». Não há dúvida de que muitos dos seus exemplos sugerem que ele considera os factos daquilo a que chama «história» como sendo essencialmente discretos e talvez sem ligação

145

uns com os outros. O biólogo que se interessa pela história do homem «quer saber onde e quando alguns tipos físicos — Bosquíma-nos, Pigmeus, Ainus, Nórdicos — surgiram, onde migraram e quando, com quem se ligaram pelo casamento, etc.» Os costumes têm uma história porque cada um «originou-se num certo tempo e lugar e difundiu-se subsequentemente para certos lugares em alturas definidas». Isto é colocado em contraste com a abordagem temporal-formal ou evolucionista, «em que uma organização de elementos funcionalmente inter-relacionados é temporariamente transformada, em que uma forma procede de uma forma antecedente e passa a forma subsequente».

A maior parte dos estudiosos chamaria a isto história: história pura. Que mais poderia qualquer história da Revolução Francesa ser senão exactamente isto, o registo do modo como «uma forma procede de uma forma antecedente»? Toda a história digna desse nome — seja qual for o seu campo — ocupa-se, de facto, de relações, de funções, de sentidos. Não é, por certo, um delinear das vagabundagens de coisas separadas e sem qualquer relação, através do tempo e do espaço, nem uma lista precisa, mas árida, de nomes, datas e lugares. Em biologia ainda, White coloca em contraste a «história de espécies, variedades, etc.», com a «evolução da vida, das espécies». Isto sugere que a narrativa do modo como a vida divergiu em géneros e ordens, como os géneros e as espécies se originaram e como se relacionam uns com os outros, é aquilo de que o «evolucionista» se ocupa; mas o historiador parte de uma espécie dada, de algo isolado e distinto, cujas vagabundagens e fragmentação em subespécies delineia, então, com a absorção de um amante de antiguidades que não se interessa por relevâncias de maior importância.

White faz, assim, à «história» a honra memorável, mas dúbia, de se apropriar de tudo o que nela é mais vital e significativo e de o atribuir ao evolucionismo. A motivação deste desequilíbrio é óbvia o filho adoptivo precisa de *Lebensraum*. Se ele reclamasse todo o domínio histórico para o «evolucionismo» eu não me oporia — a mudança seria nominal, como a de uma cor num mapa. Mas esvaziar a história e deixar a casca vazia não se deve fazer; seria embaraçoso se ninguém a reclamasse.

A atitude lembra, estranhamente, a de Radcliffe-Brown, que, todavia, diverge por querer desenvolver uma física ou fisiologia, isto é uma ciência generalizadora, para a sociedade — ainda que não, excepto talvez a contragosto, para a cultura, a qual parece ser apenas uma espécie de conjunto de regras que de algum modo se ligaram, sem grande significado, como que distraidamente, à sociedade. Radcliffe-Brown está plenamente consciente da dicotomia da ciência e história e concede em princípio a esta o seu lugar ao sol. Mas a história pertence, para ele, a dois géneros. Um é especulação não verificável quanto às origens últimas, que ele acusa de ser uma *«Ilusão de Explicação Histórica».* É de presumir que toda a gente esteja hoje de acordo com este veredicto, conquanto fosse possível reforçá-lo denominando o erro como «a ilusão de explicação pela pseudo-história». O «outro género de história» de Radcliffe-Brown «é o dos historiadores que examinam registos actuais de acontecimentos passados» para «determinar com boa probabilidade a ordem real dos acontecimentos». Isto parece querer dizer que, quando a história não é ilusória, se limita a servir-se de documentos para indagar a cronologia. Radcliffe-Brown parece estar tão longe como White de dar conta de que a história é sempre interpretativa, à sua maneira; que ela se ocupa, portanto, de relações funcionais; que é, pela sua própria natureza, reconstitutiva e não pode prescindir por muito tempo de interpretações. Isto é tão verdadeiro da «história dos historiadores» como dos historiadores da cultura, arqueólogos, paleontólogos, outros biólogos históricos e geólogos. Não estou a par da motivação de Radcliffe-Brown para depreciar a abordagem histórica, a menos que, como apóstolo fervoroso de uma nova e genuína ciência da sociedade, talvez não tenha sido capaz de se ocupar o suficiente da história para se informar da sua natureza.

Malinowski foi um agressor consciente, petulante e versátil. No seu famoso artigo sobre «Cultura» na *Encyclopaedia of the Social Sciences,* tentou dar à antropologia uma fundação da sua lavra, um sistema fechado apriorístico de teoria, análogo à teoria económica clássica em economia. Claro que uma coisa tão empírica e fluida com a história se não poderia enquadrar em tal sistema, razão por que passou a minimizar a história — pelo menos a história das culturas não letradas; lucrava-se mais ignorando a história dos historiadores do que atacando-a. O modo de a minimizar consistia em acusar a abordagem histórica de actuar através de irrelevâncias, casualidades e ausências de conhecimento; e de colocar deliberadamente em pé de igualdade os nomes dos seguidores mais críticos e menos críticos do método histórico em antropologia, Boas com Elliot Smith, Wisseler com Graebner. Malinowski era ágil e é de crer que soubesse o que fazia. Mas fica a sua surpreendente sugestão de que a história se ocupa de acontecimentos sem significado e sem relação (a não ser, talvez, a relação exterior de tempo) — quando, de facto, toda a história verdadeira não é senão uma interpretação por meio de descrição em função do contexto.

Talvez venha a propósito considerar de que modo estudiosos eminentes podem manter solene e premeditadamente semelhante opinião.

Primeiro, é de crer que não tenham realmente lido muito, nem da história vulgar, nem da história da cultura, nem da história biológica e que, portanto, pouco ou nada conheçam delas através de experiência pessoal e não tenham mostrado interesse pela avaliação de natureza do que leram.

Depois, na medida em que são americanos, pertencem a uma nação que, em virtude de recente migração, possui uma história invulgarmente curta, se orgulha desse facto e parte essencialmente do princípio de que a maneira de ultrapassar outras nações em civilização é desenvolver mais energia actual, tendo raízes históricas menos profundas. Algumas absorções deste tipo, provenientes de atitudes populares circum-ambientes, são verosímeis — mesmo em relação a antropólogos — a não ser que se esteja de sobreaviso.

O mais importante, contudo, talvez seja o actual prestígio elevado da ciência, que atingiu proporções fetichistas na civilização contemporânea, com uma depressão correspondente da história. Quanto mais inexperientes são os nossos doutores mais têm a preocupação de tornar a sua antropologia «científica». Pelo menos White está livre desta influência.

II

Até aqui tenho sustentado que muito do que White denomina «evolucionismo» é história, apoiando-se a sua reclamação de evolucionismo numa interpretação tão estreita da história que nada mais deixa à história do que um exosqueleto, ou talvez um andaime. Partindo do princípio de que o território controverso é concedido à história, coloca-se a questão: restará um território evolucionista legítimo? E em que consiste ele? Aqui, a resposta torna-se menos confiante.

Os exemplos de White sugerem que ele considera que o «processo» histórico funciona quando os fenómenos são de tal maneira específicos que não podemos senão rotulá-los de únicos; mas ele vê o processo evolucionista em acção em fenómenos que se agrupam em classes, dentro das quais se verificam repetições mais ou menos recorrentes. Desse modo, «as armas de fogo, a porcelana, a roda de oleiro, o cálculo matemático, a pintura, o rito da circuncisão, o ritual de apertar as mão, o budismo», têm uma história; mas «o desenvolvimento do machado, do tear, do clã, do dinheiro, da escrita, dos grupos profissionais, das classes estratificadas, da matemática, da monarquia, da física», fornece exemplos do processo temporal-formal ou evolucionista.

Ora, é crença geral que não podemos escrever uma história genuína da monarquia, mas que podemos ter ou histórias de monarquias ou uma «sociologia» da monarquia em geral. A própria ideia de uma história de uma *classe* de fenómenos é, sem dúvida, calculada para pôr em franja os nervos de qualquer historiador, mesmo de um historiador institucional de vistas largas. É possível escrever uma história do xadrez, que é um jogo específico (embora muito mais variável e plástico na sua forma do que geralmente se julga); mas dificilmente se pode escrever uma história real dos jogos humanos. Todavia, a questão mantém-se: haverá uma diferença em princípio entre uma investigação sobre temas como os jogos ou a monarquia pelo método da ciência geral, a que White chama «funcional», e pelo seu método «evolucionista»? Pela definição dele, aquele ocupa-se de forma e função, este de forma e função, mais o tempo. Constituirá esta adição do factor tempo uma nova abordagem ou modo de compreensão separado, ou conterá talvez uma contradição lógica? A questão é justa porque vários filósofos ([3]) concordaram em reconhecer um método teórico-científico e um método histórico, tal como sucede com uma série de antropólogos e sociólogos que White enumera. ([4]) Assim, o evolucionismo de White mostrará ser uma forma um tanto ou quanto disfarçada, ou especial, de um dos dois métodos fundamentais geralmente reconhecidos ou, então, se mostrar ser um método genuinamente distinto, o seu reconhecimento será extraordinariamente importante.

III

Antes de atacar directamente a alternativa, gostaria, contudo, de limpar o terreno, examinando outra das exemplificações de White.

Ele diz que tanto Tylor como eu, ao discutir a escrita, começamos evolucionisticamente com estádios, mas terminamos historicamente com uma narrativa do alfabeto. Ele lembra que, num capítulo intitulado «A Difusão do Alfabeto», eu começo por considerar a escrita em geral, a escrita como meio de comunicação, e menciono «três estádios logicamente distinguíveis no desenvolvimento da escrita» — imagens (incluindo ideogramas), logogrifo ou estádio de transição e escrita integralmente fonética. Apresentei juntamente uma fórmula descritiva de um «processo temporal-formal», «aplicável a todos os sistemas de escrita, em todos os tempos e em todos os lugares». Depois de me «desembaraçar da evolução de sistemas de escrita», diz ele que eu me viro para a história, recitando o tempo e lugar da origem do alfabeto, a subsequente difusão para outras terras e povos «e por aí afora».

Na realidade, o «e por aí afora» é um ingrediente básico da minha história do alfabeto. O título do capítulo faz menção de «difusão» e aparece também um mapa com referências a séculos. No entanto, a principal preocupação não consiste em delinear as deambulações espácio-temporais de uma unidade fixa e invariável chamada alfabeto, mas em delinear as mudanças desta unidade, ou sistema, a nível de forma e função, os seus derivados, perdas e incrementos, a invenção de vogais e ressilabação, aparecimento de sistematização e de simplificação, não aceitações, associações de prestígio, modificações estilísticas, petrificações e mudanças revolucionárias. Em resumo, o alfabeto ilustra limpidamente, algures na sua história, grande parte dos processos actuantes na cultura: é um conveniente microcosmos do processo cultural, com a vantagem acrescida de que, sendo um desenvolvimento histórico singular, os seus fenómenos possuem não só continuidade espácio-temporal como uma continuidade ou coerência de forma e de função, ou de relação. E, para efeito de exemplificação, parecia-me, e continua a parecer-me, que um nexo coerente de fenómenos, relacionados de perto, possui certamente vantagens sobre uma selecção difusa de fenómenos díspares e sem relação entre si, do ponto de vista da mudança e dinâmica ilustrativas. Nada mais a dizer sobre a parte histórica principal do capítulo em questão: White e eu estamos de acordo sobre essa classificação e divergimos apenas por eu pensar que, como toda a história significativa, a minha narrativa abrange muito mais do que o simples seguir a pista de um átomo cultural através do tempo.

Passemos agora ao trecho introdutório sobre os estádios, no qual parece que me tornei evolucionista. Antes do mais, os estádios são mencionados como *logicamente* distinguíveis ([5]), o que não é o mesmo que afirmar que eles se sucedam normal ou necessariamente uns aos outros. É verdade que quando eu disse «primeiro estádio» queria provavelmente referir-me ao primeiro em ordem de desenvolvimento, bem como ao primeiro denominado. Mas também se faz menção do modo como este estádio «não consegue sair espontaneamente da mente humana». E afirma-se explicitamente que, das muitas nações que tinham mais ou menos entrado do estádio da pictografia, só cinco ou seis no máximo, possivelmente apenas duas, haviam passado, por iniciativa própria, ao estádio de transição ou parcialmente fonético; e que a escrita completamente fonética se originara uma única vez, a saber, no alfabeto. Além disso, há que considerar a possibilidade de todas as ocorrências plenas do primeiro estádio, ou estádio pictográfico, serem «o resultado de um único desenvolvimento difusor». E o paralelismo de silabação nos contributos hindu, japonês, *cherokee* e *vei* para a escrita é expressamente explicado como sendo determinado por um facto psicológico — a tendência para a apercepção de unidades silábicas no discurso lento. Pode muito bem ser que, nos parágrafos em questão, o meu pensamento contivesse alguns resquícios de influências dos dias tylorianos. Mas, no essencial, a argumentação parece-me ter uma motivação histórica, embora os dados totais pré-alfabéticos fossem e continuem a ser tão incompletos que a narrativa se tenha mantido, essencialmente, reconstitutiva a ponto de se tornar explicitamente um tanto ou quanto especulativa e as especulações fossem pelo menos limitadas por achados declaradamente psicológicos.

Até mesmo a sucessão de três estádios pode ter a mesma interpretação. Não só os factos históricos demonstram que a sucessão de estilos tem sido pictografia-ideograma-logogrifo-fonograma, nos casos que se conhece, como se poderia muito bem aduzir o argumento de que essa ordem é psicologicamente irreversível, num desenvolvimento interno livre, não influenciado por invenções estranhas. Temos todas as razões para crer que uma marca, sinal ou figura visível desenvolve, primeiro, uma associação de forma visível e depressa poderá ser interpretada ou aceite socialmente como símbolo de um objecto visível ou de um acto visível. Mas não se conhece nenhum mecanismo psicológico através do qual tal figura evoque, espontaneamente, uma associação auditiva consistente e se torne directamente um símbolo para um aglomerado sonoro. Psicologicamente, a cadeia *deve* ser esta: figura ou imagem tornada visível, pictograma (ou ideograma) simbólico, palavra falada para o objecto ou ideia, transferência de referência para uma palavra de som semelhante que, por acaso, funcione já como símbolo audível de outro objecto ou ideia, posterior transferência de referência para qualquer grupo sonoro similar, independentemente do significado semântico. Semelhante transferência passo a passo é perfeitamente concebível psicologicamente, ao passo que o uso directo ou imediato de uma figura visual como símbolo para um aglomerado sonoro não faz qualquer sentido psicológico. É deste modo que podemos falar legitimamente do processo de desenvolvimento implícito nos três ([6]) estádios como sendo um processo irreversível — esta espécie de «sentido único» verifica-se a nível psicológico e não a nível cultural.

A distinção de estádios lógica ou psicologicamente possíveis relaciona-se, talvez, com aquilo a que Milke chamava uma «tipologia de desenvolvimentos possíveis, cujas condições causais continuam, na sua maior parte, desconhecidas» e que ele atribuía especialmente a Spier e Boas. ([7]) Num artigo citado por Milke, Spier repudia a reconstituição histórica, incluindo a sua, em favor do estudo do processo de mudança. Também ao trabalho de Boas se reconhece hoje faltar conteúdo ou resultado histórico específico, quer dizer determinações que incluam continuidades maiores de espaço e de tempo. Boas não se interessava por estas coisas, mas sim por processos; e, na busca analítica de processos, tomava em consideração, em cada caso, apenas o mínimo inevitável de conteúdo espácio-temporal. Mas não há dúvida de que ele tentou consistentemente delinear a gama total de processos possíveis e de géneros de resultados possíveis destes processos. Isto é, interessava-lhe determinar a variedade e extensão das forças que são capazes de dar forma à cultura. Neste interesse, aparentava-se com Wundt, ou foi por ele influenciado. Seja como for, a *Volkerpsy-chologie* de Wundt parece ter tido precisamente este objectivo.

Esta discussão tem ganho, por assim dizer, ramificações; mas muito do trabalho antropológico, tanto passado como presente, recusa conformar-se com quaisquer categorias simples de história e ciência, ou história e funcionalismo. Trata-se de modos ideais: o curso efectivo do trabalho é, a maioria das vezes, misto, tanto no que se refere ao método como no que se refere ao nível. Mantém-se a questão de saber se o evolucionismo de White não representará, na realidade, casos especiais de tais métodos mistos ou impuros.

IV

Na classificação de White ([8]), ele cita como exemplos do processo evolucionista a desintegração de substâncias radioactivas e o crescimento de indivíduos orgânicos. O rádio decompõe-se em chumbo e hélio a uma velocidade fixa. Esta mudança é temporal bem como formal; logo, o seu processo é evolucionário. Esta exemplificação sugere que o que White entende por «evolução» é um processo fixo, necessário, inerente e predeterminado. O outro exemplo referido — o crescimento de organismos — implica o mesmo, não obstante a brevidade da duração de tal desenvolvimento ([9]). Os organismos podem ter o seu crescimento suspenso ou mutilado, mas a sua maturidade é um fim predeterminado segundo cada espécie.

Esta qualidade de predeterminação, de metamorfose espontânea, de um curso teleológico parece ser aquilo que é especificamente característico do processo evolucionista de White. Tal como o rádio e a lagarta, também as galáxias, as moléculas, a vida e a cultura têm um rumo fixo a seguir. White não o diz, mas as suas ilustrações, que são inequívocas, sugerem que o mesmo se aplica igualmente aos exemplos menos definidos. E os estádios da escrita enquadram-se neste processo — também eles são manifestamente concebidos como uma sequência necessária. A evolução de White parece, pois, ser um desenrolar de imanências. Não sendo assim, é a ele que cabe dizer o que ela é. Não pretendem estas palavras ser uma crítica, mas antes uma tentativa de clarificar a posição dele.

Com efeito, não há uma razão inerente para que se tenha medo ou vergonha de crer na imanência, ou naquilo que é apercebido como tal. O que conta é a compreensão das dificuldades. A irreversibilidade da sucessão pictográfica-fonética da escrita é uma imanência, aparente ao nível de consideração perceptual da cultura, ao passo que, como vimos, encontra uma explicação causal simples em termos de associação psicológica. Do mesmo modo, cada crescimento, desde o ovo até ao organismo adulto, é, a essa luz, um exemplo de predeterminação e imanência; a questão é se se limita a manter-se isso ou se também se converte em explicações causais de ciência generalizadora (o «funcionalismo» de White). Por certo que nem os processos anatómicos nem os fisiológicos, que na sua tabela ele atribui à «ciência», deixam de actuar durante o crescimento orgânico, embora eu não conheça o suficiente de biologia para afirmar com certeza se todos os traços do crescimento, incluindo a sua predeterminação aparente, podem ser explicados por estes processos fisiológicos, se por outros ainda mais subjacentes ([10]).

V

Isto leva-nos à filosofia básica de White tal como é desenvolvida em «Science is Sciencing» e, de novo, resumida no artigo que estamos a discutir. Os acontecimentos ocorrem, diz ele, num contínuo quadridimensional de três coordenadas espaciais e de tempo. Daqui seleccionamos certos aspectos de acordo com a nossa abordagem. O historiador interpreta os acontecimentos em termos de tempo, «ignorando os seus aspectos formais». (O contexto não permite senão a interpretação de que *formal* e *espacial*, aqui, estão identificados!) Os cientistas (no sentido estrito habitual do termo, isto é os estudiosos que utilizam a experimentação, a quantificação e a previsão) «excluem o factor temporal e ocupam-se apenas do aspecto formal-funcional dos acontecimentos». (Parece tratar-se de outra preterição de sentido do espacial para o formal-funcional. Seja como for, o factor espaço desaparece e surgem de repente a estrutura e a função ([11]). Finalmente, o evolucionista interpreta os fenómenos «em termos de espaço-tempo». (Aqui, o espaço é, mais uma vez, equivalente a forma e função, dado que, noutros pontos, o «processo» evolucionista é caracterizado como «temporal-formal» e como «uma sequência temporal de formas, sendo tempo e forma simultânea e inseparavelmente significativos».)

Para a maioria dos leitores, esta derivação aparentemente imediata de forma e função a partir do espaço surgirá, provavelmente, como algo a precisar de justificação; ou, se a derivação não for imediata, há que mencionar os passos que conduzem à identificação. Talvez White esteja em posição de o fazer, ou talvez já o tenha feito noutros textos. Mas, afora este ponto capital, o esquema dele é um esquema logicamente possível e merece ser considerado, pois a sua defesa do evolucionismo como método de investigação parece apoiar-se integralmente neste esquema.

VI

Gostaria, contudo, de esboçar um esquema de conhecimento diferente ([12]), que deriva da consideração do modo como as diversas ciências actuam realmente e talvez, também, mais de acordo com a epistemologia prevalecente.

Este ponto de vista, que se baseia em Rickert, mas vai além dele, sustenta que o método da história consiste em examinar fenómenos ou acontecimentos na sua contiguidade de espaço e tempo. Esta contiguidade não pode ser violada, se se pretende que a investigação mantenha o seu carácter histórico. Daí a importância básica do contexto. A validação histórica de *per si* é obtida em termos de concordância, ou ajuste, com um contexto cada vez maior. A ligação à contiguidade no espaço e no tempo, à continuidade das relações espácio-temporais dos fenómenos, conjugada com a ligação aos fenómenos propriamente ditos, é o que dá aos aspectos históricos dos fenómenos a sua aparência de realidade imediata. É igualmente o factor que impede que a abordagem histórica, enquanto tal, adquira «leis», uma teoria geral, exactidão de achados mensuráveis e confirmação genuína, como acontece com a experimentação. É também o que dá aos achados históricos a sua qualidade de unicidade, a sua individuação, a sua propriedade fisionómica. Também a ligação às formas e sucessões dos próprios fenómenos, na sua concatenação, ou nas suas contiguidades reais, dá origem a um reconhecimento de padrões parecido com a formulação estilística.

A ciência ([13]), pelo contrário, abandona grande parte daquilo a que a história se agarra: posição no *continuum* espácio-temporal, singularidade de qualidade, fisionomia, estilo. Adquire precisão quantitativa em lugar de qualitativa. Através de uma dissolução analítica sistemática do carácter concreto dos fenómenos, atinge a generalização, constantes repetitivas, verificação. A essência do método é a abstracção — a transformação dos fenómenos em formulações metafenomenais. A validação do sistema da ciência não é obtida — pelo menos não é obtida directamente — através de um contexto crescente, dado que, intelectualmente, uma operação rigorosamente científica *destrói* o contexto fenomenal (como destrói os fenómenos), à excepção do mínimo que é preservado como internamente relevante para uma situação especial; a validação acha-se na previsão ou na correcção e verificação experimentais.

Em princípio, estas duas abordagens são aplicáveis a qualquer espécie de fenómenos. Contudo, na investigação real, a experiência tem indicado, até à data, que o método científico obtém os seus maiores êxitos nos níveis inorgânicos ([14]) dos fenómenos e cada vez menos nos níveis sucessivamente sobrepostos. O método histórico puro, pelo contrário, começou por ser aplicado, e continua a ser aplicado com os melhores resultados, a acontecimentos humanos do nível psico-sociocultural. Quanto mais básico o nível, maior a dependência do interesse e abordagem históricos em relação à abordagem científica correspondente, tal como acontece com a astronomia em relação à física.

O uso dos factores espaço e tempo, sob esta dicotomia, requer maior especificação. Claro que a ciência não exclui considerações de espaço e de tempo. Elas entram nos seus achados mais elementares ([15]) e nos problemas da linha de fogo mais avançada. Mas ela ocupa-se do tempo e do espaço abstractos ou relativos — do tempo e do espaço apenas pertinentes enquanto medidas para o problema de uma dada situação. Depois de feito o achado científico, os resultados flutuam completamente livres no *continuum* infinito do tempo e do espaço totais. Um dado que flutue tão separadamente não é um dado da história a nenhum nível. Os achados históricos completos são colocados no *continuum* do espaço e do tempo totais, tanto quanto possível, com referência a outros pontos tomados como fixos. Esta é uma das razões para a significação inelutável do contexto. Mas a preocupação primordial do estudo histórico centra-se, afinal, nas qualidades dos fenómenos enquanto tais. Destas qualidades ou propriedades dos fenómenos, a sua colocação constitui uma parte — mas apenas uma parte; a fisionomia dos acontecimentos, ou o que quer que queiramos chamar-lhe, é, afinal, a coisa mais significativa, embora a significação só seja completa após incluir a colocação.

Uma das consequências é que o elemento tempo não é o facto mais distintivo na história, como tantas vezes se presume e afirma, embora de maneira superficial. A determinação do espaço é tão importante como a determinação do tempo na história. Acontece que é dada ou assumida com mais frequência no campo da investigação: a geologia deste planeta, a evolução dos animais terrestres, a história de França, a arqueologia do Egipto. Em casos assim, o elemento tempo tende frequentemente a ser uma das incógnitas que são procuradas, muito embora o objectivo fundamental seja sempre uma configuração qualitativa, um estilo ou fisionomia, a que a colocação espácio-temporal adere como propriedade. Histórias particulares podem suprimir, ou manter constante, quer o tempo quer o espaço, como a história de uma cidade ou, por outro lado, um corte transversal descritivo, ou um momento caracterizado da história de um império ou da cultura humana, uma obra da ordem, digamos, de *O Renascimento,* de Burckhardt, ou da *Germania,* de Tácito. Nesse caso, o produto da investigação não é uma narração, mas uma descrição caracterizante analítico--sintética. À mesma classe pertencem as descrições etnográficas. Trata-se, por certo, de matérias-primas potenciais para uma ciência da cultura, destinada a ser um dia erigida. Mas trata-se também de materiais potenciais para uma história da cultura humana a escrever. Todavia, a significação primordial de qualquer investigação é a que ela tem na altura e não a significação para a qual ela pode contribuir mais tarde; e como pode uma etnografia ser primeiramente designada, na sua natureza contemporânea essencial, senão como uma descrição de um estilo cultural particular, um fragmento intemporal da história? Bem sei que este conceito de um tratamento histórico sincrónico é tão contrário ao pensamento habitual que pode chegar a parecer ininteligível, como pareceu a Boas, em 1936. Estou, pelo contrário, convencido de que a essência do processo do pensamento histórico continuará a não ser entendida enquanto o tempo for considerado o mais importante nessa essência. Essa essência consiste na delineação caracterizante de grupos de fenómenos num contexto em que entram simultaneamente o factor tempo e o factor espaço; mas, com o lugar espácio--temporal estabelecido, qualquer destas duas considerações pode ser temporariamente suprimida ao ser mantida, pelo historiador, como factor constante, se as circunstâncias ou o seu objectivo o justificarem. Pensando melhor, porque haveria a preocupação com o tempo de constituir um critério principal de diagnóstico do método histórico, por oposição à conduta abstractiva do método científico? O tempo não é o complemento da abstracção. Além disso, se é o tempo que distingue a história, qual é o ramo da investigação que, em correspondência, se ocupa primordialmente do espaço? — a menos que estejamos dispostos a aceitar a resposta de White de que é a ciência. Ou, no caso de não existir nenhum, porque é que não existe?

VII

Se este ponto de vista dicótomo tem fundamento, não há, aparentemente, espaço para o evolucionismo de White, que se ocupa de forma mais sequência. As partes não repetitivas do que ele designa deste modo, como a evolução do nosso universo, a vida orgânica e a cultura humana, são apenas vastas histórias. Outros temas do evolucionismo, como o crescimento de indivíduos orgânicos ou a deterioração radioactiva, são repetitivos e fazem, por conseguinte, parte dos achados da ciência, em situações em que sequência e duração se mostram invulgarmente conspícuas. Decerto que o crescimento orgânico está intimamente ligado à hereditariedade, se é que não é simplesmente um aspecto dela. Mas o funcionamento normal da hereditariedade reside na recorrência fixa, o que está certamente longe de qualquer evolução.

Não é minha intenção impor intransigentemente este ponto de vista. White pode ainda redefinir a evolução de uma maneira genericamente mais aceitável; evidentemente, muito do estudo antropológico, tal como de outros estudos, tem um carácter misto e existem, sem dúvida, estudos que é difícil classificar. Assim, tal como a minha própria «fórmula» sobre os três estádios da escrita, as observações de Lowie sobre a ocorrência de clãs aparentam, à superfície, reconhecer estádios universais da cultura, tendo, por isso, constituído um desvio para o evolucionismo. Talvez não sejam mais que história da cultura sumariada; não estou bem certo; e seria melhor que fosse o próprio Lowie a caracterizá-las. Mas há muita produção erudita cuja natureza precisa continua a ser difícil definir; o progresso a nível de clarificação é lento e não há dúvida de que será mais apressado por tentativas de cooperação do que por altercações. Se o método evolucionista possui algo de seu, que seja mais do que uma redução de achados históricos à generalização de uma fórmula, sem dúvida que todos nós quereremos sabê-lo. Talvez White no-lo possa mostrar noutra tentativa ou, melhor ainda, por meio de exemplificação precisa e completa.

RESUMO

A recente distinção feita por White do método histórico, evolucionário e «funcional» (científico), em todos os níveis de fenómenos, é inadequada pelo facto de limitar praticamente o estudo histórico ao retraçar dos movimentos de elementos discretos da cultura (tratados como sendo essencialmente invariáveis), na continuidade temporal. A posição no espaço é igualmente importante; e, longe de ver os fenómenos atomicamente, o objectivo da abordagem histórica é vê-los em configurações ou nexos individuados que constituam padrões ou estilos únicos. Uma parte do que White denomina «evolucionismo» parece ser, na realidade, história; outra parte ciência; a natureza da parte restante não é clara, tal como não é claro que haja uma parte restante. Possivelmente, o núcleo daquilo a que ele chama «estudo evolucionista» é o reconhecimento de predeterminações ou imanências; ou pode ser apenas uma espécie de história generalizada, com o pormenor suprimido. As afirmações de White quanto aos papéis respectivos desempenhados por tempo, espaço, forma e função, nas três abordagens, parecem conter uma inconsistência: a identificação do espaço com a forma; e pelo menos isto carece de clarificação.

NOTAS

[1] *Southwestern Journal of Anthropology*, I (1945), 221-48.

[2] «Processos na cultura» (*Ibid.*, p. 221) significa, presumivelmente, processos nos fenómenos e parece duvidoso que se possa reconhecer devidamente que os *processos* temporal, formal, funcional, etc., separados, *residam* nos fenómenos. Parecem antes ser aspectos separados a partir dos quais podemos encarar, abordar e analisar os mesmos fenómenos; e, nesse caso, White referiu uma suposição desnecessária que poderia ser difícil defender.

[3] Windelband, Simmel, Rickert; entre os americanos contemporâneos, Mortimer Adler e Hugh Miller.

[4] *Op. cit.*, pp. 225-28: Boas, Kroeber, Lowie, Radin, Mead, Chapple e Coon, Radcliffe-Brown, Tax, Redfield, Gumplowicz, Park.

[5] Os estádios são discutidos em *Anthropology* (Nova Iorque, 1923), § § 130-33, pp. 263-68, e no § 105, pp. 223-25; a parte histórica do capítulo, sobre o alfabeto,

abrange os § § 134-49, pp. 269-92. Na edição de 1948, os estádios da escrita aparecem nos § § 202-5, pp. 509-14; a história do alfabeto, nos § § 203-21, pp. 514-37.

[6] Poderiam, provavelmente, distinguir-se quatro ou mais.

[7] W. Milke, «Ueber einige Kategorien der Funktionellen Ethnologie», *Zeitschrift für Ethnologie,* LXX (1938), 481-98: «Eine Typologie möglicher Entwickelungen (...) deren ursächliche Bedingungen weitgehend unbekannt Bleiben» (p. 492).

[8] *Op. Cit.,* p. 243. Esta tabela é uma reelaboração, com pequenas adições e eliminações, da tabela da p. 385 de «Science Is *Sciencing»,* de White, *Philosophy of Science,* V (1938), 369-89. Este artigo anterior desenvolve muitos dos pontos de vista expostos no de 1945.

[9] As outras ilustrações da tabela são «a evolução do universo, estrelas, galáxias, moléculas, etc.», «da vida, das espécies» e «de traços, instituições, sistemas filosóficos, da cultura como um todo».

[10] A chave para o crescimento acha-se obviamente na hereditariedade e White não coloca a genética na sua classificação dos «processos».

[11] A comunicação intitulada *«Sciencing»,* p. 375, é um pouco mais explícita: as relações espaciais de acontecimentos ou objectos constituem uma *estrutura,* quando encaradas como constantes, uma *função,* quando encaradas como variáveis.

[12] Isto, é, diferente em pontos para além da não reunião, que acabámos de discutir, das traves de espaço e forma na armação do telhado do esquema de White.

[13] Ciência «generalizadora», «teórica», «nomotética», «exacta».

[14] A identificação destes níveis parece emanar, empiricamente, do desenvolvimento do conhecimento; o seu número também é empiricamente determinado por considerações de utilidade de subdivisão. Níveis psíquicos e sociais podem ser intercalados entre o orgânico e cultural, quando isso for conveniente — um nível bioquímico entre o físico (químico) e o orgânico (fisiológico). O nível orgânico é, em geral, muito utilmente tomado como uma unidade; mas uma fragmentação dos fenómenos orgânicos nos aparentemente desacompanhados e nos acompanhados de manifestações psíquicas, correspondente de perto aos tópicos da botânica e da zoologia, respectivamente.

[15] Alavanca, roldana, queda de corpos, etc.; áreas iguais de órbita, em períodos iguais.

11

CULTURA, ACONTECIMENTOS E INDIVÍDUOS

(1946)

Trata-se da versão ligeiramente revista do resumo mimeografado de uma palestra que teve lugar aquando de um encontro do Viking Fund, a 25 de Outubro de 1946, e que é publicado aqui pela primeira vez.

As culturas, as sociedades, os indivíduos e os acontecimentos representam, respectivamente, os tópicos mais ou menos característicos da antropologia, da sociologia, da psicologia e da história, tal como são efectivamente praticadas. Sem reivindicar nem substancialidade nem auto-suficiência completa para a cultura, e aceitando-a como um «atributo do comportamento humano», o antropólogo deve, todavia, se deseja continuar a sê-lo, ocupar-se necessariamente, e em primeiro lugar, desse aspecto e produto do comportamento humano — e do que o influencia — a que geralmente se chama «cultura».

As qualidades da cultura são: 1 — É transmitida e continuada, não pelo mecanismo genético de hereditariedade mas pelo intercondicionamento de zigotos. 2 — Quaisquer que sejam as suas origens nos, ou através dos, indivíduos, a cultura depressa tende a tornar-se suprapessoal e anónima. 3 — Obedece a padrões ou regularidades de forma, estilo e significação. 4 — Personifica valores, os quais podem ser formulados (abertamente, como costumes) ou sentidos (implicitamente, como nos hábitos populares) pela sociedade portadora da cultura, e que o antropólogo tem como tarefa caracterizar e definir.

Quanto aos pontos 2 e 3, anonímia suprapessoal e padrões, estas qualidades são esmagadoramente evidentes na linguística e, de modo quase tão esmagador, na arqueologia; costumavam ser geralmente aceites em relação à etnologia e, em princípio, continuam a aplicar-se ao seu material. Assim sendo, porquê a recente ênfase dada, em certos sectores da antropologia, à abordagem psiquiátrica individual, às pessoas na cultura, às autobiografias, a determinantes da personalidade, etc.? Estas abordagens fornecem uma nitidez de exemplificação e acrescentam relevo estereoscópico à descrição. Mas não é evidente que contribuam com algo de essencial para a compreensão da cultura — quer dos seus padrões quer dos seus valores, nem sequer, talvez, dos seus processos.

Na divisão do trabalho científico, parafraseando Bloomfield, o antropólogo trata das inter-relações de fenómenos culturais; não é competente, nessa qualidade, para tratar de problemas de psicologia ou fisiologia, e os seus achados podem, em última análise, ser ainda mais valiosos para o psicólogo se não forem distorcidos por preconceitos acerca de psicologia.

Aplicações de testes de Rorschach, por exemplo, são psicologia. Nada dirão da cultura enquanto tal que não possa ser obtido mais directa e completamente por meio de técnicas antropológicas. Uma psicologia interculturalmente comparativa (além de psicologia animal ou intergenética) é uma falta que se lamenta. Pode conceber-se que semelhante psicologia intercultural tome duas formas. Pode ser empática, descrevendo os valores psíquicos variados, característicos de diferentes culturas — as suas personalidades típicas, por assim dizer. Esta abordagem será, quase de certeza, deixada, pelos psicólogos, a cargo de antropólogos ou historiadores. Como estudo objectivo, a psicologia intercultural poderia consistir em testes aplicados com vista a analisar não os indivíduos testados mas os factores ou qualidades psíquicos respectivamente mais ou menos desenvolvidos ou retardados por várias culturas. Para ser sistemática, semelhante psicologia talvez devesse, em princípio, ser desenvolvida por psicólogos, sempre que estes estivessem preparados para tratar de situações que envolvessem componentes culturais.

Os génios são indivíduos psicologicamente diferenciados da média e estudáveis como tal. Mas, se as suas personalidades individualizadas forem deliberadamente ignoradas em favor da utilização da ocorrência e do grau do génio como medida, ou índice, dos perfis de desenvolvimento dos padrões de crescimento de produtos supra-individuais, os génios tornam-se material para o analista do processo cultural anónimo. Como acontece com todos os dados humanos, os génios são passíveis de múltiplas significações, em diferentes níveis de abordagem.

A história, nas suas origens, ocupa-se de pessoas particulares e de acontecimentos particulares; mas os historiadores gregos, romanos e chineses generalizaram já, para além da especificação. Hoje em dia, a história institucional, económica e cultural transcende, em muito, personalidades e acontecimentos individuados na sua significação própria, conquanto se mantenha ligada a eles. Uma interpretação como a de Toynbee serve-se de acontecimentos e pessoas essencialmente como índices, ou marcadores, do crescimento das culturas — a que Toynbee chama com frequência «sociedades» — e de processos psicológicos ou morais que ele considera genericamente actuantes na civilização organizada. Uma história da Europa oitocentista, por exemplo, que não faça qualquer menção de pessoas ou de acontecimentos discretos pode não ser ainda exequível, mas é concebível, pelo menos como limite de uma abordagem. Envolveria uma selecção de dados com base em padrões móveis. Contudo, tal selecção seria certamente mais sofisticada do que uma história personalizada. Acontecimentos, pessoas e padrões encontram-se, evidentemente, interassociados no mundo dos fenómenos; seja o que for que façamos com eles, escolhemos segundo um interesse e propósito.

Os valores são inerentes à cultura. Os artigos culturais podem ser neutros ou indiferentes, a nível de valor, mas os padrões parecem implicar normalmente valores. Parte da tarefa do antropólogo, na sua caracterização de culturas, consiste na identificação dos seus valores. Esta identificação deve ser feita em função dos valores propriamente ditos ou das suas culturas totais, como é evidente, e não em função de uma norma supostamente absoluta, mas realmente etnocêntrica. A identificação deve ser descritiva ou fisionómica e não normativa. A história também se ocupa dos valores. É habitualmente considerada bem sucedida na medida em que é capaz de se libertar das limitações de sistemas nacionais, ou partidários, particulares e reconhece valores comparativos. O historiador, tal como o antropólogo, faz um uso descarado da sua faculdade de empatia, sem diminuição do que lhe é requerido em conhecimento, análise e organização.

O psicólogo formal, que só recentemente passou da introspecção para uma ou outra forma de behaviorismo, é, de momento, um puritano; esquiva-se à empatia porque deve mostrar-se científico a todo o preço. Talvez seja por isso que tem havido tão pouca relação da psicologia ortodoxa com a antropologia. Mas o psicanalista, o psiquiatra e o psicólogo clínico e da personalidade utilizam reconhecimentos empáticos; daí a sua ortodoxia marginal. Também, em virtude de se ocuparem da totalidade da personalidade, as influências culturais acabam por lhes chegar ao conhecimento, ao passo que o psicólogo ortodoxo trabalha com problemas abstractos, dos quais começa por tentar eliminar os factores culturais.

Existe actualmente um campo bastante estandardizado chamado «psicologia social». Esta, se bem que grandemente estimulada nos seus primórdios pelos sociólogos, tornou-se uma extensão da psicologia de reacção individual na área das inter-relações médias entre indivíduos, vistos como grupos ou massas, nas sociedades, já que estas podem ser estatisticamente definidas, mas sem referência particular às várias personalidades totais dos indivíduos. A preocupação centra-se na instrução, na socialização, no prestígio, na propaganda, etc. A psicologia social ocupa-se dos mecanismos em acção nas sociedades, consideradas enquanto sociedades, sem considerar directamente as culturas ligadas a essas sociedades. Deste modo, investiga o mecanismo da opinião influente e não as opiniões e o processo de socialização ou «culturalização», apenas com referência ocasional ao conteúdo do resultado obtido.

A psicologia cultural — a psicologia comparativa intercultural acima referida — é, por enquanto, um campo de estudo por organizar. Grande parte dos esforços empíricos para desenvolver este campo tem partido de antropólogos. Os psicanalistas estão igualmente interessados; mas, como entram com sistemas de hipóteses pré-estabelecidas de mecanismos, os seus achados parecem, à maioria dos antropólogos, mais pré-determinados do que empiricamente derivados.

12

AS CAUSAS NA CULTURA

(1947)

Esta foi igualmente uma palestra dada por ocasião de um jantar do Viking Fund, a 12 de Dezembro de 1947. O esboço mimeografado utilizado não foi publicado e atinge aqui cerca do dobro do seu tamanho original.

As causas que actuam na cultura dependem, obviamente, do que a cultura é. Toda a gente está de acordo em que a cultura contém, pelo menos, formas, normas e valores canalizados ou seleccionados — uma corrente de ideias relacionadas e de padrões exprimíveis. Há quem se fique por aqui; mas a maior parte do antropólogos incluiria igualmente na cultura o comportamento humano — pelo menos o comportamento humano que é influenciado ou condicionado por ideias ou formas e que, por seu turno, se empenha em produzi-las, mantê-las ou modificá-las. O local ou residência da cultura, segundo qualquer das definições, acha-se, obviamente, nos seres humanos, a partir de cujo comportamento (que também contém elementos não culturais) é inferido e interpretado, ou seja, é formulado por abstracção. A definição mais estreita ou «mais pura» representa, evidentemente, um grau de abstracção superior ao da definição mais inclusiva, «mista» ou comportamental. Cada uma tem o seu valor para certos fins.

Ora, existem campos estabelecidos de estudo organizado que se ocupam quase exclusivamente de formas quase culturais e que servem, por essa razão, de úteis pedras-de-toque para avaliar as qualidades que se pode esperar que distingam as ciências de interpretação estreita da cultura, por comparação com as de interpretação ampla. Destes estudos, a linguística é o mais conhecido, o mais respeitável, bem como o mais metódico e avançado a nível de método. Relativamente a outros estudos do homem, a linguística caracteriza-se por diversos traços. 1 — Os seus dados e achados são essencialmente impessoais, anónimos. 2 — A sua orientação é espontaneamente histórica e potencialmente histórica, mesmo para línguas cujo passado se perdeu.

3 — A ênfase é colocada no padrão ou inter-relação estrutural e retirada da chamada interpretação «funcional», que envolve a satisfação de necessidades, impulsos, estímulo-resposta e outras explicações que «decompõem» os fenómenos tratados em alguma coisa de ulterior.

4 — A explicação não é dada em termos de causa científca genuína, isto é, causas eficientes no sentido aristotélico, mas de «causas formais», isto é, de outras formas, consideradas como antecedentes, similares, contrastantes ou aparentadas. 5 — Na realidade, a «explicação» em termos de causa producente é, em larga medida, substituída pela «compreensão» em termos de contextos históricos, relevância e significação de valor.

Transpondo estes critérios — impersonalidade, orientação histórica, ênfase em padrões, ausência de causalidade, significação de valor — para outros estudos da cultura que não a linguagem, é evidente que a etnografia e a arqueologia normalizadas e os dois tipos de história da cultura — o de traços díspares e o que se dedica a totalidades culturais — seguem fundamentalmente o método da linguística. Por contraste com estas, a antropologia conscientemente funcional, a antropologia social e a sociologia, tendem a ser não históricas, reducionistas e a interessar-se pela causa.

Trata-se de uma diferença de meta e de interesse, não de superioridade intrínseca de uma conduta sobre a outra. A abordagem funcional-social ocupa-se mais do processo intemporal do que da relação histórica; mais da causa do que do padrão; mais do comportamento de agentes humanos do que das suas produções; da sociedade e não da cultura; de factores da personalidade como forças motrizes, mais do que das atitudes ou qualidades psicológicas inerentes às manifestações culturais; mais imediatamente da aplicação à acção, por contraste com a compreensão remota. A abordagem funcional-social é microscópica, imediata, analítica, centrada nos indivíduos, ocupa-se de causa e efeito e do aspecto prático. A abordagem histórica-cultural complementar é macroscópica ou telescópica e está orientada para as inter-relações e significações de produções suprapessoais.

As posições acima referidas são posições polares. A verdadeira actividade erudita é com frequência transicional, de uma caracterização menos extrema.

Há algumas considerações que são específicas da antropologia. Uma é o dilema da etnologia, como era conhecida, que em Inglaterra parece estar a reconstituir-se, em larga medida, como «antropologia social». O que caracteriza «social» neste título, com o que é que ele está em contraste? Porquê o adjectivo? Talvez seja a influência de um reconhecimento explícito mais tardio, na Grã-Bretanha, da «ciência social», de uma abordagem que tem certa relação com temas correntes. A etnologia feita sob esta nova bandeira é boa etnologia. Ocupa-se

AS CAUSAS NA CULTURA

entusiasticamente da cultura e de aspectos da cultura como a religião, a economia, a tecnologia, as relações ambientais, que se estendem muito para além da estrutura e funcionamento da sociedade *sensu stricto*. Até certo ponto, isto parece envolver uma reacção ao demorado subdesenvolvimento, na Grã-Bretanha, de uma disciplina empírica, não filosofante, da sociologia, em comparação com a sua exuberância nos Estados Unidos. É interessante observar, a propósito, que a cultura e personalidade como campo de investigação teve uma recepção bastante fria em Inglaterra, como aconteceu com a nossa anterior moda americana da aculturação.

A cultura e personalidade pode ser interpretada essencialmente como uma tentativa de usar a cultura para uma melhor compreensão da personalidade. Interessa-se pelas pessoas e pelo seu comportamento e menos pelas formas da cultura. É legítima como mudança de foco e de problema, não como um novo ataque a problemas antigos. A consideração da cultura só perifericamente cai na sua esfera de acção, como um meio. Se a cultura se mantém o tópico nuclear distintivo da antropologia, a cultura e personalidade deve ser encarada como uma sua província marginal.

Há uma contradição que continua por resolver entre o actual corpo do trabalho cultural-linguístico de Sapir e as diversas comunicações programáticas dos seus últimos anos de vida, nas quais parece afirmar que a cultura só é plenamente significativa em termos da personalidade psiquiátrica individual. Talvez este ponto de vista possa ser explicado como uma reacção pessoal a uma sensação de frustração do eu, finalmente produzida nele por anos de preocupação com formas culturais e linguísticas, conquanto ele tenha igualmente continuado a experimentar satisfação interior com essa actividade, que nunca interrompeu [ver também o cap. 17].

Malinowski deixava-se perturbar muito menos pela sua inconsistência em exaltar a cultura como *sui generis* e como um sistema completamente inter-relacionado e, ao mesmo tempo, derivável de, e redutível às, necessidades e imperativos resultantes da fisiologia e da psicologia. Aparentemente, a inconsistência de Malinowski era intelectual e imperturbada; a de Sapir, emocional e quase trágica.

A relação do estudo antropológico da cultura com a ciência natural, a história cultural, a ciência social e as humanidades, respectivamente, apresenta alguns pontos dignos de interesse. O tópico das duas primeiras é subcultural; mas a biologia, a geologia e a astronomia históricas estão obviamente ligadas ao estudo histórico das formas culturais pelo vínculo de uma abordagem comum. Por oposição a este paralelismo, existem, na realidade, até hoje, algumas esperanças, mas quase nenhumas realizações dignas de nota, na formulação e manipulação de constantes processuais da cultura, correspondentes às alcançadas nas actividades não históricas da física, química, bioquímica e fisiologia.

Entre as ciências sociais reconhecidas, não há nenhuma, além da antropologia, que se empenhe, franca e directamente, em reconhecer a cultura como o aspecto distintivo e dominante do seu objecto. A sociologia, a economia, a ciência política, mantêm-se «sociais» *de facto* na sua visão, bem como de nome, quando a antropologia há muito passou a ser essencial e explicitamente cultural. É de presumir que esta situação venha a provocar alguns problemas que não são hoje entrevistos, de maneira geral, nos ajustamentos internos da república das ciências — em particular no que se refere à frequente absorção, na organização universitária, de antropólogos, por departamentos sociológicos maiores ou nominalmente associados.

Quanto às humanidades, o seu estatuto é especial, na medida em que se ocupam de material cultural, da consideração de formas, estilos e valores, mas com frequência também de uma certa habituação à propaganda ou apologia de conjuntos de valores particulares. No seu todo, as humanidades carecem igualmente de uma teoria geral da cultura, explícita e sistemática. Os linguistas estão perfeitamente de acordo quanto ao que a linguagem é, mas parecem mais preocupados em preservar a sua autonomia do que em relacioná-la com o remanescente não linguístico da cultura.

A posição da história, tal como ela é feita pelos historiadores, é tipificada por Eduard Meyer, que reconhece a interacção constante de influências suprapessoais «gerais» e de personalidades individuais, do «acidente» causalmente produzido e de vontades intencionais.

À luz do que fica dito, terá igualmente interesse avaliar a causalidade utilizada em histórias de cultura humana total ou interpretações do processo da cultura visto como história: Danilevsky, Spengler, Toynbee, Sorokin, Northop, etc. Causalidades formais, eficientes, morais e imanentes têm sido aplicadas neste campo, o qual permanece diverso a nível de motivação e abordagem.

13

A CONCEPÇÃO DE CULTURA DE WHITE

(1948)

Dois anos depois do cap. 10, esta análise volta a abordar Leslie White, o que é sempre estimulante. Reconheço que a filosofia dele e a minha são aparentadas, embora ele me pareça ser demasiado intransigente na sua.

Numa recente comunicação, «The Expansion of the Scope of Science», publicada no *Journal of the Washington Academy of Sciences* do ano de 1947, Leslie A. White defende uma série de proposições com as quais o autor deste artigo está essencial e entusiasticamente de acordo, mas que, precisamente por causa da sua importância, parecem pedir certas limitações e clarificações.

Exporei as principais proposições de White, por palavras minhas, e comentá-las-ei seguidamente.

1. *Os fenómenos podem ser vistos, estudados e interpretados a uma série de níveis — tais como o orgânico, o psíquico, o social e o cultural —, cuja identificação na história do conhecimento surge sucessivamente, gradual e empiricamente.*

Trata-se de uma opinião já muito divulgada. Desenvolveu-se inconscientemente, não tem nenhum nome eminente a ela ligado e as suas implicações plenas quase não são, para já, reconhecidas entre muitos dos que aceitam essencialmente esse ponto de vista. O seu reconhecimento partiu de estudiosos da ciência, como subproduto do seu trabalho. Parece não existir nenhum sistema de filosofia que faça um uso sério de tal ponto de vista. As aproximações de Comte e Spencer são imperfeitas, já têm um século e as suas potencialidades parecem não ter sido mais desenvolvidas e exploradas pelos filósofos. Não tenho conhecimento de nenhuma tentativa adequada de examinar sistematicamente o que os níveis constituem ou significam, no que se refere a uma teoria do conhecimento.

2. *Regularmente, alguns dos fenómenos de um nível são explicáveis em termos de factores do nível, ou níveis, inferior.*

Trata-se do conhecido processo do *reducionismo*. Os fenómenos de um nível, ou certas das suas propriedades, só são inteligíveis em termos de factores, forças, ou elementos conceptuais, de um nível inferior. Pelo menos, parecem ser «mais» inteligíveis quando também se enquadram num sistema de maior profundidade. Assim, as propriedades dos elementos químicos correspondem, com um grau de regularidade e previsibilidade, à estrutura física do átomo, ao número, relação espacial, massa e carga energética dos seus constituintes. Emoções psicológicas como a ira e o medo são suscitadas pela libertação fisiológica de adrenalina na corrente sanguínea e a consequente descarga de açúcar do fígado. A bioquímica é, na realidade, a conversão de processos da fisiologia, concebidos descritiva ou funcionalmente, em processos concebidos quimicamente.

A tendência global do reducionismo é manifestamente monista. Os fenómenos de um nível são satisfatoriamente explicados como tais — num sentido — ao serem convertidos em factores de outro nível ou ordem.

3. *Com a mesma regularidade, contudo, certos fenómenos de cada nível resistem teimosamente à redução. Estes mantêm-se inexplicáveis e sem sentido em termos do nível inferior, ao passo que no seu próprio nível podem enquadrar-se em relações inteligíveis.*

A ira e o medo reduzem-se *ambos* à descarga de adrenalina e glicose, indistinguivelmente. Qual das duas coisas é sentida e qual delas é desencadeada não é uma questão de química no interior do organismo, mas depende de uma relação entre o organismo total e aquilo que o rodeia no exterior. O ciúme é uma coisa muito bem definida psicologicamente, embora variável, mas muito obscura fisiologicamente, como diz White. Um sentimento de hostilidade pode ser dirigido para o rival, para o objecto de amor, para ambos ou para nenhum. É a história anterior total da pessoa que determina a escolha entre estes possíveis resultados. Na medida em que uma hormona se pode achar envolvida, só o poderia estar como uma causa que produzisse um efeito consistente. A tarefa do psicólogo consiste precisamente em dizer, em função da situação completa — o que quer dizer a experiência total do indivíduo, incluindo a sua exposição interpessoal e cultural —, por que razão ele tem o impulso de castigar de uma vez a namorada, de outra o rival, ou, talvez, de se castigar a si mesmo. É evidente que a fisiologia não pode aflorar este problema.

Em geral, a abordagem de um nível subjacente pode conseguir explicar as uniformidades existentes em fenómenos de um nível superior, mas nem sequer aflora o problema das suas diversidades. Ainda que conhecêssemos toda a bioquímica do impulso sexual, continuaríamos a não saber nada da razão que leva um milhar de populações humanas a praticar quinhentos tipos distintos de casamento, além de inúmeras variedades de comportamento sexual extraconjugal. White é explícito e enfático neste ponto. É de presumir que grande parte dos antropólogos culturais concordam com ele. Decerto todos os que têm um pendor histórico concordarão.

4. *Pode, por conseguinte, concluir-se que o reducionismo é válido e útil na medida em que pode ser estabelecido, mas que a redução completa dos fenómenos do cosmos a factores de uma única ordem ou nível unificados é um limite inatingível.*

Ninguém pode prever o futuro, mas a nossa experiência até à data torna provável que existam sempre resíduos irredutíveis que fazem efectivamente sentido e têm efectivamente significado, em termos de relações, dentro do seu próprio nível. É, na realidade, concebível que, à medida que cresça o corpo de interpretações que reduzem um nível a outro, a nossa colecção de interpretações que o não faça também continue a crescer. É a sua simplicidade que torna o reducionismo atraente como sistema conceptual. Acreditar que se alcançou uma redução essencial é uma ilusão; que se está prestes a alcançá-la é a satisfação de um desejo. A nossa compreensão mais plena do mundo pode muito bem continuar a ser feita em termos pluralistas.

Até que ponto, ou em que sentido, as relações inteligíveis determináveis dentro de um nível são causais é o que passaremos a examinar em 8.

5. *Os níveis relacionam-se com aspectos separados dos fenómenos, mas isso não quer dizer que existam actualidades separadas, ou entidades autónomas, para cada nível.*

A realização da utilidade pragmática e da necessidade de indentificação de níveis distintivos corre o risco de se tornar excessiva. Nesse caso, os aspectos ou propriedades característicos de cada nível são exagerados e transcendentalizados em entidades ou tipos de realidades de direito próprio: a vida, o espírito, a sociedade, a cultura. Por vezes a motivação deste hipostasiar ou reificar é o ardor de uma nova atitude. Por vezes é uma sobrevivência de velhos conceitos pré-científicos, como a alma. O resultado é que inovadores radicais e reaccionários conservadores do intelecto podem achar-se no papel de correligionários, contra uma burguesia ortodoxa de reducionistas, que não fazem discriminação entre os seus oponentes.

De uma mera insistência na importância de reconhecer na cultura um domínio distinto de fenómenos depressa se passou para uma atitude mais avançada, mas apressada e geralmente vaga, que vê na cultura um género especial de entidade ou substância. Malinowski que- ria meter tudo no mesmo saco. No mesmo ensaio creditava à cultura o ser «uma realidade *sui generis*» e salvava ao mesmo tempo o seu monismo, derivando as manifestações dessa mesma cultura de neces-sidades fisiológicas e imperativos psicológicos. Fui acusado, há muito, por Boas e Benedict de misticismo e, subsequentemente, por Bidney de idealismo, ao reificar a cultura. White citou várias destas críticas ([1]). Aproveito esta oportunidade para repudiar, formal e publicamente, quaisquer extravagâncias e exageros de que possa ter sido culpado através de um excessivo ardor de convicção no meu artigo «O Superorgânico» [cap. 3] e de então para cá.

Em 1948, parece-me ser simultaneamente desnecessário e originador de novas dificuldades que, para explicar os fenómenos da cultura, se presuma qualquer entidade, substância, género de ser ou conjunto de forças separadas, autónomas e totalmente auto-suficientes. Não me parece que alguma vez tenha declarado explicitamente a minha crença em semelhante coisa. Mas parece-me, isso sim, que fui ambíguo e que escrevi um certo número de trechos que poderiam ter sido interpretados desse modo e que é provável que contenham implicações nesse sentido. Estou grato aos meus críticos na medida em que foram específicos na chamada de atenção para tais implicações. A minha concepção actual — espero que livre de ambiguidade ou instabilidade — da natureza das forças, ou causas, que formam a cultura é discutida adiante, em 8.

É fácil dizer mais do que se pretende, ou exprimir mais do que se tem consciência neste campo. Ninguém acusaria Lowie de misticismo ou de falta de clareza. No entanto, White cita as próprias palavras de Lowie quando este diz que a cultura representa «um domínio distinto», é «uma coisa *sui generis*», «só pode ser explicada em termos dela mesma» e «surge como um sistema fechado» ([2]). Uma coisa *sui generis,* que também é um domínio, não é bem a mesma coisa que uma realidade *sui generis,* mas para lá caminha. A habitual precisão e sanidade de Lowie, e sobretudo o contexto total da sua obra, libertam-no, sem dúvida, de qualquer proscrição de encarar «misticamente» a cultura como uma espécie de substância autónoma. Terá sido provavelmente a minha passada alegação de *forças* autónomas que deu o alarme e me mereceu tal rótulo. Na realidade, não iria actualmente tão longe como Lowie foi. Diria hoje que a cultura é *essencialmente* inteligível a partir de si mesma, mas não *apenas* a partir de si mesma.

6. *Toda a gente está de acordo em que o nível ou níveis básicos são o físico e o químico (que, em conjunto, constituem o inorgânico) e, a seguir, o orgânico. Esticar ou não o orgânico por forma a incluir o psicológico depende de se ser um reducionista mais ou menos rígido.*

Parece haver, de facto, concordância generalizada quanto aos quatro últimos níveis: o fisiológico, o psicológico, o social e o cultural.

O número de níveis não é absoluto. Varia segundo a referência e a meta de consideração. Para certos fins é conveniente tratar todos os fenómenos suborgânicos como uma unidade. Pelo contrário, é, de vez em quando, útil separar os fenómenos orgânicos em vegetais e animais ([3]), mostrando somente estes últimos indícios de um nível psíquico sobreposto de fenómenos. Está na moda falar-se de um único nível psicossomático no movimento. O social e o cultural continuam, com frequência, a não ser distinguidos, como observa White, quando é útil fazê-lo. Contudo, há situações em que a referência a fenómenos culturais indiferenciados é igualmente conveniente.

Em resumo, é a ordem de posição dos níveis que é importante. Até que ponto é útil separar ou fundir níveis adjacentes varia com o objectivo da discussão.

7. *White sustenta que a identificação científica de níveis ocorre, historicamente, em função da ordem de facilidade de explicação coerente, em termos que não sejam os do eu autónomo, da alma, ou do livre arbítrio humano.*

Por outras palavras, segundo White, o animismo é menos aceite por um intelecto indisciplinado do nível inorgânico e mais facilmente substituído, nele, por um sistema de interpretação científica; e a última cidadela do animismo encontra-se no domínio da cultura ([4]).

Isto é essencialmente verdade; mas, historicamente, White simplificou demasiado o processo. A química, segundo a sua fórmula, deveria ter-se desenvolvido antes da anatomia e de tudo o que está acima da anatomia, enquanto a química foi manifestamente uma ciência que tardou em cristalizar. Isto deveu-se a várias razões, tais como o atraso histórico da experimentação sistemática, as quais nada têm a ver com nível. Mas é um facto que a identificação de aspectos especificamente sociais dos fenómenos surgiu efectivamente tarde e a dos culturais ainda mais tarde — como testemunha a não diferenciação formal das duas coisas, por Comte e Durkheim.

8. *As leis, as forças e talvez as causalidades completas que se acham dentro do nível cultural são determináveis, segundo White.*

Esta proposição pode ser encarada de duas maneiras, como se torna evidente pelas citações que White faz de Simmel. Embora a cultura seja uma «estrutura de realidade independente [*sic*], que viva a sua vida segundo leis peculiares e em virtude de forças peculiares, independente de todas as suas componentes individuais», «em última análise só os indivíduos existem», segundo Simmel, e as «estruturas espirituais» que compõem a cultura, independentemente dos artefactos, «têm a sua existência apenas em mentes pessoais», pelo que «pensar nelas sem pessoas é um misticismo».

Com um filósofo da estatura de Simmel a chegar a esta espécie de impasse, é evidente que esta parte do problema não é fácil ([5]). À cultura é atribuída uma realidade com leis e forças próprias, mas também se crê existir apenas nas pessoas. Não admira que os não filósofos se tenham atrapalhado um pouco nesta área.

Quanto a mim, estou pronto a admitir que a cultura existe apenas nas pessoas, no sentido de residir, ter o seu lugar, apenas nelas. Incidentalmente, a cultura também existe, nesse caso, nas reacções fisiológicas, nas bioquímicas e até nas físico-químicas. E, por conseguinte, é evidente o absurdo do reducionismo como método prático de operação científica exploratória. Na realidade, o reducionismo não é de modo algum uma ferramenta de investigação. Não é um método de alargar a compreensão a novos domínios, mas uma conduta para integrar interpretações obtidas. Consolida um território já invadido.

Para o investigador da cultura, enquanto simples investigador da cultura, parece, para já, irrelevante saber onde reside a cultura, ou se ela existe ou não de maneira autónoma, desde que ele tenha dados culturais genuínos com que trabalhar e possa trabalhar livremente sobre eles com os métodos que julgar mais produtivos. O lugar e a realidade da cultura são irrelevantes, na medida em que não afectam o seu problema cultural específico, nem o seu método específico de tratar dele. Deparam-se dois caminhos aos estudiosos da cultura. Podem tentar reduzi-la a outra coisa qualquer, caso em que é evidente que não aprenderão muito sobre a cultura, ou podem tentar informar-se sobre as suas manifestações no mundo da natureza. Se, para tal, é necessário o congelamento provisório dos fenómenos culturais como tais, ao nível cultural, e actuar como se a cultura fosse um reino autónomo, muito bem; pois, se não o fizermos, nunca descobriremos quanta autonomia os fenómenos culturais têm ou não têm, nem de que tipo é a autonomia. A atitude *como se* fornece-nos uma maneira perfeitamente adequada ao proceder; e a aceitação desta atitude por White parece muito mais frutuosa do que a sua denúncia de Simmel como teimoso, atolado e cego por uma metafísica obsoleta. Evidentemente que as duas posições de White sobre este ponto não são totalmente consistentes: se Simmel está perversamente enganado, a cultura «existe» então, realmente, como entidade com o seu nível próprio e não temos de recorrer a nenhuma atitude *como se*.

Quanto aos que são de opinião de que as culturas não envernizam as unhas, nós, os que nos interessamos pelos fenómenos da cultura, podemos aceitar isto alegremente e seguir o nosso caminho. Lynd não é um literalista chicaneiro. Interessa-se pelos fenómenos subculturais das relações sociais, cujo foco tende a ser um tanto ou quanto

A CONCEPÇÃO DE CULTURA DE WHITE

perturbado pelo impacte da abordagem cultural, parafraseando vagamente a citação apropriada que White faz de MacIver. Uns quantos comentários destes, trocados por sobre a cancela das traseiras da sociologia e da antropologia, não devem ser tomados demasiado a peito. Passam só porque somos vizinhos de área e diligência.

Se prescindirmos de uma substância separada, ou de um lugar de residência separado para a cultura, que dizer então das suas leis, ordem e forças autónomas? Restará alguma coisa desse género, ou teremos de tornar-nos completamente reducionistas?

A solução parcial que proponho devo-a a Bidney ([6]) e ao facto de ele ter relacionado os quatro géneros de «causas» ([7]) aristotélicas com o problema. As causas eficientes dos fenómenos culturais são indubitavelmente homens: personalidades individuais que entram em relações interpessoais e sociais. Quer-me parecer que isto não pode ser negado e que não há utilidade nem honestidade em tentar diminuí-lo. Mas as manifestações da cultura surgem caracteristicamente em certas formas, padrões ou configurações, muitas das quais são amplas, duráveis e com ramificações. Ora, embora as pessoas indubitavelmente façam e produzam estas formas culturais, o conhecimento que possuímos das pessoas — e em grande parte também o conhecimento que possuímos das sociedades de pessoas — foi totalmente incapaz de explicar as *formas* culturais — foi incapaz de derivar efeitos culturais específicos de causas psíquicas ou sociais específicas. Na realidade, os conceitos ou mecanismos psicológicos e sociais nem sequer são muito bons para *descrever* formas culturais. ([8]) Semelhantes descrições ou caracterizações só começam a fazer algum sentido quando são feitas a nível cultural — em termos de relações interculturais e de valores culturais.

Todo o antropólogo ou historiador interessado na cultura se apercebe de que as aspirações culturais fazem mais sentido e revelam mais significado à medida que conhecemos melhor os seus antecedentes culturais ou, mais genericamente, um contexto cultural mais total. Por outras palavras, as formas ou padrões culturais ganham em inteligibilidade ao serem colocados em relação com outros padrões culturais. Este inter-relacionar de formas é, evidentemente, semelhante à consideração das «causas formais» aristotélicas ([9]). Claro que não se trata de forma alguma de «causas» no sentido da ciência mecanicista moderna, que se ocupa de causas eficientes (se é que se ocupa sequer de causas). E, se alguém levantar objecções à terminologia aristotélica, em 1948, terei todo o prazer em adoptar novo termo mais apropriado, que seja cunhado ou proposto.

Estou convencido de que este primado dos padrões ([10]) e da relação de padrões deve ser aceite nas nossas operações intelectuais com dados culturais, talvez não para sempre, mas, pelo menos, no actual desenvolvimento do nosso saber e da nossa ciência ([11]). É fácil clamar por mecanismos dinâmicos, mas tem sido difícil encontrá-los. O que

A NATUREZA DA CULTURA

os mecanismos, ou causas eficientes, que residem nas pessoas, explicaram na cultura talvez tenha sido algumas das suas recorrências vagas, dos seus denominadores comuns mal definidos. Todas as qualidades caracterizadas da cultura, todas as suas variações e especificidades, mantêm-se essencialmente inexplicadas pelos mecanismos psíquicos dinâmicos. Os historiadores, embora o seu material consista numa mistura de cultura, pessoas e acontecimentos, cada vez estão mais conscientes da insuficiência de explicações causais específicas e cada vez mais se contentam em apresentar sequências de formas significantes.

O caso mais nítido é fornecido pela linguística, que é manifestamente, de todos os estudos sociais e humanísticos, o que segue o método mais rigoroso e mais exacto. A fala é um fenómeno totalmente humano e totalmente social, mas a linguística floresce sendo completamente anónima e impessoal, com um mínimo de referência aos seus veículos e à psicologia destes e ocupando-se das relações de formas específicas, sem grandes preocupações com as suas causas produtivas específicas. A relação de *d*, *t*, *ts* em *deux, two, zwei* é uma «lei» no sentido de ser uma regularidade de forma, de relação consistente de padrões. Mas o linguista não pergunta geralmente o que levou os Ingleses a terem *t* onde os Franceses têm *d*. Não poderia dar a resposta e sabe-o; e — se alguma vez pensou nisso — é provável que suspeite de que nenhum reducionista a pudesse dar. O linguista também pode estar pronto a admitir que, à sua maneira, o físico tem razão se afirmar que, na realidade, a linguagem *é* apenas vibrações do ar produzidas pelas laringes e bocas de indivíduos pertencentes ao *Homo Sapiens*. Ao nível do físico, a linguagem é isso e continuará a sê-lo. O linguista extrai do seu material algo de mais significativo do que ondas do ar, porque não tenta explicá-lo por meio de causas eficientes que residem nas pessoas, mas aceita simplesmente essa causalidade e ocupa-se das *inter-relações* de *formas* linguísticas nos seus fenómenos linguísticos.

A cultura, como um todo, é mais variada e menos canalizada do que a sua parte, a linguagem. Talvez seja por isso que os estudiosos da cultura têm tido menos coragem ou decisão em aperceber-se de que a sua conduta mais fértil é essencialmente a mesma. Tal como a linguagem, a cultura existe apenas nos indivíduos humanos e através deles e das suas propriedades psicossomáticas; e, tal como a linguagem, adquire uma certa inteligibilidade e maior significação sistemática, na medida em que aceitar simplesmente essas pessoas e passar a investigar as inter-relações que caracterizam as formas suprapessoais de cultura.

Não me parece que nestas afirmações eu não consiga, como pensa White, «defender consistentemente o ponto de vista culturalista»; estou apenas a delimitá-lo e a tentar clarificá-lo. Que uma abordagem histórica possa ser mais fértil relativamente à cultura e uma mecânico-científica mais fértil relativamente à matéria e à energia equivale à concessão de uma diferença, não de uma inferioridade. E a cultura pode muito bem vir ainda a revelar «leis» semelhantes às «leis» a que o linguista chama mutações fonéticas; só que é de presumir que elas sejam, tal como estas, essencialmente relações de formas (sincrónicas ou sequenciais) e não leis de causalidade eficiente. Na medida em que estas são determináveis para a cultura, a perspectiva parece-me ser que continuarão a residir no nível psíquico ou psicossomático. E porque não? Quem somos nós para reclamar absoluta auto-suficiência para o nosso domínio?

9. *Sendo o determinismo — por oposição ao livre arbítrio ou ao animismo — vigorosamente recusado por personalidades cientificamente indisciplinadas, continua a combater-se pela apercepção ou reconhecimento dos fenómenos culturais como tais, segundo White; na realidade, combate-se com um êxito cada vez maior desde 1930, aproximadamente, diz ele.*

Isto parece ser uma meia verdade. Eu próprio fiz uma acusação semelhante, num caso específico, em que achava que o caos dos fenómenos estava mais de acordo com o carácter do meu oponente do que qualquer ordem determinada, que limitasse a liberdade da pessoa humana. Mas hesito em generalizar a acusação. Pessoalmente, sou, por inclinação, um determinista. Mas não vejo qualquer correspondência entre determinismo e esclarecimento, nem entre reaccionarismo intelectual e livre arbítrio, se Bidney pode dar lugar a Deus e à oração na sua interpretação da cultura, ou Toynbee a Deus e ao livre arbítrio na sua história — bem, não é assim que eu trabalho, mas não vejo porque me hei-de preocupar com o facto de eles o fazerem, pelo menos até se tornar evidente que a sua atitude afecta os resultados dos seus estudos. Afinal, houve, e há, deterministas e predestinacionistas calvinistas no dogma religioso, bem como partidários do livre arbítrio. E, além disso, estou consciente de que, ao viver a minha vida prática, tenho necessariamente, se pretendo de alguma forma actuar, fazê-lo *como se* gozasse de liberdade da vontade, ainda que intelectual e impessoalmente opte por continuar a ser um determinista. É o inverso e complemento do que o historiador humanista faria na sua profissão se, por acaso, fosse pessoalmente um determinista — e talvez existam historiadores assim.

Em resumo, a correlação parece-me ser consideravelmente menos simples do que parece a White, conquanto sejamos deterministas, pelo menos de uma certa maneira.

Também duvido de que se tenha verificado uma recessão desde 1930. Na convicção de uma causa é fácil ser pessimista a propósito do seu progresso. Lançando um olhar retrospectivo, trinta anos passados para o meu ensaio intitulado «O Superorgânico» [cap. 3], sinto-me impressionado pelo sentimento, que o permeia, de uma grande necessidade de libertar os fenómenos culturais ([12]) da opressão do pensamento biológico. Não me parece que o jugo do orgânico pesasse realmente nos nossos pescoços «culturalistas», em 1917. Se tal jugo existia, os biólogos da época provavelmente nem tinham consciência de o impor. Por certo que foi completamente retirado, pelo menos nos círculos intelectuais, espontaneamente e sem a pompa de uma revolução formal.

Também há que recordar que os estudantes americanos vêm para a universidade, e muitos deixam-na, com uma experiência espantosamente pequena em qualquer tipo de atitude histórica e, por conseguinte, com considerável dificuldade em apreender em primeira mão o que são efectivamente os fenómenos culturais, quando vistos historicamente. Por outro lado, a personalidade é o *slogan* do momento; e, assim, clamam às centenas por serem informados das perspectivas mais recentes acerca da cultura e da personalidade, sem terem grande noção do que qualquer destas coisas é. Acrescente-se que, como nação, adoramos engenhocas, que expedientes como «testes de borrões de tinta» possuem algumas das qualidades exteriores de uma engenhoca — e a perspectiva pode parecer sombria para os que se interessam pela cultura como tal. Mas, com a experiência aprende-se que estas vagas vão e vêm. Daqui a uma ou duas décadas, os testes de Rorschach podem ser uma rotina convencional ou podem ter sido substituídos, enquanto estímulos de reacção da moda, pelo seu sucessor na altura. Ainda em 1915, a própria palavra «personalidade» continuava a sugerir essencialmente malícia, imprevisibilidade, ousadia intelectual — a «personalidade» de um homem era um pouco como «um não sei quê» numa mulher. E quem é que hoje revela alguma emoção a propósito da aculturação, depois que a palavra perdeu a sua carga emotiva e se verificou que denotava parte de um dos processos sempre presentes, regulares, monótonos, da história humana?

Não me sinto confiante acerca de o progresso do interesse pela cultura ser rápido, mas não vejo nenhuma recessão.

10. *White considera que a suposta recente regressão em relação a uma ciência autónoma da cultura se deve ao carácter obsoleto do nosso sistema social de capitalismo e imperialismo, à sua dedicação ao* statu quo *e à nossa relutância em reconhecer quer a evolução quer a cultura; mas a paragem será apenas temporária.*

Estes pontos, nos dois últimos parágrafos do ensaio de White, são em grande parte um *non sequitur*. São mencionados aqui apenas na tentativa de mantê-los fora da discussão que o resto da provocante comunicação de White provocará quase de certeza.

A CONCEPÇÃO DE CULTURA DE WHITE

Pode pôr-se em causa que o nosso sistema social seja obsoleto — isto por causa da franca rapidez com que se está a adaptar à mudança. Alteramos efectivamente o nosso *statu quo*, ainda que ele seja suficientemente favorável para que queiramos preservar grande parte dele. Podemos aceitar alegremente que o nosso «sistema» capitalista seja um desenvolvimento histórico gradual, embora não dando importância à implicação de se tratar de uma conspiração ou maquinação, e assim por diante. Contudo, ainda que a nossa direcção social e política como nação fosse atrasada e obscurecida, é difícil perceber o que tem isso a ver com o reconhecimento, ou não reconhecimento, mais ou menos explícito, da cultura por algumas centenas de antropólogos e sociólogos de profissão. Será que está para breve o dia do juízo final em que *todas* as verdades do mundo se encontrarão de um lado e *todos* os símbolos do erro e poderes do mal do outro? A não ser que assim seja, estas máximas finais de White são irrelevantes para a sua principal tese intelectual e a introdução dessas máximas tende a diminuir a consideração que a maior parte do seu incisivo ensaio merece.

NOTAS

[1] A saber, que eu considerei «a cultura uma entidade mística que existe fora da sociedade dos seus portadores individuais e que se desloca pela sua própria força» (Boas, *Anthropology and Modern Life* [1928], p. 235). «Fraseologia Mística. (...) Tal como Kroeber, invocaram uma força a que ele chama o superorgânico para explicar o processo cultural» (Benedict, *Patterns of Culture* [1934], p. 231). «A falácia culturalista» é demonstrada na tendência «para hipostasiar a cultura e para concebê-la como uma força transcendental, superorgânica ou superpsíquica, que determina por si só o destino histórico humano» e pela «suposição de que a cultura é uma força que se pode fazer e desenvolver a si mesma» (Bidney, *American Anthropologist*, XLVI [1944], 42).

[2] O facto de White apoiar a fisiologia na anatomia introduz um princípio diferente, o da estrutura-função. Parece duvidoso que isto tenha muito a ver com o nível. Do mesmo modo, a astronomia não é subjacente à física e à química, mas é a aplicação da física e da química a áreas espaciais remotas - e com referência *histórica* aos acontecimentos únicos nessas paragens longínquas. A *posição* no cosmos, em todo o caso, dificilmente pode constituir um critério de nível.

[3] De modo muito semelhante ao que acontece na p. 181, White introduz a psicologia social no seu diagrama entre a psicologia e a sociologia, mas na p. 189 volta a omiti-la.

[4] P. 209: «A interpretação científica surgirá primeiro e crescerá mais depressa nas áreas em que as determinantes do comportamento humano são as mais fracas e as menos significativas.»

[5] Afora as dificuldades causadas a muitos alemães pelo uso do ambíguo «espiritual» (*Geist, geistig*), que umas vezes significa apenas «psicológico», mas outras «fora do domínio da natureza e da ciência».

[6] Bidney em *Journal of Philosophy*, XXXIX (1492), 449-57; *American Anthropologist*, XLVI (1944), 30-44.

[7] No caso de uma casa, a «causa material» seria o seu madeiramento; a «formal», a planta ou desenho do edifício; a «eficiente», o carpinteiro; a «final», a meta de abrigo.

A NATUREZA DA CULTURA

[8] Como demonstra o facto de termos hoje, na América, uma ou duas dezenas de livros sistemáticos sobre psicologia social que tratam todos do mecanismo psicossocial e se abstêm, cuidadosamente, de tratar das culturas «produzidas» pelo mecanismo.

[9] Bidney (nos dois trechos citados na n.º 6) sugeriu que na cultura também entram «causas materiais» e «finais»; mas as formas e relações de forma parecem-me ser as mais características.

[10] Até que ponto os valores são incluídos em padrões de cultura constitui um problema à parte.

[11] Que é ela própria, evidentemente, uma fase de um padrão.

[12] E eu que ainda estava tão cru que passei metade do tempo a chamar-lhes «sociais», quando era óbvio que queria dizer culturais!

14

O CONCEITO DE CULTURA EM CIÊNCIA

(1949)

Esta alocução foi proferida a 1 de Novembro de 1948, na Universidade de Chicago, num simpósio sobre «Os Marcos da Integração Científica». Foi publicada no Journal of General Education. *É talvez a mais madura e bem acabada das minhas exposições gerais sobre a cultura.*

Proponho-me discutir o conceito de cultura — a sua origem e validade, o seu uso e limitações. Como todos os conceitos, trata-se de uma ferramenta e, na qualidade de ferramenta, o conceito de cultura tem dois gumes. Reúne alguns fenómenos e interpretações, dissimila e distingue outros — falaremos disso mais adiante.

Como todas as ideias importantes, a ideia de cultura foi obra de muitos espíritos e desenvolveu-se gradualmente. Ainda há muitas grandes nações civilizadas — a francesa, por exemplo — que se recusam a admitir a palavra «cultura» no seu vocabulário intelectual. Por outro lado, os antigos conheciam alguns dos fenómenos da cultura e aos primitivos modernos eles também não passam despercebidos — como, por exemplo, os costumes distintivos. «Nós não fazemos assim, fazemos assim» — esta afirmação, que qualquer ser humano é capaz de fazer a dado momento, é um reconhecimento de um fenómeno cultural.

Os fenómenos têm uma tendência para ocorrer com uma natureza composta, intricadamente misturados. As suas qualidades e, mais ainda, os seus aspectos gerais conceptualizados só gradualmente podem ser desenredados da confusão das aparências. Até quase meados do século XIX e, em certas situações e contextos, até aos nossos dias, o conceito de cultura manteve-se inextricável do conceito de sociedade. Quando Comte fundou a sociologia e cunhou o seu nome, há mais de um século, imprimiu nela o cunho do social. Mas os seus famosos três estádios, da mitologia, da metafísica e do positivismo, são essencialmente estádios da ideologia e, por conseguinte, da tura. Só acidentalmente são estádios de relações especificamente sociais ou interpessoais. Mais válida ainda é esta referência essencial à cultura em lugar de à sociedade, no que se refere às caracterizações diferenciadoras de Comte, do catolicismo e do protestantismo e a centenas de outras máximas especiais.

Quando um pensador tão original e penetrante como Durkheim hipostasiou a sociedade como aquilo que impressionara os primeiros grupos, que eles adoravam e que, desse modo, originara a religião, avançou um ponto de vista que, de maneira geral, parecia rebuscado e, para muita gente, místico. Mas assim que, em lugar da sua «sociedade» indiferenciada, colocamos os costumes e crenças que dão coesão às sociedades primitivas e parecem ajudá-las a sobreviver — por outras palavras, a sua «cultura» —, a interpretação de Durkheim começa a assumir razoabilidade. Parece justo supor que era isso o que Durkheim «queria dizer», o que ele diria hoje.

Era de esperar que a não diferenciação dos dois aspectos continuasse até um certo ponto, dado que a cultura, por definição, inclui, ou pelo menos pressupõe, a sociedade. Como algo de partilhado e supra--individual, a cultura só pode existir quando existe uma sociedade e, inversamente, toda a sociedade humana é acompanhada de uma cultura. Este contrário, sem dúvida, não está completo — aplica-se apenas a sociedades *humanas*. No entanto, em princípio, a limitação é extremamente importante. A existência de sociedades sub-humanas sem cultura, ou essencialmente sem cultura, em especial as sociedades altamente elaboradas dos insectos sociáveis, serve de pedra-de-toque irrefutável para a discriminação significante dos conceitos do social e do cultural: *podem* existir separadamente. Pelo menos, uma das coisas existe separadamente.

A palavra «social» é, em si, uma designação relativamente recente. O termo romano era *civilis, civitas,* de *civis,* um «cidadão», correspondendo à definição de Aristóteles do homem como *zoon politicon* ou «animal político» — um animal civil para os Romanos, um animal social para nós. Claro que as instituições estavam implícitas no termo «animal político» e, por conseguinte, a cultura estava também implícita, mas não como um conceito separado, coagulado. Estes antigos termos mediterrânicos são esclarecedores do modo como as ideias abstractas se originam numa matriz do concreto. Quando Aristóteles queria falar genericamente daquilo a que chamamos «sociedade» e «cultura», empregava a palavra *polis,* que continuava a sugerir cidadela e muralha, cidadãos livres com o direito de votar e de lutar.

A palavra «cultura», no seu sentido científico moderno, tal como, por exemplo, qualquer antropólogo a empregará com a certeza de que qualquer outro antropólogo sabe ao que ele se refere, este significado moderno de «cultura» é ainda mais recente. A primeira definição de «cultura» neste sentido amplo, mas definido, do seu uso corrente na ciência social — distinto de cultivação e refinamento, de educação, da agricultura e da cultura de pérolas e das culturas de ensaio —, a primeira definição que encontrei num dicionário inglês data do final dos anos 20. Foi Tylor o primeiro a empregar deliberadamente o termo num livro, quando, em 1871, publicou *Primitive Culture* e formulou essa definição da cultura, talvez a mais citada, que começa: «Esse todo complexo que inclui...». É evidente que Tylor estava consciente de estabelecer o termo, tal como estava consciente de empregar «cultura» e «civilização» como sinónimos no seu discurso. Para ser exacto, já tinha empregue algumas vezes a palavra «cultura» como alternativa hesitante a «civilização» e no mesmo sentido, mas sem definição, seis anos antes, nas suas *Researches,* como se a ensaiasse perante o público britânico. Talvez a tenha ido buscar ao etnógrafo alemão Klemm, que lera e citava. Klemm escreve a palavra com *C — Cultur —*, tanto no seu livro de 1843 como no de 1854. A palavra parece ter sido de uso geral na Alemanha, nesse período, com o seu sentido moderno, e não era de maneira nenhuma empregue então como se fosse um termo novo. Não sei precisamente aonde remonta a palavra alemã *Cultur* com o seu significado científico moderno. Kant emprega-a repetidas vezes na sua *Anthropologie,* mas é extremamente difícil dizer se está a pensar na cultura no nosso sentido ou em «tornar-se mais culto». Arciniegas cita Paul Hazard, que diz que a palavra surge pela primeira vez no dicionário alemão de 1793.

Recuemos um longo passo, tanto a partir da cultura como da sua matriz imediata indiferenciada, a que hoje chamaríamos «sociocultural», em direcção ao psicossomático. Assim como a cultura pressupõe a sociedade, também a sociedade pressupõe pessoas. É uma reunião de indivíduos — mais qualquer coisa —, isso que nós e as sociedades das térmites partilhamos. Bem, aqui temos, pois, três elementos ou conjuntos de factores: cultura, sociedade, pessoas, cada um apoiando-se no seguinte ou por ele pré-condicionado. Na realidade, podemos dar imediatamente mais um passo e separar as pessoas em corpos e mentes como dois aspectos que, pelo menos em algumas situações, é útil tratar separadamente — em todas as situações estritamente psicológicas, por exemplo. Torna-se claro que a separação é legítima, quando é útil, não só pela distinção comum entre a ciência biológica e a psicologia mas também pelo facto de se considerar geralmente que as plantas, embora possuindo corpos, não mostram qualquer indício de ter psiques.

Estamos já perante quatro aspectos sobrepostos — quatro «níveis», chamemos-lhes assim: corpo, psique, sociedade, cultura. Deve ser já óbvio aonde esta linha de pensamento nos conduz — o passo seguinte prefacia o inorgânico como subjacente ao somático, ao psíquico, ao social e ao cultural.

De facto, os fenómenos do nível inorgânico também podem ser fragmentados, se for útil fazê-lo, e tanto quanto o for — e em muitas situações, talvez na maioria, é útil —, em físicos e químicos. Na realidade, podemos dividir ainda mais e laminar um nível subatómico e talvez um outro para os fenómenos supermoleculares dos vírus, ou para as manifestações dos cristais. Todas estas distinções se incluem, contudo, na extremidade maior, inorgânica ou suborgânica, da escala; e, como nos ocupamos particularmente aqui do ultra-orgânico, do mais superorgânico, na extremidade oposta, seria digressivo e confuso entrar nessas distinções mais subtis, do fundo da hierarquia.

Tornou-se ultimamente costume designar estes planos hierárquicos como «níveis de organização» e, alternativamente, como «dimensões». Este último termo é apropriado em certos contextos, como quando se diz que toda a situação humana tem dimensões ambientais, orgânicas, sociais e culturais. Aqui, a palavra «dimensões» equivale a «aspectos», ou a «classes de factores imbricantes». Ela evita, decididamente, qualquer implicação de hierarquia. As dimensões entrecruzam-se, os níveis implicam paralelismo. Numa chamada «abordagem de campo» de uma área fenomenal limitada, como a personalidade, em que a ênfase é colocada na interacção de factores que convergem para um único ponto, é natural ver nos factores culturais, sociais, orgânicos e físicos outras tantas dimensões «irradiando» do ponto em observação. Por contraste com isto, quando a abordagem é macroscópica, ou até telescópica, como acontece ao delinear grandes padrões históricos ou as suas inter-relações, as dimensões automaticamente se separam em camadas paralelas e sobrepostas e o termo «níveis» torna-se mais apropriado.

Todavia, é preciso não confundir «níveis de organização» com «níveis de abstracção». É verdade que, embora nos centremos em aspectos culturais, estamo-nos, num sentido técnico, a «abstrair» dos aspectos orgânicos e físicos respeitantes aos mesmos fenómenos. «Abstrair» significa, aqui, desviar a nossa consideração de, ignorar — é temporário, móvel, reversível. Mas os fenómenos culturais *não* são mais abstractos do que os fenómenos físicos ou orgânicos, no sentido de serem mais abstrusos, rarefeitos, não concretos ou conceptualizados. O surto de ira é um fenómeno tão concreto como um franzir de sobrancelhas ou a constrição de um vaso sanguíneo. O costume de caçar cabeças ou de apanhar o ramalhete da noiva é, por certo, absolutamente concreto. Só a cultura, como conceito generalizado, é abstracta; mas também são abstractos a sociologia, a mente, o corpo, a matéria e a energia. O que é muito mais significativo do que a abstracção é o facto de os fenómenos culturais ocorrerem organizados em princípios diferentes dos fenómenos sociais, os fenómenos sociais em princípios diferentes dos psíquicos e por aí fora até ao fim da série.

O que é mais claro acerca dos níveis é que certas propriedades ou qualidades dos fenómenos de cada nível são peculiares dele. É provável que isto se deva a uma diferença de disposição ou organização.

O CONCEITO DE CULTURA EM CIÊNCIA

O que é especificamente característico e distintivamente significativo dos fenómenos de um nível só é inteligível em função dos outros fenómenos, qualidades ou regularidades desse mesmo nível. As qualidades ou fenómenos mais característicos, nunca são explicados, pelo que conhecemos de outro nível — não podem ser alcançados por um conhecimento de outro nível, em especial quando os níveis se encontram bastante separados. Os achados de um estudo dos fenómenos de um nível inferior *aplicam-se,* efectivamente, aos de um nível superior, mas com um significado diminuído.

Assim, a gravitação, a condutividade eléctrica e a valência dos elementos aplicam-se a corpos orgânicos, bem como a inorgânicos. Mas princípios ou leis como estes são os únicos que se aplicam a corpos inorgânicos e, contudo, não explicam devidamente os fenómenos orgânicos específicos da repetição hereditária, do nascimento e da morte, ou da adaptabilidade. Estes processos especificamente orgânicos *conformam-se* com processos físico-químicos estabelecidos, não podem ser *derivados* deles. Leis de um nível inferior fixam o quadro dentro do qual os fenómenos de um nível superior operam — não produzem de *per si* esses fenómenos. As leis de níveis inferiores explicarão as constantes, as características universais e as uniformidades dos fenómenos de um nível superior. Explicarão ou descreverão as qualidades ou propriedades que um nível superior partilha com um inferior — que um corpo orgânico possui massa ou condutividade, por exemplo. Não conseguem explicar, nem sequer descrever, as propriedades que são específicas de um nível, distintivas dele — por exemplo, o modo como um corpo orgânico se repete nos seus descendentes.

Em resumo, parece que o trabalho total da ciência deve ser feito numa série de níveis que a experiência da ciência vai descobrindo gradualmente. Reduzir tudo o que existe no universo a um conjunto monístico de princípios, mecânicos ou outros, pode ser uma filosofia legítima — e pode não ser; não é decerto um método operacional adequado em ciência. Envolve utilizar os difíceis ganhos da física em extensões verbais na biologia ou na sociologia, pondo assim em curto--circuito uma genuína solução dos problemas, nesses mesmos domínios. Aparentemente, só é possível conseguir verdadeiro progresso quando cada ciência for autónoma nos seus métodos, apercebendo-se, ao mesmo tempo, da sua relação de dependência das ciências subjacentes e de apoio às ciências independentes de um nível superior. É a investigação de níveis autónomos que constitui uma pré--condição da maior parte das extensões da nossa compreensão do mundo. Depois de feitas bastantes destas extensões, é um reducionismo válido que gradualmente as integra e consolida. O reducionismo prematuro não passa de um *tour de force* verbal.

Isto não quer dizer que uma nova entidade seja hipostasiada como a substância única de cada nível. Vida, mente, sociedade e cultura não se encontram fora da matéria e da energia, nem fora do tempo e do espaço e livres deles. São da mesma natureza da matéria e da energia. São organizações diferentes da matéria e da energia, se assim quisermos, de que os físicos e os químicos não podem, em virtude dos seus métodos físicos e químicos, ocupar-se produtivamente — e assim por diante, até ao fim da escala.

É neste ponto que a moderna abordagem por níveis difere da distinção, mais antiga, do espírito em relação à matéria, da alma em relação ao corpo. Nesta, a substância superior achava-se retirada das operações da natureza, excluída da sua esfera. O corpo perecia, mas a alma continuava; a matéria estava sujeita a leis mecânicas, mas o espírito estava livre delas — achava-se fora da natureza. Pelo contrário, segundo o ponto de vista científico, cada fenómeno está na natureza e faz parte dela. Os níveis representam segmentações, empiricamente encontradas, do campo total da natureza, em cada uma das quais há condutas ou operações intelectuais, mais ou menos distintas, que parecem ser as mais produtivas. Toda a identificação de níveis é, em certo sentido, uma questão de metodologia científica, é totalmente interna em relação à ciência. Não pressagia a reintrodução do vitalismo, do mentalismo, do espírito ou de *Geisteswissenschaften.*

Filosoficamente, o conhecimento de um sistema de níveis parece ter sido recente e um tanto ou quanto superficial. Bergson foi considerado um proponente do ponto de vista da emergência do novo; mas, na medida em que o seu *élan vital* é extranatural, as coisas que dele emergem seriam algo mais do que níveis. A obra, *Space, Time, and Deity,* (1920), de Alexander, é com frequência aceite como a exposição mais detalhada, em inglês, deste ponto de vista, por parte de um filósofo de profissão. Alexander labora a partir do espaço e do tempo, sucessivamente, através da matéria, da vida e da mente, em direcção a Deus. Esta visão pode emanar parcialmente da experiência científica, mas é utilizada para transcender a ciência e a natureza. *Emergent Evolution,* de C. Lloyd Morgan, publicado três anos depois, é talvez a obra mais citada a propósito do assunto. «Há mais nos acontecimentos que ocorrem nos organismos vivos», diz ele (p. 20), «do que se pode adequadamente interpretar em termos da física e da química, embora se encontrem sempre envolvidos acontecimentos físico-químicos.» O parentesco vital — a organização ao nível orgânico — é eficiente porque, ao abrigo dele, ocorrem mudanças «que não ocorrem de forma alguma quando a vida se encontra ausente». Morgan atribui a Lewes a palavra «emergente» e a Wundt a expressão «princípio de resultantes criativas», ou seja que os produtos psíquicos são mais do que uma mera soma de elementos e representam uma nova formação. J. Needham e William Morton Wheeler expressaram pontos de vista semelhantes, que o segundo ensaio de Koestler, intitulado *Yogi and Comissar,* também dá a conhecer com encanto e originalidade.

O CONCEITO DE CULTURA EM CIÊNCIA

Há duas coisas que dominam na maior parte destas formulações. Primeiro, concentram-se na autonomia biológica e psicológica em relação ao físico-químico e não transportam o princípio para o nível social e cultural, pelo menos explicitamente. (Wheeler avança, de facto, até ao nível social, mas não até ao cultural. E Warden, em 1936, reconheceu explicitamente a cultura como emergente.) Segundo, sublinha-se um universo evolutivo e a existência de fenómenos emergentes no decurso deste. A evolução é, pois, um postulado primordial e no seu âmbito é dada ênfase às emergências — por outras palavras, às mudanças inovadoras. Logicamente, porém, uma série hierárquica de níveis de fenómenos poderia existir num mundo estático. De que modo eles emergiram sucessivamente, adquirindo a gradação que têm, constitui um problema separado, que não tem de se intrometer logicamente. Não faço questão de combater ou negar que pode ter havido evolução cósmica, mas de afirmar que o conceito de evolução e o conceito de níveis não estão necessariamente envolvidos ou implícitos um no outro. A emergência deixa de estar contida na ideia de níveis, logo que os níveis se separam da evolução. Só surgem novos níveis se já se tiver assumido que existe um processo evolucionário e progressivo. Argumentaria que toda a articulação com a evolução aconteceu porque a nossa geração aceita silenciosamente a evolução como ponto assente, tal como muitas das gerações anteriores aceitavam a divindade; a evolução é uma compulsão a que nos é difícil fugir, tanto cultural como emocionalmente. Uma metodologia científica, baseada o mais puramente possível na experiência científica, talvez sobreviva realmente melhor sem os fenómenos de emergência, porque não ficará sobrecarregada.

Mais fértil é a metáfora e diagrama de Koestler, de uma escada. Vista de cima, do ângulo da exploração rigorosamente científico, esta escada parece uma superfície plana, como um contínuo achatado, ao qual tudo se encontra já reduzido e em que tudo parece, por conseguinte, explicável. Vista de frente, porém, por meio de contemplação fenomenal, é a elevação da série de degraus, e as imprevisibilidades entre eles o que impressiona. Em resumo, as relações primordiais de organização actuam dentro dos níveis e não os transcendem.

Há outro aspecto dos níveis que os cientistas, de maneira geral, não notaram e que atrapalhou os filósofos que o notaram. Trata-se de um facto que não foi ainda completamente explicado, mas que é, não obstante, indubitável, com base na esmagadora quantidade de experiência empírica acumulada até à data. O facto é que, quanto mais básico um nível é na hierarquia, mais facilmente os seus fenómenos se prestam a ser manipulados pelos métodos da ciência no sentido estrito — métodos que resultam em uniformidades, regularidades repetitivas e, por conseguinte, previsibilidade. Mas, pelo contrário, quanto mais alto for o nível mais recalcitrantes são os seus fenómenos

A NATUREZA DA CULTURA

a ser tratados por métodos homólogos, ou talvez até análogos, aos da física e da química, ao passo que prontamente se vergam — e com significado, embora de tipo algo diferente — a um tratamento intelectual semelhante, em princípio, ao que os historiadores praticam. Os filósofos neo-kantianos há muito observaram que, enquanto uma abordagem rigorosamente científica é generalizadora e nomotética, uma abordagem histórica é ideográfica, pelo facto de se manter muito mais ligada aos fenómenos particulares de *per si*. Em lugar de os dissolver em leis ou generalizações, a abordagem histórica preserva os seus fenómenos, qualquer que seja o nível em que funciona no momento, e acha a sua satisfação intelectual ao colocar cada fenómeno preservado numa relação de contexto cada vez mais ampla com o mundo fenomenal.

A partir daqui, porém, os neo-kantianos não avançaram com os passos subsequentes que pareceriam obrigatórios do ponto de vista de uma inspecção judiciosa das práticas efectivas que prevalecem no estudo inteiro da natureza. Estes passos subsequentes são dois. Primeiro, as relações contextuais que uma abordagem histórica determina, envolvem, igualmente, relações de espaço absoluto com tempo absoluto e não, única ou primordialmente, relações de tempo, como tantas vezes se afirma em relação à história. O contexto envolve, também, relações de forma, incluindo a função, mas excluindo talvez a causa e, com elas, envolve relações de valor. A questão da causa tem as suas complexidades, em parte porque os verdadeiros cientistas também começam a pôr em questão e a repudiar a causalidade, especialmente na investigação física de ponta, carregada de prestígio. No entanto, é mais que evidente que, nos três níveis mais altos da mente, da sociedade e da cultura, a causalidade específica é extremamente difícil de determinar. Isto talvez aconteça pelo facto de os fenómenos destes níveis serem, pelo menos em parte, epifenómenos, em relação aos fenómenos de níveis inferiores. Será, pois, provavelmente por reducionismo entre os níveis que as causas complexas dos fenómenos dos níveis superiores serão achadas, se alguma vez o forem. Contudo, as relações de espaço e tempo absolutos, de forma, de estrutura e função, e de valor mantêm-se, de facto, características da abordagem histórica.

Segundo, conquanto seja óbvio que os grandes triunfos do método rigorosamente científico foram obtidos nos níveis inferiores e que o pronto desenvolvimento da abordagem histórica teve lugar nos níveis da mente, da sociedade e da cultura humanas, não se segue que uma dicotomia de níveis seja exactamente correspondente à dicotomia de condutas intelectuais. Deve, sim, partir-se do princípio (pelo menos à experiência) de que a correspondência é apenas parcial e de que a abordagem histórica também é aplicável aos níveis básicos — embora com certas dificuldades consideráveis — e a abordagem rigorosamente científica, aos níveis superiores — mais uma vez com dificuldade. Este ponto de vista não é estranho nem paradoxal, se nos lembrarmos de que os astrónomos admitem que a astronomia é uma ciência histórica; de que grande parte da geologia é, pelas suas próprias aparências, confessadamente histórica; e de que a biologia evolucionária, desde a paleontologia, passando pela morfologia comparativa, à sistemática, professa ser a grande história da vida na Terra. Enquanto esta situação não se defrontar com argumentos contrários, explícitos e directos — o que não aconteceu, tanto quanto eu saiba —, devemos, pois, partir do princípio de que ambos os métodos fundamentais da compreensão intelectual — o científico e o histórico — são aplicáveis a todos os níveis de fenómenos, se bem que com um grau de fecundidade instável.

Depois de ter demonstrado de maneira brilhante que as *Geisteswissenschaften* — assim denominadas na Alemanha oitocentista — eram na realidade disciplinas que se ocupavam não do espírito ou da alma, enquanto tais, mas da cultura e que a sua abordagem *de facto* era essencialmente histórica, o neo-kantiano Rickert bloqueou qualquer progresso subsequente dessas disciplinas com uma dicotomia simplista, a saber: cultura, historicamente inteligível, *versus* natureza, cientificamente inteligível. Aqui, a antítese cultura/natureza é uma relíquia da antítese idealista mais antiga, espírito/natureza, tal como esta fora, por sua vez, uma modernização atenuante da oposição teológica alma/corpo. E foi a mesma antítese errónea a componente genuinamente histórica existente da astronomia, da geologia e da biologia.

Seja como for, são os fenómenos culturais — ou, digamos, os fenómenos organizáveis em termos e relações culturais — que constituem o nível máximo da nossa hierarquia. Se a afirmação parecer demasiado precipitada quando o conceito de cultura é de tão recente emergência na consciência, como vimos que é, podemos modificá-la, dizendo: a cultura é o nível máximo reconhecido até à data. Pessoalmente, não teria o vislumbre de uma suspeita quanto ao que poderia ser um nível de organização acima do da cultura. Todavia, uma geração futura pode ter uma visão mais clara. Para já, porém, examinemos as consequências desta posição máxima do nosso tópico.

Antes de mais, embora a cultura seja sustentada e preconcicionada por factores sociais e psicossomáticos, a enorme influência da cultura no comportamento e actividade de homens individuais e de homens em grupo tem sido plenamente reconhecida. Tão pesada é esta capa que a «natureza humana», na qualidade daquilo que é biologicamente dado antes de a cultura começar a actuar, recuou para um fundo remoto nas ciências sociais e é defendida pelos biólogos como uma cidadela de princípio, mais do que com uma eficácia específica. Ora, em geral, são os níveis inferiores que condicionam os superiores: a vida conforma-se com leis físico-químicas, não o contrário, etc. Há, por conseguinte, algo de anómalo, para o esquema geral das coisas, no grau em que o organismo hereditário humano, individualmente e em grupos, se conforma com a ascendência da cultura à qual se encontra exposto. É de duvidar que exista outro caso em que factores de um nível superior influenciem tanto os acontecimentos de outro inferior. Nem mesmo o mundo físico está imune à agência dos infatigáveis castores humanos que actuam com as suas actividades e artefactos culturais: canais, diques, pontes; desvios de rios e erosão do solo; deflorestamento e reflorestamento; furto de carvão, gás e outros recursos da crosta terrestre; até mesmo tentativas de mudar as condições do tempo atmosférico.

No entanto, só o grau da influência e a sua qualidade manipuladora especial são novas no que se refere à cultura. Quando muito, existe apenas uma tendência na natureza, não uma lei rigorosa, que dá aos factores dos níveis inferiores uma influência predominante sobre os superiores. Um momento de reflexão revelará que agentes puramente orgânicos também têm modificado perceptivelmente a superfície e casca exterior deste planeta físico: bancos de coral, pedras calcárias, jazigos carboníferos, lençóis de petróleo e de gás de hidrocarboneto, encontram-se entre os seus resíduos.

Em segundo lugar, é razoável partir do princípio de que os achados do nível máximo diferem consideravelmente dos dos níveis do fundo. Toda a experiência que temos até à data o corrobora. A extensão revolucionária da ciência físico-química, por meio de especulação e ensaio programado, centra-se em torno das partículas subatómicas. No mesmo meio século ficámos igualmente muito mais conscientes e informados do domínio da cultura. Mas esta maior compreensão da cultura não deu, até agora, sinais de incluir nada de correspondente às partículas subatómicas ou aos genes dos geneticistas. Nada no horizonte sugere que venhamos a descobrir na cultura quaisquer unidades elementares invariáveis, nem sequer relações definidas de número integral ou associação fixa.

A reflexão confirma esta apreciação negativa. O contexto, significativo quanto ao modo de abordagem histórica predominante na apreensão da cultura, ocupa-se de relações externas, vistas tão amplamente quanto possível — em última análise, em função de relações totais. Por contraste, o problema primordial da física, como da genética e da fisiologia, é isolar ou desenredar simplicidades válidas e regularidades recorrentes, da confusão amorfa dos fenómenos da natureza. Podemos ter praticamente a certeza de que nada de correspondente a caracteres alelomórficos ou a genes, a protões ou a neutrões, nem sequer a átomos ou a moléculas, virá a ser descoberto no nível da cultura. As unidades elementares que podem actuar na cultura — se as há —, é de esperar que sejam elementos de um nível inferior.

Com efeito, as quase regularidades, mais ou menos recorrentes, de forma ou processo, que foram até hoje formuladas para a cultura, têm, na verdade, uma natureza essencialmente subcultural. São limites impostos à cultura por factores físicos ou orgânicos. As chamadas «constantes culturais» de família, religião, guerra, comunicações e afins, parecem ser quadros biopsicológicos variavelmente cheios de conteúdo cultural, na media em que são mais do que categorias que reflectem a compartimentação da nossa própria cultura lógico-verbal ocidental. No que se refere aos processos, tanto a difusão como a socialização são apenas aprendizagem psicológica, imitação e sugestão, sob condições especiais. O costume é hábito psicobiológico a uma escala social e portador de valores culturais. E assim por diante.

O que toma, evidentemente, o lugar da formulação da lei em operações intelectuais ao nível cultural é o reconhecimento de significações, incluindo os valores. Pelo menos isto aplica-se ao grau em que a abordagem da consideração dos fenómenos é de género histórico, no sentido em que se mencionou já que a abordagem histórica é distinta (embora complementar) da abordagem mais estritamente científica ou nomotética. Isto torna-se claro ao considerar a história no seu sentido específico, a história estudada pelos historiadores. Ela tem um conteúdo efectivamente misto: uma salgalhada de fragmentos de biografias individuais, acontecimentos mais ou menos dramáticos, contactos e embates sociais, definição de, ou referência implícita a, instituições; isto é, o seu conteúdo são formas culturais e a sua sucessão, talvez com um reconhecimento ocasional da influência da natureza inanimada, ou da raça. Ora, a declarada incapacidade da história em descobrir leis talvez se deva, parcialmente, ao facto de ela funcionar com os seus materiais quase tão misturados como lhe vêm parar às mãos, sem os seleccionar consistentemente segundo um ou outro aspecto ou princípio. Mas a notória fraqueza dos historiadores em atribuírem causas — habitualmente são mais capazes de tratar das diminutas e imediatas: por que razão a Bastilha caiu a 14 de Julho e não a 15, em comparação com as causas da Revolução Francesa —, esta incapacidade dos historiadores é compensada pela sua capacidade de expressar significações. E tanto a incapacidade como a capacidade parecem dever-se à considerável componente sociocultural dos níveis superiores existentes nos materiais da história intelectual, que intenta mais do que uma dramatização representativa.

Que isto é assim torna-se mais evidente logo que se consideram corpos de materiais socioculturais e, em especial, culturais menos contaminados por mistura com personalidades individuais e acontecimentos particulares. No estudo do inglês como língua, não interessa se a expressão *«Give me liberty»* foi proferida por Patrick Henry ou por qualquer outro orador anglo-saxão; se no século XVIII, XIX ou XX; ou se a ocasião foi historicamente importante ou não. (Note-se a expressão «historicamente importante»: isto é, historicamente eficaz ou significativa — significativa para um padrão de acontecimentos mais vasto, para um contexto de correntes de acontecimentos e de formas institucionais.) Para o linguista, tudo isto é irrelevante. O que ele vê na frase «*Give me liberty*» são dados que digam respeito à forma, estrutura e relações de certos sons e sentidos. E estes sons e sentidos, bem como a sua forma e estrutura, são constantes e repetitivos, absolutamente sociais e todavia anónimos — talvez pudéssemos dizer: e, logo, anónimos. A frase é sempre proferida por um indivíduo; mas por que indivíduo, qual a motivação e com que consequências, em que circunstâncias, é irrelevante para o linguista.

Estamos perante um caso nítido do desenredamento selectivo de fenómenos de nível superior — neste caso, fenómenos linguísticos da confusão de acontecimentos na qual ocorrem, e do seu tratamento intelectual unicamente como fenómenos desse nível. O resultado, neste caso, é, em fraseologia popular, uma gramática inglesa. Tal gramática é uma análise organizada e uma descrição sintetizada do aparecimento fenomenal, da estrutura e das relações internas e modo de funcionamento de uma língua. Uma descrição tão sintetizada faz sentido precisamente por ser autónoma e auto-suficiente. Ocupa-se de formas e relações supra-individuais; e, por conseguinte, embora não negue a necessária participação de indivíduos nos fenómenos, a ciência linguística suprime normal e basicamente o indivíduo, «mantém-se constante», «abstrai dele». A razão para isto não carece de grande demonstração.

É evidente que para trabalhar como linguista não é preciso nem personificar, nem reificar as línguas, nem dotá-las de uma substância própria. Analisa-se e sintetiza-se, desde que se esperem resultados, *como se* os dados constituíssem um sistema autónomo. O facto de não serem, em última análise, totalmente autónomos é óbvio. Mas toda a gente sabe que o cientista, como cientista, não se ocupa de verdades últimas — pelo menos à partida.

Também é evidente que a ciência linguística é consistentemente retrógrada e vacilante na atribuição de causalidade, mas que a sua concentração selectiva particular lhe permite determinar relações significativas de forma e estrutura — os padrões e as suas inter-relações. As causas de certos fenómenos linguísticos, tais como mudanças de forma ou de sentido das palavras — as causas destas, no sentido vulgar de causas «eficientes» —, encontram-se, evidentemente, abaixo do nível linguístico-cultural propriamente dito e é de presumir que sejam numerosas, obscuras, incompatíveis e determinadas por causas ainda mais remotas. Mas há que notar que os fenómenos linguísticos que resultam destas causas sublinguísticas surgem altamente regularizadas, formalizadas, organizadas por padrões e decididamente inter-relacionadas, assim que procuramos as formas neles contidas. Os fenómenos contêm, até, bastante previsibilidade, o que geralmente ignora-mos, por isso ser tão comum na nossa experiência. Por exemplo, outro anglo-saxão que desse voz ao sentimento de Henry diria também «*Give me liberty*» e não «*Gave mine liberting*». Em resumo, a ordem intelectual e a significação intelectual são mais fácil e proveitosamente atingidas, ao nível linguístico, dirigindo a atenção para padrões de forma e relações de forma do que para relações causais. Finalmente, no que se refere ao facto de a abordagem ser «histórica», no sentido mais lato em que o termo tem sido empregue aqui, diremos que o linguista pode trabalhar sincronicamente e descritivamente, ou pode trabalhar diacronicamente e historicamente, no sentido convencional mais estrito. Trata-se, porém, de um pormenor e de um incidente. Em ambos os casos, o linguista ocupa-se de formas e relações de formas que têm significado para ele e ocupa-se delas num grau igual em ambos os casos. O seu material continua a ser essencialmente supra-individual, anónimo, obediente a padrões, previsível quanto à sua repetitividade e quase desligado das causas. O que esta semelhança de método da linguística descritiva sincrónica e da linguística diacrónica implica é isto: sendo secundária a diferenciação em tratamento sincrónico e diacrónico, a abordagem a que chamo «histórica», por contraste com a abordagem nomotética, mostra-se, pois, caracterizada, primordialmente, não por uma acentuação do elemento tempo e da sucessão no tempo, como ainda tantas vezes se supõe, mas caracteriza-se pelas suas outras propriedades enumeradas. São estas outras propriedades — supra-individualidade, obediência a padrões, relativo desligamento de causa — que são fundamentais para a abordagem histórica genérica.

A linguagem foi escolhida aqui como ilustração porque é, de certa forma, mais restrita, mais contrastante e autónoma, do que o resto da cultura e, logo, bastante mais nítida. Mas a diferença é apenas de grau. Para compreendermos as manifestações culturais devemos procurar também formas idiossincráticas e fisionómicas e procurar primeiro as suas significações dentro de um sistema de formas coerente e, em grande parte, auto-suficiente, como é o caso de uma civilização particular; e, para além disso, num grande contexto de formas totais alcançadas na história humana. Também devemos esperar descobrir, no nosso material, poucos fenómenos de causalidade, no sentido da causalidade do físico. Devemos estar preparados, depois de avançar, para ignorar e suprimir o indivíduo, que, do ponto de vista da compreensão da cultura talvez seja mais irrelevante e dispersivo do que útil. A disposição ou relacionação que dá origem à compreensão no estudo da cultura talvez seja basicamente mais bem definida como um processo de percepção de inter-relações significativas de formas enquanto formas.

É evidente que, em última análise, relacionar as formas culturais com o seu contexto mais vasto possível, por forma a expor o seu significado mais pleno, acarreta um aumento do peso das relações amplas, da visão de longo alcance. E esta aparenta-se, por sua vez, com um interesse diacrónico, com uma relutância em manter-se restringido ao momento. O momento é suficiente, a nível de interesse, quanto é típico da totalidade repetitiva, quando contém a totalidade, por assim dizer, como acontece na física. Quando o momento ou local não contém um todo maior, nem dele é representativo, tal como quando é unicamente idiossincrático, o interesse intelectual avança, então, daí para o todo. Com isso, o ponto de vista tende a tornar-se diacrónico e a abordagem é caracterizável como história quanto à sua natureza, quer consiga tornar-se verdadeiramente cronológica quer não.

Em todo o domínio do estilo, o fluir suprapessoal da forma é nitidamente forte. A própria palavra — *stylus*, o «lápis» — fazia originalmente referência antropomórfica à qualidade ou modo particular de escrita de um indivíduo. A palavra «estilo» tende a ser hoje empregue para denotar uma semelhança de grupo, a maneira comum a uma escola ou série de escritores ou artistas, uma qualidade supra-individual. Ainda podemos falar do «estilo» de Shakespeare — falamos ainda com mais frequência do «estilo isabelino». E conseguimos identificar e analisar estilos que não podemos, por falta de conhecimento, separar em contributos individuais. Isto é verdadeiro, por exemplo, de grande parte da pintura grega em vasos e de muita da arquitectura românica e gótica, sem falar dos primórdios da maioria das artes e de todas as artes primitivas.

Aliados aos estilos encontram-se os rumos da moda — aquilo que, para as pessoas mais simples, a palavra «estilo» denotará a maioria das vezes. Nomes de indivíduos — príncipe Alberto, imperatriz Eugénia — são de quando em vez aplicados a modas destas, mas secundária e arbitrariamente, como títulos pitorescos. Na realidade, as modas de trajar surgem de maneira obscura, devem-se a causas indeterminadas e são quase sempre imaginadas e executadas, bem como aceites e usadas anonimamente, pela grande multidão sem nome — em resumo, supra-individualmente.

Mesmo nas belas-artes, só quando estas se tornam um culto autoconsciente é que surge verdadeiro interesse pelo artista individual e ele começa a ter procura, passando o seu trabalho a ser apreciado por ser particularmente seu, como expôs Chambers em *Cycles of Taste*. Na maior parte da história humana, e para a maior parte dos homens, são os objectos e os estilos que são significativos; o artista é apenas uma exemplificação pessoal e um incidente passageiro.

Passa-se praticamente o mesmo com as invenções. Hoje pensamos em termos de inventores. Mas as descobertas e invenções que aconteceram noutras terras, no passado, ou na nossa própria Idade Média, são anónimas. A arte de trabalhar os metais, a forja; arados, parafusos, a tesoura; estribos, ferraduras, arreios, rodas, eixos; relógios, níveis, lamparinas, candeias; o vidro e os recipientes; a fertilização de terras, a irrigação, a capação de animais, a equitação — os autores de toda a base da civilização mecânica não nos são pessoalmente conhecidos. Nunca foram registados, ou há muito que foram olvidados, porque não importavam. Quando, finalmente, esta condição muda e a lenda ou a história nos começam a dar, primeiro, inventores imaginados e depois inventores documentalmente autenticados, verifica-se, todavia, uma estranha persistência da condição antiga. Os inventores surgem actualmente em pares, trios ou equipas de competidores contemporâneos. Wallace surge em simultâneo com Darwin, Leverrier com Adams, DeVries com Correns e Tschermak; o voo de Langley com o de Wright; Bell antecipou-se um dia a Gray; Fulton concorre com Symington, Fitch, Rumsey e Stevens. É hoje um facto razoavelmente bem estabelecido que a feitura de invenções é normalmente múltipla e simultânea. Do prisma do indivíduo, os inventores actuam independentemente. Do da cultura, a corrente, os antecedentes, o momento, é que se unem para produzir forçosamente a invenção; dentro do seu cenário, ele tornou-se como que inevitável; qual a pessoa que é o veículo da descoberta importa pouco para a sociedade e para o crescimento da cultura.

Há outro fenómeno conhecido de longa data que aponta no mesmo sentido, se assim o quisermos ver. Trata-se da aglomeração de grandes homens em certas épocas de certas civilizações e a sua raridade noutras. Nada do que hoje se conhece em hereditariedade biológica, nada nas leis do acaso, pode explicar estas tremendas variações na frequência e intensidade do génio. A única explicação até ao momento avançada, e que não é totalmente especulativa ou arbitrária, vê uma correlação entre o génio realizado e a oportunidade dada pelo estádio de desenvolvimento de uma civilização — o estádio em que os seus padrões culturais produtivos são definidos e amadureceram, mas em que as suas potencialidades intrínsecas não começaram ainda a esgotar-se. Deste ponto de vista, é a fase dos padrões de cultura em desenvolvimento que é essencialmente determinativa da grandeza e excelência da realização humana; os génios são o índice desse desenvolvimento de padrões. Aqueles a quem estamos habituados a chamar «grandes homens» são, dentre muitos mais indivíduos de capacidade acima da média, os que, por acaso, nascem num tempo, lugar e sociedade, cujos padrões de cultura se formaram com suficiente valor potencial e atingiram uma maturidade suficiente para permitir que as plenas capacidades desses indivíduos se realizem e expressem. Não se trata, propriamente, de um ponto de vista revolucionário. Nem sequer deve ser perturbador para quem quer que tenha apreendido a força e amplitude com que a cultura nos prende a todos. Não deve, decerto, transtornar quem leu e absorveu *Folkways,* de Sumner, trabalho com mais de quarenta anos, e procedeu à curta extrapolação inevitável da gente do povo para as pessoas sofisticadas e se apercebeu de que todos nos achamos sob o domínio dos nossos usos e costumes — sob o domínio da nossa cultura.

Acabei de falar de grandeza e de excelência, de feitos potenciais e realizados. Com isso, voltamos precisamente ao campo que o cientista há muito disse não lhe competir aflorar: os valores — valores humanos que são valores culturais, quer sejam morais, estéticos, sensoriais, intelectuais, ou o que se quiser.

Há que admitir que os valores culturais humanos nada têm a ver com a física, não têm lugar nela ou em qualquer ciência que se regule pelo plano e regras da física. Mas como é possível, sem a estultificação mais estéril, proceder ao estudo intelectual do homem social, que é o homem cultural, sem considerar o seu produto, a cultura, e essa essência da cultura, as suas formas e os seus valores?

Não se pretende, com isto, afirmar que todo o estudo que tem por objecto o homem tenha de tomar conhecimento dos valores. É possível investigar respostas ou a aprendizagem, o mecanismo da propaganda ou a estrutura e dimensão de agrupamentos sociais, sem nunca topar com um valor. Mas o facto de ser possível contornar valores sem os tocar não é de *per si* um mandato moral para fazer apenas isso. É evidente que teremos de admitir dois planos ou modos de investigação não concorrentes, dos chamados «fenómenos sociais». Um dos tipos de abordagem tenta seguir o melhor possível os métodos do físico, ou encontrar sucedâneos próximos deles, medir e experimentar e dispensar a consideração de valores. A segunda abordagem aceita os valores como inerentes à cultura e característicos dela, fazendo assim parte da natureza e portanto susceptíveis de estudo como qualquer outro conjunto de fenómenos da natureza, e por métodos análogos aos utilizados no estudo das outras partes da natureza, embora não necessariamente idênticos aos da física. Os valores, juntamente com as formas da cultura com as quais se prendem, podem, obviamente, ser descritos; as suas qualidades diferenciais, bem como as suas características comuns, podem ser comparadas; as suas fases de desenvolvimento, relações sequenciais e conexões podem ser investigadas. Com efeito, isso tem sido feito em todo o estudo da história de uma arte, em toda a tentativa de apresentar uma religião, em todos os relatos etnográficos que se erguem acima da especificação mecânica, em todos os escritos sobre história da cultura, que são mais do que estudos atomísticos.

É verdade que é costume relegar muitos destes estudos para as chamadas «humanidades», expulsando-os das chamadas «ciências sociais». Mas o que é que isso importa, desde que os fenómenos considerados e as forças neles existentes sejam encarados como naturais, como parte do resto da natureza e de forma alguma sobrenaturais? E também desde que sejam submetidos a dissecação, segundo as regras básicas de demonstração seguidas na investigação de outras partes ou domínios da natureza, sem admitir preconceito, proveito próprio, superioridade pessoal ou uma perspectiva etnocêntrica.

No passado, o problema era que os valores eram afirmados e encarados como produtos directos da divindade, fora da natureza e acima dela, ou como emanações da alma, cuja espiritualidade, protegida primeiro pela separação do corpo era, além disso, preservada, excluindo-a do domínio da natureza e da matéria e energia da natureza. Mas decerto que esses dias findaram. É difícil imaginar um fundamento sobre o qual os cientistas naturais contemporâneos possam negar validade a qualquer diligência para compreender qualquer conjunto de manifestações que ocorram na natureza, desde que a diligência esteja isenta de ressalvas, abertas ou ocultas, quanto a exclusões da natureza.

Os valores culturais, juntamente com as formas culturais e o conteúdo cultural, certamente que existem apenas através dos homens e residem nos homens. Como produtos de corpos e mentes humanos e do seu trabalho e como extensão especializada deles, os valores culturais formam, assim, uma parte totalmente «natural» da natureza. Aqui, o conceito da hierarquia de níveis é útil. Não só os níveis se encontram separados em degraus como a sua sobreposição, uns em relação aos outros, mantém-nos igualmente juntos, embora não numa unidade indiferenciada.

Os valores, como todas as manifestações socioculturais, são, em larga medida, suprapessoais. Isto é, há muito mais valores instalados em qualquer indivíduo a partir do exterior, directa ou indirectamente da sua sociedade, do que o que ele produz interiormente e sozinho. Desse modo, os valores participam naquilo a que era costume chamar-se a origem «colectiva» ou «de massas» — a que eu prefiro chamar a «anonimia essencial» da origem — de fenómenos como os costumes, a moral, as ideologias, as modas e o discurso. Os *folkways* de Sumner transmitem de maneira excelente esta mesma qualidade, a não ser quanto à sua falsa implicação de que também uma *intelligentsia* social isenta de ser povo. É possível exaltar a colectividade transformando-a em algo de autonomamente místico, como o demonstra o exemplo de Jung e talvez de Durkheim. Mas não é necessário ser místico para tratar da colectividade e partiremos, por conseguinte, do princípio de que nos ocupamos do colectivo apenas na qualidade de algo completamente relacionado com a restante natureza.

Ora, o colectivo ou anónimo, sendo de toda a gente, também não é de ninguém — há nele uma qualidade do impessoal. As coisas que são de toda a gente entram na individualidade de uma maneira mais difusa do que as que uma pessoa ganhou com o seu suor. Estas, é natural que ela as aprecie, estará quase de certeza bem consciente delas e para elas terá uma história consciente e destacadas razões, quer essas razões sejam verdadeiras quer sejam falsas. Mas aquilo que ela partilha com a colectividade é mais maciço e extensivo, muitas vezes mais firmemente enraizado e também mais obscuro; tende a estar menos no foco da consciência. Daí aquilo que tem sido designado a «dissimulação» de muitos padrões da cultura; foram separados dos padrões manifestos, na qualidade de «configurações», por Kluckhohn. «Dissimulação» não implica aqui intenção de encobrimento, como tantas vezes acontece em motivações interpessoais, mas apenas falta de apercebimento. É provavelmente uma questão de as formas culturais serem mais ou menos apercebidas ao longo de uma escala móvel, em parte ocasional e em parte de situação genérica. Deste modo, regras de conduta, que servem de protecções à personalidade, são naturalmente formuladas com clareza e transparência, embora estejam igualmente sujeitas a ser pervertidas por interesse próprio. No outro extremo da escala, as regras da gramática do discurso, que normalmente serve para ligar as pessoas, quando se sentem descontraídas e com menos necessidade de protecção não são formuladas, a não ser em resultado da curiosidade altamente sofisticada dos linguistas, e podem ser adequadamente descritas como tendo crescido tanto anónima como inconscientemente. Infracções à regra gramatical, conquanto insistentemente observadas, habitualmente, não ofendem, porque não invadem nada de particular ao indivíduo, mas são aceites com tolerância, divertimento ou desdém.

Aliada a este desconhecimento ou inconsciência da forma e da organização culturais está a irracionalidade de grande parte do colectivo na cultura. «Irracionalidade» é o que por vezes se lhe chama. Eu próprio me tenho servido do termo. Cobre uma variedade de acontecimentos na cultura que têm em comum um factor de inconsistência. A totalidade de uma situação ou modo de fazer surge menos regular e menos coerente do que poderia ter sido sob um planeamento racional. A hora de Verão para poupar a luz do dia; a letra *Double-U* (W) a seguir a *U* e a *V;* escrita medieval amaneirada em vez da escrita romana clássica; ideogramas quando há um alfabeto; as grafias *«ought»* e *«eight»;* o plural *«oxen»* em lugar de *«oxes»* servirão de exemplos. Claro que a questão é que tais irregularidades e ineficiências *não foram* planeadas, mas são o resultado de longas e complexas histórias, com factores bastante diferentes impondo-se sucessivamente. Hábitos individuais estabelecidos, valores de prestígio, mudança numa parte de um sistema, com atraso noutra, custo económico actual, a simples inércia ou nostalgia — toda a sorte de razões, na sua maioria suficientemente racionais na situação concreta, se acharam em acção; e o sistema resultante mostra o efeito de compromissos e remendos. Qualquer idiota poderia idealizar um sistema mais consistente do que o que existe, mas nem um déspota o consegue instituir, a não ser raramente. Em certo sentido, o resultado é, com efeito, «irracional» na medida em que a instituição carece da plena razoabilidade que os seus defensores reclamam. Na verdade, é antes não racional, e, mesmo assim, só em parte. Com todo o rigor, o padrão institucional é que é irregular, não totalmente consistente.

Estas considerações prefiguram, de certo modo, o que poderia ser dito do carácter integrado das culturas de sociedades particulares. As culturas tendem para a integração e, no essencial, obtêm em geral um certo grau de integração, se bem que nunca a integração total. Esta é uma condição ideal inventada por alguns antropólogos pouco versados em história. É difícil imaginar um historiador — a menos que se trate de um propagandista — proclamando a integração completa de qualquer cultura, em face da sua experiência profissional.

O facto de os valores constituírem um elemento essencial das culturas conduz-nos a outra consideração. Uma primeira exposição de uma nova cultura, uma vez que terá necessariamente de apreender e descrever os valores que ajudam a dar-lhe organização e orientação, pode revelar-se como uma exposição um tanto ou quanto idealizada, visto que os valores da cultura se reflectem nos ideais da sociedade. É claro que nenhuma sociedade é ideal no seu comportamento. A sociedade visa conformar-se com os padrões de valor; mas somos todos mais ou menos preguiçosos, mesquinhos, egocêntricos, cobardes, rancorosos, motivados por interesse pessoal. Existe, pois, um hiato inevitável entre a imagem ideal ou «pura» da cultura e o modo actual como este ideal é vivido pelo aderente médio da cultura. O analista do comportamento, de pendor psicológico, o estudioso da personalidade e da cultura, para quem a cultura é menos um fim do que uma largada de interesse, sublinhará a actualidade; e entre pressões e tensões, traumas e frustrações da personalidade, os valores ideais de conduta, que o «culturologista» edificou em padrões tão cintilantes e aerodinâmicos, surgirão baços e amolgados, ou até rachados. Eis uma diferença de que há que ter consciência sem com ela nos preocuparmos excessivamente. Quem se interessa realmente pelos fenómenos da cultura sabe que os seus valores ideais sofrem sempre ao serem efectivamente vividos a nível humano. Mas, ao mesmo tempo, sabe que, ao apreender culturas, a coisa mais essencial a apreender são os seus valores, porque sem estes não poderá saber para onde as culturas se inclinam, nem em torno de quê elas se encontram organizadas.

Parece ser, até com referência a este teor de ideal dos valores, que todo o estudo da cultura tem sido por vezes designado «normativo» e «humanístico». Não pelo facto de devermos estudar as culturas unicamente com o fim de tomar conhecimento da conduta apropriada a assumir na vida, mas acontece que, sem conhecer as suas normas, estamos a estudar apenas as suas cascas.

A sua extraordinária variabilidade ou plasticidade é uma das propriedades mais marcantes da cultura. Os organismos vivos também são adaptáveis e modificáveis, mas repetem o seu plano de estrutura básico em gerações sucessivas de indivíduos. Quase não existe nada na cultura que corresponda a esta repetitividade orgânica. Alegações de recorrências regulares na cultura referem-se a vastas semelhanças esbatidas, que só duvidosamente são possíveis de demonstrar, porque não são definidas com precisão. Fragmentos especificados de conteúdo cultural podem persistir com tenacidade durante longos períodos. Aparentemente, organizações actuantes de material cultural mudam sempre, ainda que persistam, a ponto de ser muitas vezes difícil dizer se ainda nos achamos dentro do complexo, forma ou padrão original, ou se passámos para outro. Esta plasticidade inerente torna-se evidente quando se está em posição de seguir qualquer instituição, detalhada-mente, ao longo dos séculos, ou de seguir uma instituição ou costume através das suas variantes provincianas ou regionais, ou através do seu aparecimento entre uma séria de tribos não letradas, geograficamente contíguas.

A razão desta forte propensão da cultura para variar parece residir no seguinte facto: todos os fenómenos culturais estão invariavelmente relacionados com alguns outros fenómenos culturais a que se assemelham e que os precedem ou seguem, ou ocorrem nas proximidades e contemporaneamente, e a sua plena compreensão só pode ser alcançada por meio do conhecimento destas relações. Conquanto estas relações sejam incontestáveis, trata-se de relações de forma, valor e significação. Não são, directamente, relações de causa, no vulgar sentido de causa eficiente. As causas eficientes dos fenómenos culturais são as acções ou o comportamento dos homens — de seres humanos psicossomáticos individuais. Uma negação desta proposição parece não deixar outra alternativa senão a admissão de um conjunto de forças culturais autónomas e isoladas, actuando sobre e dentro de uma organização cultural auto-suficiente. Tratar-se-ia de uma suposição vasta e provocaria imediatamente a acusação, por parte dos cientistas, de se tratar de uma doutrina mística, visando excluir um domínio particular de fenómenos da influência do resto do cosmos, tal como ele é estudado pela ciência total.

Ora, logo que se admite que a causalidade eficiente da cultura reside essencialmente no nível psicobiológico, é evidente que os fenómenos culturais são, em sentido estrito, apenas subprodutos de actividades orgânicas, epifenómenos de fenómenos orgânicos primários. Esta conclusão, por seu turno, talvez explique a irregularidade, imprevisibilidade, variabilidade e «plasticidade» dos fenómenos culturais. Podem ser, a dada altura, os grandes produtos culturais de forças subculturais inconsequentes, ou ainda os efeitos secundários relativamente insignificantes de causas orgânicas, cuja expressão primária se acha em consequências orgânicas. Não há que duvidar de que indivíduos singulares afectam ocasionalmente o curso da cultura de maneira perceptível: Napoleão com o seu código, César e o calendário, Shi Hwang-ti com a queima dos livros, Copérnico com a sua revolução — para não falar de chefes religiosos. Há que admitir mesmo a influência suborgânica: catástrofes que aniquilam uma sociedade, obliterando a sua cultura, mas que poupam outra, deixando a sua cultura intacta; mudanças de clima favoráveis à prosperidade e ao crescimento de populações particulares, com o consequente predomínio das suas culturas sobre as de povos desfavorecidos. É evidente que, quanto maior for o número e variedade destas causas subculturais, maior será, em princípio, a variabilidade ou «plasticidade» dos fenómenos culturais. Claro que o resultado total não é um carácter aleatório absoluto da cultura, mas apenas um alto grau daquilo a que podemos chamar, com propriedade, plasticidade. E isto pela seguinte razão: predominantemente, hão-de ser as acções psicossomáticas dos seres humanos que contêm a causalidade imediata dos fenómenos culturais. Mas os seres humanos, com as suas faculdades de simbolização, quer dizer faculdades culturais, extraordinariamente elevadas, são sempre culturalizados. Isto é, são culturalmente determinados — e fortemente determinados — no momento em que atingem a idade em que se tornam causas potenciais de cultura. O que se encontra em acção é, pois, um poderoso sistema de causalidade circular.

Os seres humanos que influenciam a cultura e fazem nova cultura são, por sua vez, moldados; e são moldados através da intervenção de outros homens que são culturalizados e, por conseguinte, produtos da anterior cultura. Torna-se, portanto, evidente que, embora os seres humanos sejam sempre as causas *imediatas* de acontecimentos culturais, estas causas humanas são, por sua vez, o resultado de situações de culturas antecedentes, tendo sido adaptadas às formas culturais existentes que encontram. Existe, pois, uma continuidade de causação indirecta de acontecimento da cultura para acontecimento da cultura, através do *medium* de intermediários humanos. Estes intermediários ocupam-se, em primeiro lugar, de aliviar as suas próprias tensões e obter a sua gratificação pessoal; mas, ao fazê-lo, também transmitem e, até certo ponto, modificam a cultura de que são portadores, porque a ela foram condicionados. Assim, em certo sentido, também se encontra em acção uma espécie de causalidade cultural. Contudo, comparada com a causalidade eficiente imediata dos homens sobre a cultura, a causação da cultura sobre a cultura é indirecta, remota e, em larga medida, uma relação funcional de uma forma com outra forma. Seja como for, desde que nos interessemos pelo que acontece na cultura, são os antecedentes culturais que se tornam significativos. Os transmissores, portadores e modificadores humanos tendem a ser, em média, muito semelhantes. Como causas, são, em média, uniformes e constantes, a não ser na medida em que a exposição à cultura os diferenciou.

O investigador, se se interessa realmente pela cultura, tende, pois, a omitir os agentes humanos. Trabalha *como se* as personalidades individuais não tomassem parte nos acontecimentos culturais. No essencial, o seu procedimento justifica-se. Justifica-se, decerto, na proporção em que a sua visão é de longo alcance. Sob uma inspecção telescópica das maiores correntes culturais mais importantes, até as personalidades maiores e mais influentes se reduzem à insignificância. À medida que a amplitude se contrai e que o segmento de cultura examinado começa a ser diminuto, o papel dos indivíduos, sob a dissecação microscópica levada a efeito, vai avultando cada vez mais. Estamos perante um método de estudo igualmente legítimo; mas, evidentemente, dá resultados de uma ordem completamente diferente. Fornece uma compreensão da interacção das pessoas e da cultura, do modo como os indivíduos são apanhados na rede da sua cultura; de como algumas espécies deles esticam a rede ou abrem rasgões nela; de como outros, entretanto, tecem novos trechos de rede. O valor destes estudos reside no facto de constituírem exemplos do mecanismo para ver ao perto a mudança que a cultura tem sempre tendência para sofrer. Um valor adicional reside no esclarecimento lançado sobre as reacções dos seres humanos, vistos como personalidades integrais, à cultura que os rodeia. Trata-se, por certo, de campos importantes do conhecimento. Mas são obviamente diferentes da pura história da cultura, ou da comparação analítica de formas e valores culturais enquanto tais.

Aquilo que «cultura e personalidade», como campo de estudo, parece ser, na sua forma mais pura, é aquilo que acabou de ser descrito como a interacção de pessoas e da cultura que as rodeia. Para aprofundar realmente este estudo, há que compreender primeiro, muito bem, o que é a cultura e como são as pessoas. Seria vão esperar resultados úteis do facto de trabalhar com uma variável indeterminada X oposta a uma variável indeterminada Y. Kluckhohn, vincadamente identificado com o movimento da «cultura e personalidade», propôs recentemente deslocar o foco desta da interacção mútua dos dois factores, tal como acabámos de descrever, para um foco no interior da personalidade, já que esta é afectada pela constituição hereditária, pelo meio social, pela sociedade e pela cultura. Isto tornaria a personalidade o verdadeiro assunto de investigação, e a cultura apenas um dos diversos factores que a afectam. É menos e, de certa forma, mais unilateral do que um verdadeiro campo da «cultura e personalidade», tal como tem sido encarado. Mas um campo de equilíbrio tão delicado é particularmente difícil de investigar, a menos que ambos os campos, ou níveis contribuintes, cuja relação está a ser investigada, sejam minuciosamente compreendidos. E isso dificilmente poderá ser afirmado, quer da cultura quer da personalidade. O perigo é, pois, o de uma Cila inconcludente posta perante uma Caribde de conclusões verbalistas forçadas. Não obstante, seja qual for a abordagem utilizada, a legitimidade do tema da relação entre níveis, no que se refere à interacção cultura/personalidade, é inquestionável.

É claro que parte do estudo da personalidade e das tentativas de estudo da «cultura e personalidade» é motivada essencialmente por uma falta de interesse pela cultura ou pela sua compreensão — em resumo, por um desejo de fugir a tratar dela. Não há motivo de queixa desta atitude, apenas da não confissão da sua motivação.

A ela se aliam produções como os *Principles of Anthropology*, de Chapple e Coon, de que até a palavra «cultura» foi expurgada, a não ser aqui e além, por omissão. Trata-se aparentemente de uma tentativa consciente, pelo menos é uma tentativa *de facto*, de explicar a cultura através dos simples fenómenos e factores de nível inferior. Em resumo, o objectivo é declaradamente reducionista.

Continua a não se saber até que ponto as formas gerais, logo as formas recorrentes, podem ser demonstradas na cultura. A dificuldade tem residido no facto de as formas recorrentes serem vagas e pouco definidas. Com a análise estrita, o conteúdo estável de conceitos como o feudalismo, o clã, o *mana*, a alma e o tabu, reduz-se cada vez mais. Isto parece suceder porque o conteúdo cultural actual destes conceitos gerais foi adquirido por eles durante o seu desenvolvimento histórico, que é sempre complexo e tende sempre para o único, como os historiadores há muito aprenderam a aceitar como evidente. O remanescente geral ou recorrente, nestes fenómenos aparentemente recorrentes, não é geralmente cultural, mas de nível inferior, em especial psicológico. O que é comum aos clãs é o facto de funcionarem como associações de pessoas que se consideram aparentadas, para com quem se tem ou desenvolve atitudes de parentesco. Trata-se essencialmente de um achado da psicologia social. Recorrências mais específicas demonstram-no de maneira ainda mais clara. A tendência dos sistemas de escrita em inventar símbolos para as sílabas, ou em revertê-las em símbolos, é, e de modo evidente, o resultado de uma inclinação psicossomática para silabar, quando o discurso é expresso de maneira muito distinta ou analítica. Os psicólogos não se ocupam geralmente de achados tão concretos e específicos como este, pelo que não o anunciaram. Mas, na medida em que se trata de uma pequena «lei», é uma lei psicossomática, explicativa de fenómenos culturais.

Outra característica destas recorrências ou semelhanças parciais é que passam por cima de semelhanças devidas a conexões históricas e não aproveitam, consequentemente, o benefício da explicação da similaridade devida à comunidade de origem. Se a recorrência se deve, pois, a um factor genérico qualquer, de raízes mais profundas, põe-se a questão da razão de os resultados de tal facto não serem universais, como quase nunca são. A situação é idêntica a outra, habitual na botânica. As árvores têm-se desenvolvido independentemente em toda uma série de famílias e, até, de ordens vegetais. As plantas trepadeiras também; as ervas também, etc., etc. O botânico não coloca, por essa razão, todas as árvores numa ordem, todas as plantas trepadeiras noutra. Tão-pouco põe completamente de parte os conceitos ou categorias populares de árvore, planta rasteira, arbusto, erva; utiliza-os como um acessório, ou suplemento, mais ou menos útil na descrição. Esta seria aparentemente a função própria das categorias de recorrências correspondentes na cultura, como o feudalismo, a casta, o xamã, o tabu, o totem.

Também não existe, por enquanto, concordância quanto às formas mais gerais entre as quais a totalidade da cultura se poderia distribuir, quanto à validade de recorrências ou regularidades. As primeiras tentativas neste sentido tomaram a forma de estádios e enfermavam de ingenuidade intelectual. Havia a sequência de estádios caça-pastorícia-agricultura; a mitológica-religiosa-positiva; e até a classificação pedra lascada-pedra polida-bronze-ferro.

Mais promissor é o conceito de nexos funcionais recorrentes de relações internas: digamos, de feudalismo, religiosidade e economia medieval. Esta abordagem weberiana ainda não foi devidamente explorada.

Finalmente, temos a questão do modo como os nexos ou totalidades máximas, a que chamamos «civilizações», mostram recorrências nas suas fases de desenvolvimento — por outras palavras, do modo como revelam um padrão recorrente de crescimento. Se, empiricamente, revelassem de facto um tal padrão recorrente, as civilizações forneceriam uma segmentação actual e natural, que nos ajudaria a organizar intelectualmente o mar variavelmente agitado e interminável do contínuo variável da cultura na sua totalidade. Verifica-se um crescente reconhecimento da realidade provável dessa segmentação, bem como dos seus limites e inclusões específicos — por outras palavras, do que cada civilização inclui.

Mas, quanto ao que se acha em acção na formação destas grandes unidades, há uma grande divergência. Spengler vê predestinação imanente, Toynbee livre arbítrio moral, Sorokin um ritmo oscilante entre propensões de ideação e de sensação. Esta área de investigação virá, sem dúvida, a ser bastante mais cultivada, quanto mais não seja porque até há pouco tempo pensávamos a história de maneira demasiado etnocêntrica, demasiado «autoculturocêntrica», para que os vastos problemas desta área fossem concebidos ou enquadrados eficazmente.

Mantém-se a questão de saber se o conceito de cultura servirá de mecanismo para integrar mais intimamente as diversas ciências sociais. A resposta é, simultaneamente, sim e não. Não há dúvida de que os aspectos culturais podem ser identificados e seguidos através de todas as áreas humanas habitualmente reconhecidas como sociais. A economia e a ciência política *são* apenas segmentos da cultura. Os dados da sociologia formal estão de tal modo interligados com os culturais que assuntos como a família, o parentesco, as associações, o estado, são reivindicados e tratados igualmente por sociólogos e por antropólogos culturais. A história formal, mesmo quando é essencialmente biográfica, não pode evitar, por completo, implicações institucionais; e, no extremo oposto, a história é institucional e, por conseguinte, cultural *de facto*. A psicologia pode muito bem eliminar factores culturais, restringindo a sua análise e mantendo os factores culturais constantes na experimentação selectiva. Contudo, logo que volta a ampliar a sua actividade para incluir personalidades totais, é inevitavelmente inundada de uma enchente de considerações culturais. Todavia, o que tudo isto quer dizer é que, se estivermos interessados nas manifestações culturais, podemos identificá-las e ocupar--nos selectivamente delas em qualquer estudo científico que tenha por tema o homem. E uma tal busca selectiva produzirá certas noções inatingíveis por qualquer outro método menos diferenciado. Mas *é* selectiva; esse é um facto que não deve ser esquecido. Existem outras bases de selecção e cada uma tem o seu próprio género de fecundidade. A teoria económica, embora mais validada por técnicas empíricas do que delas derivada, parece satisfazer razoavelmente os economistas e não é provável que a abandonem por qualquer teoria da cultura mais generalizada. É natural que os historiadores continuem a preferir a sua costumeira dieta mista de acontecimentos, pessoas e formas institucionais, com o seu máximo de aderência a fenómenos em bruto, oportunidades para suscitar representação dramática na narrativa e uma necessidade mínima de generalização — e, nessa altura, de generalização como mero comentário acidental. Considerámos já os estudos transníveis ou interníveis (relativos a campos como, por exemplo o papel da personalidade na cultura), que, embora ainda hesitantes quanto a método e confundindo ocasionalmente esperança com conservação, são decerto legítimos e é de esperar que cresçam.

Em resumo, é evidente que a abordagem cultural, agora que se encontra bem isolada e desenvolvida, continuará a ser utilizada, pois produz resultados apreciáveis. Contudo, é igualmente claro que a abordagem cultural não é exclusivamente válida dentro da área dos fenómenos superorgânicos; nem constitui, evidentemente, uma panaceia. É uma abordagem selectiva, fértil por causa da sua selectividade, mas não deixa, pela mesma razão, de ser limitada no seu raio de acção.

15

OS VALORES COMO TEMA DE INVESTIGAÇÃO DAS CIÊNCIAS DA NATUREZA

(1949)

Estas páginas são escassas para desenvolver um tema tão vasto como este, mas as comunicações da National Academy acham-se limitadas a quinze minutos.
Esta exposição rompeu finalmente com Rickert. A cultura, incluindo os seus valores, é explicitamente encarada como parte da natureza e os valores não residem exclusivamente na cultura.
O meu primeiro ataque ao problema do que fazer com os valores teve lugar no cap. 4, de 1918, e estes são novamente discutidos nos caps. 11, 12 e 14.

Este ensaio sustenta a proposição de que o estudo dos valores constitui uma parte própria e necessária do estudo da cultura, vista como uma parte existente da natureza. Isto é afirmado não apenas na qualidade de uma proposta ou programa, mas na de um facto descritivo válido para grande parte da prática actualmente existente na antropologia e no estudo da cultura.

Sempre que um facto cultural tem significação ou referência histórica contém também um valor. A significação deve ser distinguida da causa — daquilo que fez com que um fenómeno cultural sucedesse. A significação deve igualmente ser distinguida do fim ou propósito servido e de necessidades orgânicas, as quais, por seu turno, podem ser transformadas, quer em causas quer em fins de fenómenos da cultura.

Que existem necessidades — também chamadas impulsos, premência, imperativos e afins —, e que elas são subjacentes à cultura e a precondicionam, é indubitável. Também é óbvio que a cultura não pode ser explicada ou deduzida de necessidades, a não ser muito parcialmente. A fome tem de ser satisfeita; mas o *como* ela é satisfeita pelos seres humanos nunca pode ser deduzido do facto de terem fome, nem da sua constituição física específica. Irresistivelmente, o *como* só pode ser entendido em referência ao resto da cultura em questão, pre-sente e passada, um tanto ou quanto modificado — ou precondicionado — pela interacção com as oportunidades fornecidas pelo meio natural. Além disso, grandes segmentos de cultura só começam a actuar, só passam a existir, depois de as necessidades primordiais terem sido satisfeitas, reduzidas ou mitigadas as suas tensões. É o que acontece com a arte, a religião, a ciência. Por consequência, estes segmentos não podem ser explicados de modo algum por meio de necessidades fisiológicas.

As características essenciais de uma cultura são as suas formas e padrões, as inter-relações destes numa organização e o modo como estas partes e o todo actuam ou funcionam, enquanto um grupo de seres humanos vive sujeito a estas coisas. Uma cultura é um modo habitual de actuar, sentir e pensar, canalizado por uma sociedade a partir de um número e variedade infinitos de modos potenciais de viver. A canalização particular adoptada é fortemente precondicionada por modos e organizações, ou sistemas de cultura, antecedentes, conquanto não seja predeterminada a não ser dentro de certos limites. Cada um destes sistemas de canalização é acompanhado de, ou contém, um sistema de afectos que variam de lugar para lugar, quanto ao seu aparecimento e de momento de tempo para momento de tempo, mas alguns deles são geralmente poderosos e persistentes. Interligado a estes afectos há um sistema de ideias e ideais, explícitos e implícitos. O sistema combinado de afectos e ideias de uma cultura reflecte, de imediato, os modos habituais de acção dos membros da sociedade, valida, para eles mesmos, estes modos e controla e modifica, até certo ponto, os modos. É neste sistema de ideias carregadas de afecto que se considera, em certo sentido, residir o núcleo de uma cultura: nele se alojam os seus valores, normas e modelos — o seu *ethos* e o seu *eidos*.

Quando falamos da significação de um traço, pormenor ou complexo de traços culturais, o que se pretende referir é o grau em que o traço engrena, afectiva bem como estrutural e funcionalmente, no resto do sistema, ou organização total, que constitui a cultura. Um baixo grau de integração indica normalmente que o traço tem uma significação relativamente baixa para a cultura como unidade funcional — embora possa continuar a ter considerável significação como índice da relação histórica com outras culturas.

Segue-se que, se recusarmos ocupar-nos de valores, estamos a recusar ocupar-nos do que tem mais sentido em culturas particulares, bem como na cultura humana vista como um todo.

O que nos resta, ao eliminar os valores, é um árido rol de traços culturais, ou acontecimentos culturais, que constantemente somos tentados a animar, reintroduzindo os valores que banimos, ou então introduzindo indirectamente valores tirados da nossa própria cultura. Ou é possível tentar explicar os fenómenos da cultura desembaraçados de valores e as suas mudanças, em função de alguma causalidade, ou, possivelmente, por uma teleologia.

OS VALORES COMO TEMA DE INVESTIGAÇÃO DAS CIÊNCIAS DA NATUREZA

Com efeito, é, desde há muito, prática predominante na descrição de culturas pelos antropólogos, ou na descrição de fases civilizacionais pelos historiadores, formular os valores destas culturas. Desse modo, a descrição torna-se uma caracterização fisiológica da cultura. Semelhante caracterização tem alcance interno no tocante à sua própria coerência e consistência e alcance externo através de comparação implícita ou explícita com outras culturas caracterizadas. Este tipo de apresentação, com designações de valor bem definidas, compreende todas as caracterizações ou análises ressintetizadas da cultura, que mostram mais êxito feitas quer por antropólogos como Malinowski, Firth, Evans-Pritchard, quer por não profissionais, como é o caso de Codrington sobre os Melanésios, de Doughty nos desertos da Arábia, da cidade antiga de Fustel de Coulanges, de Albiruni sobre a Índia de há mil anos e, até, da Germânia de Tácito.

A referência, nesta matéria, é aos valores tal como existem nas sociedades humanas em tempos e lugares dados; aos valores tal como fazem a sua aparição na história da nossa espécie; em resumo, aos valores enquanto fenómenos naturais que ocorrem na natureza — de maneira muito semelhante às formas, qualidades e capacidades características dos animais, tal como são definidas na zoologia comparativa. Não há referência a nenhum modelo ou escala de valores absolutos, nem a juízos de valores que seriam melhores ou piores — o que implicaria o dito modelo.

Um modelo absoluto envolve duas qualidades. Primeiro, tem de ser extranatural, ou sobrenatural, para ser um absoluto apriorístico. E, segundo, está implícita uma atitude etnocêntrica na elevação de qualquer modelo actual à categoria de absoluto. Pelo contrário, os modelos ou sistemas de valores, concebidos como partes da natureza, são necessariamente temporais e espaciais, fenomenais, relativos e comparativos. Que a primeira condição para o estudo científico da cultura é a exclusão do etnocentrismo tem sido um cânone básico da antropologia há três quartos de século.

As formas de qualquer cultura devem ser descritas — podem ser avaliadas, por assim dizer — apenas a partir da sua relação com o sistema de padrões total dessa cultura. O sistema de padrões carece, por seu turno, de representação em termos do seu funcionamento total e dos seus produtos. E, na medida em que o sistema de padrões é avaliável, é-o por comparação com as funções e resultados obtidos por outras culturas totais, com os seus respectivos padrões-mestre. É como a comparação do funcionamento e capacidades totais, digamos, de uma minhoca, com o funcionamento e capacidades de outros organismos.

Em certo sentido, a identificação do funcionamento e capacidades de uma espécie orgânica é como uma formulação dos valores geneticamente inerentes a essa espécie. Seja como for, *pode* ser isso, ainda que os biólogos não estejam geralmente conscientes do facto e possam melindrar-se com a imputação de que se ocupam, de algum modo, de valores; além de que a comparação desses valores, por forma a indagar os seus elementos comuns, as suas particularidades, a sua gama total aparente de variabilidade, a sua eficácia e permanências de longo alcance, semelhante comparação de valores biológicos continuaria a estar dentro do escopo do exame de fenómenos naturais pelos métodos das ciências da natureza.

É como algo de análogo a esta espécie de biologia ou biologia potencial que o estudo das formas, estruturas e valores culturais deve ser concebido. Ou talvez devêssemos dizer, antes, que tal estudo tem sido, na realidade, feito, repetidas vezes, frequentemente sem consciência explícita dos valores envolvidos e, quiçá, com a mesma frequência, sem consciência de que o estudo tivesse significação científica a nível das ciências naturais.

É verdade que os valores também podem ser encarados extracientificamente ou sobrenaturalmente. Na sua maioria, têm sido interpretados dessa forma, atribuindo à divindade, à alma, à espiritualidade, ou a um sistema auto-suficiente, valores eternos, não modificáveis, fora do domínio da ciência sobre a natureza. Mas a presente comunicação não pretende ocupar-se de tal ponto de vista. Pelo contrário, afirma que os valores, juntamente com todas as outras manifestações da cultura, fazem parte da natureza e encontram-se, por conseguinte, no campo da ciência.

Tornam-se desejáveis algumas especificações.

Há sempre um hiato entre os valores e o comportamento, entre ideais e capacidade de execução. Ainda que os valores influenciem sempre o comportamento de organismos culturais, isto é dos homens, nunca o controlam exclusivamente. Daí que o estudioso da cultura precise de distinguir, mas também de comparar, valores ideais e comportamento realizado, como aspectos complementares. Um não alcança substancialidade, o outro motivação e organização significativas dos dados.

Depois, sendo os valores socioculturais, possuem também, inevitavelmente, aspectos psicológicos. Mas, como qualidade específica da cultura — na realidade, como produto da cultura —, a sua redução a explicações em termos psicológicos e destes a explicações fisiológicas e bioquímicas perde ou destrói necessariamente as propriedades específicas essenciais dos valores. Estas só são preserváveis em pleno desde que os fenómenos do valor continuem a ser inspeccionados a nível cultural.

Finalmente, como os fenómenos culturais são determinados de diversos modos — inorganicamente pelo meio, orgânica, psicológica e socialmente, bem como pela cultura existente —, é evidente que a causalidade dos fenómenos culturais há-de ser invulgarmente complexa.

Além disso, muito dificilmente eles se prestam ao isolamento e simplificação da experimentação. Dentro da própria cultura, estas considerações parecem aplicar-se ainda com mais força aos valores do que, digamos, à produção de artefactos, ou à economia de subsistência. No mais não havendo diferenças, uma abordagem descritiva ou histórica deveria, de acordo com o que foi dito, parecer mais prontamente fértil, na investigação científica dos valores, do que qualquer procura de causas — mesmo de causas imediatas. Esta afirmação não deve ser interpretada como uma proscrição metodológica do estudo da causalidade nos valores, mas sim como um aviso de que a abordagem causal é intrinsecamente difícil e que resultados válidos e não especulativos prometem ser escassos e morosos. Muito embora uma abordagem formal seja, pois, indicada como mais fértil, não precisa de modo algum de se limitar a uma descrição enumerativa nem a uma enumeração de sequências. Para além destas, a comparação de organização, funcionamento e inter-relações de valores culturais e de sistemas de valor convidam à investigação científica metódica.

16

MEIO SÉCULO DE ANTROPOLOGIA

(1950)

Trata-se de uma de dez apreciações, feitas às suas diversas ciências, por outros tantos autores e publicadas em Scientific American, *de Setembro de 1950. Intitulava-se simplesmente «Antropologia» e é aqui reeditada com a autorização dessa revista.*

A façanha mais significativa da antropologia, na primeira metade do século XX, foi a extensão e clarificação do conceito de cultura. A ideia de que a cultura — os costumes, tradições, ferramentas e modos de pensar de uma sociedade — desempenha o papel principal na formação do desenvolvimento dos seres humanos, e deveria, portanto, ser a preocupação central da antropologia, não se originou no nosso século; a sua importância fora reconhecida pelo grande antropólogo inglês Edward B. Tylor em 1871. Mas durante os últimos cinquenta anos o conceito tem tido uma aplicação ampla e consistente, que fez avançar enormemente o crescimento da ciência antropológica.

A consequência mais notável desta extensão conceptual foi o derrube da doutrina do racismo — essa amena presunção de superioridade racial que é tão satisfatória emocionalmente para a maioria das pessoas e que é tão descabida. Aprendemos que as realizações e superioridades sociais se apoiam esmagadoramente no condicionamento cultural. A hereditariedade racial não foi totalmente excluída, como factor, na realização social, mas é nitidamente um factor minúsculo, em comparação com as influências culturais. A ilusão racista apoia-se numa incapacidade ingénua de distinguir processos biológicos fixos de processos culturais essencialmente variáveis. Uma vez claramente apreendida a natureza do processo cultural, a ilusão racista está condenada a esfumar-se rapidamente. O hitlerismo representou a última, desesperada e conservadora ofensiva, como credo nacional organizado, tal como o julgamento Dayton mostrou ser o último reduto do literalismo antibiológico da teologia protestante americana.

O estudo comparativo da cultura ajudou igualmente a diminuir o etnocentrismo — a convicção provinciana da superioridade da cultura própria —, do qual emana tanta intolerância. O amplo movimento social e emocional nesta direcção mais liberal obteve, decerto, o apoio intelectual da análise antropológica e da comparação de várias culturas. Os antropólogos estão hoje de acordo em que cada cultura deve ser examinada em função da sua própria estrutura e valores, em vez de ser avaliada pelos modelos de outra civilização qualquer, exaltada como absoluta — o que, na prática, claro, é sempre a nossa civilização. Este princípio antropológico, é verdade, conduz a uma filosofia relativista ou pluralista — uma crença em muitos valores em lugar de um único sistema de valores. Mas porque não, se os factos o exigem? O domínio da vida é, sem dúvida, pluralista, com um milhão de espécies no nosso pequeno planeta. Não tenho notícia de que haja biólogos que lamentem a diversidade das espécies. O que eles fazem é tentar encontrar nela algum género de ordem. Em absoluta conformidade com isto, os antropólogos tentam tratar todas as culturas, incluindo a nossa própria civilização, como partes da natureza — sem prioridades preferenciais e partidárias. Isto pode ser desagradável para os partidários, mas é de certeza a única via da ciência.

A firme aderência dos antropólogos modernos a este princípio deu azo a uma crescente convicção de que a antropologia detém promessas de importância para o futuro do mundo. No entanto, a antropologia não oferece respostas oportunas aos nossos problemas — não me parece que tenha sequer um remédio categórico específico com que possa contribuir, muito menos uma panaceia. O seu contributo é uma atitude mental. Esta atitude sustenta que as culturas — cada uma das quais contém um sistema de valores — não têm de ser encaradas como pontos de concentração de lealdades emocionais rivais, mas podem ser estudadas como fenómenos naturais, pelos métodos das ciências da natureza.

O crescente reconhecimento da cultura como força, tem tido repercussões noutros campos da ciência, especialmente na psicologia da personalidade e na psiquiatria. Freud tentou anexar a cultura toda de uma penada, opinando que tudo derivava do complexo de Édipo. Alguns teóricos da psicanálise mais recentes tentaram defender esta pretensão de uma forma diferente: propuseram mecanismos menos simplistas, tais como a «estrutura básica da personalidade», para fundação da cultura. Mas, dado que estes mecanismos são declaradamente dependentes da cultura, a cultura não pode, na realidade, derivar ao mesmo tempo da personalidade. Na totalidade, neste campo das relações cultura/personalidade, é a cultura que até agora demonstrou ser a força activa e modeladora e a personalidade o elemento moldado.

Há cinquenta anos, os antropólogos ainda estavam notavelmente dispostos a procurar causas de comportamento simples e fundamentais e a encontrá-las — mas acontecia com frequência cada homem encontrar uma pérola de especulação diferente. A teoria então mais comum era de que a cultura primitiva e as civilizações superiores emanavam todas, espontaneamente, da «natureza humana», ou da «unidade da mente humana». Sir James Frazer adoptou esse ponto de vista em *The Golden Bough*. Influenciou mais os seus contemporâneos do que qualquer outro antropólogo. Por meio do simples peso dos seus exemplos comparativos, contribuiu para libertar os espíritos deles do etnocentrismo. Mas estava inconsciente do que constituía um problema científico solúvel; limitou-se a fazer aqueles enunciados que tinham carácter necessário. Hoje, tornámo-nos mais humildes. A natureza humana existe decerto, mas reconhecemo-la como uma turbulenta mistura de efeitos genéticos tremendamente elaborados e distorcidos por pressões culturais. E já não nos aventuramos a definir o que a natureza humana é, a não ser pelo facto de podermos, por vezes, apontar certos limites imprecisos dentro dos quais, diz-no-lo a experiência e o bom senso, esta natureza geralmente se manifesta.

Um pouco mais tarde surgiram as explicações pseudo-históricas. Assim, Elliot Smith sugeriu que tudo o que compunha a civilização superior podia ser remontado a uma origem no antigo Egipto, donde foi difundido pelo mundo pelos caçadores de tesouros fenícios. Não, objectava F. Graebner, havia seis origens: a cultura do bumerangue, a totémica, a matrilinear, etc.; espalhando-se, desde os seus locais de origem respectivos, por várias partes do mundo, acabaram por se misturar mais ou menos. Tínhamos apenas de descobrir como desenredar as culturas do mundo para as reduzir aos seis blocos originais.

As respostas são mais limitadas e hesitantes hoje em dia, dado que nos apercebemos de que as respostas são o produto final de investigação e não aquilo com que se começa e por que depois se luta. Nas investigações do passado meio século, muitas coisas acabaram por atingir, inesperadamente, o ponto desejável. Em 1912, Charles Hose e W. MacDougall publicaram um livro sobre as tribos pagãs de Bornéu. Tinham descoberto que os habitantes de Bornéu sacrificavam animais domésticos aos seus deuses, consumiam as vítimas em festivais de adoração e adivinhavam o futuro por meio de sinais no fígado ou vesícula biliar dos animais sacrificados. Um recensor chamou a atenção para o muito que os costumes de Bornéu lembravam, de uma maneira primitiva, as práticas sociais e religiosas dos Gregos e Romanos. Existiria uma conexão? Ou tratar-se-ia de um exemplo do mesmo velho *X,* a natureza humana, a jorrar a mesma velha similaridade espontaneamente — um pouco como a vida costumava gerar-se espontaneamente nos dias ingénuos da biologia? Sabemos hoje que existia indubitavelmente uma ligação entre estes costumes semelhantes, servindo os Mesopotâmios, Hindus e Chineses de elos de ligação entre os Indonésios, os Gregos e os Romanos. Onde quer que o cristianismo, o islamismo ou o budismo se tenham estabelecido, este conjunto de costumes foi banido por pagão; mas sobreviveu nas orlas remotas do interior de Bornéu e das Filipinas, tal como na África e em certas partes da Índia. Nunca chegou à Austrália nem à América. Estas conclusões, que teriam parecido revolucionárias há cinquenta anos, foram alcançadas por indução — história inferida, em vez de documental. Mas apoiam-se em corpos consistentes e não seleccionados de factos, tanto positivos como negativos, distribuídos por várias partes do mundo e no paralelo de dezenas de outras disseminações que estão documentalmente provadas — como é o caso, para citar apenas um exemplo da difusão da arte do fabrico do papel da China para a Europa.

Maior ainda foi o aumento do conhecimento que ficou a dever-se à exploração e descoberta arqueológicas. Antes do século XX, a arqueologia, além de ocupar-se da Idade da Pedra na Europa ocidental, ocupava-se essencialmente das civilizações primitivas e não dos tempos pré-históricos. No Egipto, na Mesopotâmia, na China, na área mexicana e maia, os arqueólogos procuravam antiguidades que tivessem inscrições e datas e que complementassem e ampliassem, assim, os registos escritos que nos haviam sido transmitidos na história documental. Não era necessária grande perícia para datar a inscrição de um rei egípcio da décima oitava dinastia de uma época posterior à de um governante da quarta dinastia. Mas colocar as antiguidades que *antedatam* a escrita numa sequência temporal fidedigna e transpor os seus hiatos por meio de novas explorações, isso era uma aventura que exigia verdadeiro engenho e aperfeiçoamento de técnicas. Foi durante os últimos quarenta ou cinquenta anos que o grosso do conhecimento deste género, em relação a todo o mundo, excepto a Europa oriental, foi acumulado e interpretado. Este novo conhecimento inclui uma enorme quantidade de material no estádio anterior à agricultura e à Idade da Pedra, no Egipto e na Mesopotâmia, na Turquia, Síria, Irão, Norte de África, Índia, China e outras regiões do Extremo Oriente. Nas Américas, a busca de restos das culturas mais antigas que antedataram a escrita começou por volta de 1920. A satisfação dos arqueólogos por tratarem de coisas que eram antigas começou a dar lugar a um novo interesse pela *idade* dos restos — e claro que isto incluía a questão de quais eram mais ou menos antigos. Na parte oriental dos Estados Unidos, no Sudoeste, na Califórnia, nas Caraíbas, foram calculadas e preenchidas sequências seguras. Para o México e a região dos Maias, as cronologias sugeridas pelos primeiros investigadores estão a ser calculadas novamente a partir de uma base mais sólida. Para o Peru, investigadores a trabalhar em colaboração determinaram uma sucessão de estádios da cultura que remontam a cerca de 2000 anos antes dos Incas que Pizarro encontrou no poder; depois, em 1946, esta duração foi provavelmente duplicada pela descoberta de restos de uma sociedade pré-metalúrgica, pré-cerâmica, pré-cultura do milho, mas que já cultivava o solo.

Grande parte da história biológica conhecida do homem, e dos seus antepassados fósseis imediatos, também só foi descoberta de 1900 para cá. Quatro principais achados sumariam quase toda esta excitante busca. Primeiro, temos hoje sólida informação sobre o Pitecantropo e o seu gémeo, o Sinantropo. Eram homens de qualidade inferior, mas eram decididamente homens e viviam já, pelo menos, em meados do Plistocénio, o último período geológico. O segundo grande achado são os Australopitecos, incluindo o Plessiantropo e o Parantropo, que tinham essencialmente os dentes, maxilares, quadris e postura do homem, juntamente com cérebros do tamanho do dos gorilas e dos grandes chimpanzés. Não sabemos ainda quando viveram. Em terceiro lugar, temos o famoso homem de Neandertal, o resultado secundário, ligeiramente brutalizado, de uma experiência conduzida pela natureza, naquilo que podemos designar o decurso da evolução humana — mas reconhecemos agora que não era nem muito primitivo, nem muito antigo, nem muito brutal. Finalmente, existem indícios bastante fortes, que continuam a ganhar força, de que já existiam verdadeiros seres humanos — membros efectivos da nossa espécie viva, o *Homo Sapiens* — já no Plistocénio e que, muito antes deles, os seus antepassados devem ter sido bastante destacados em relação a todas as outras formas, vivas ou extintas. Esse grande e misterioso *X* com que nos preocupávamos há uma geração, o famoso «elo perdido», está completamente fora de moda. Esta narrativa deixa-o desamparado e esquecido, e o seu caminho é, por isso, muito mais intricado e dramático.

O estudo das raças humanas vivas foi, infelizmente, incapaz de aproveitar muito com o maior dos desenvolvimentos deste meio século: a genética, o estudo quantitativo de hereditariedade. Há várias razões que o explicam: os cromossomas humanos e provavelmente os seus genes são numerosos e a nossa hereditariedade é, pois, complexa; as vidas humanas são longas e as gerações crescem e passam lentamente; não podemos proceder a experiências com a criação controlada e em grande escala de homens, como podemos fazer com a mosca da fruta, ou plantas polinizadas. Os relativamente poucos traços humanos que até hoje se provou darem resultados, de acordo com regras calculáveis de hereditariedade, ou são anormalidades ou se relacionam principalmente com factores sanguíneos revelados em laboratório, que não têm aparentemente qualquer influência no funcionamento ou capacidade gerais do homem.

De momento, todos os agrupamentos da classificação por raças, menos os mais óbvios, continuam a estar dependentes de juízos subjectivos. Por exemplo, os Hotentotes e os Bosquímanos, que têm indubitavelmente uma relação qualquer com os negros (cabelo encarapinhado, nariz largo) e possuem algumas feições distintivas peculiares (costas cavadas, nádegas gordas, orelhas chatas, pele enrugada), também tendem a ter uma prega ocular como a da raça mongol. Dever-se-á esta prega ocular dos Bosquímanos ao facto de terem, algures no passado, experimentado contacto e mistura com Mongolóides? Ou tratar-se-á apenas de uma especialidade que, por acaso, se desenvolveu como variação genética independente, no seu isolamento? Em resumo, estamos perante um caso de contaminação herdada ou de mutação herdada?

Nem mesmo as autoridades podem fazer mais do que juízos pessoais, em situações desta natureza. Mas, se pudermos acumular dados raciais sobre bastantes factores relacionados com o tipo sanguíneo e genótipo — não apenas os tipos sanguíneos conhecidos O-A-B-AB, A_1-A_2, Rh e M-N, mas acrescentando-lhes uma quantidade de novos factores —, será possível determinar, a partir das percentagens destas heranças, se os Bosquímanos alguma vez experimentaram realmente uma mistura mongolóide significativa. Se não surgirem elos hereditários nestes factores, ficará bastante bem demonstrado que a prega ocular é um desenvolvimento local independente. Da mesma forma, um conhecimento suficiente de factores genotípicos demonstráveis poderia revelar se os Bosquímanos são um desvio do *stock* negro ou o que resta de uma antiga raça primária coordenada. Estes minúsculos traços de hereditariedade, constituídos por unidades simples, são um pouco como impressões digitais — bastante insignificantes, no homem, do ponto de vista do funcionamento do organismo total, mas por vezes bastante reveladoras quanto a quem contactou com quem, no passado.

Finalmente, temos o importante contributo que o estudo comparativo das línguas pode dar à antropologia. A maior parte dos linguistas também são filólogos e aceitam, por isso, o lugar que costumeiramente lhes é atribuído nas humanidades. Contudo, os filólogos e os linguistas antropológicos concordam hoje em que a estrutura de toda a língua carece de descrição e compreensão, antes de mais, nos termos dos seus próprios fenómenos e plano — não por qualquer modelo absoluto. Trata-se de novo, como é evidente, do princípio básico do relativismo do antropólogo, apenas um pouco mais acentuado em relação a essa parte da cultura — a fala — que é a mais declaradamente simbólica, a que está mais próxima de ser autónoma e a que obedece a padrões mais rigorosos.

Os linguístas antropólogos têm diferido dos outros linguistas apenas pela circunstância de terem trabalhado essencialmente com línguas totalmente não escritas que, por consequência, não possuem história conhecida, nem formas antigas preservadas. Deste modo, os linguistas antropólogos têm tido de actuar comparativamente e não tanto por meio de métodos directamente históricos; têm sido obrigados a forjar os seus alfabetos e gramáticas enquanto procedem às suas investigações, em vez de actuarem a partir de línguas dadas. Impulsionadas por Franz Boas e Edward Sapir, desenvolveram-se novas técnicas para este fim. Quando veio a II Guerra Mundial e se tornou importante ensinar línguas estrangeiras rapidamente, estas técnicas demonstraram o seu valor prático como expediente educacional para adquirir um rápido domínio falado do chinês, japonês, russo, árabe e outras línguas, em que uma escrita totalmente estranha e muitas vezes elaborada — ou uma gramática convencional mal formulada — faz da aquisição pelos velhos métodos livrescos, geralmente, uma questão de anos.

O que o meio século passado conseguiu, sobretudo em relação à antropologia, foi transformar um arranjo vago de interesses físicos, sociais, culturais e linguísticos separados, antigos e modernos, primitivos e civilizados, num ataque integrado aos fenómenos biológicos, socioculturais e linguísticos apresentados pelo homem — ataque esse que se mantém coeso por meio de uma atitude comum. Esta atitude expressa-se no princípio da abordagem relativista. Poderia igualmente designar-se abordagem «naturalista». Ela insiste em tratar os costumes e histórias, os ideais e os valores, as sociedades e as línguas do homem, como fenómenos da natureza, exactamente na mesma medida da biologia dos homens, ou até de animais e homens.

Pode parecer um programa simples e banal. Talvez seja simples conceptualmente, mas operacionalmente tem sido difícil e árduo. Até que ponto os homens e as suas actividades são realmente tratados como parte da natureza, na grande maioria dos estudos económicos e sociológicos, na grande maioria da história e da filologia? Quase não o são; nestes campos, as actividades humanas são consistentemente separadas da natureza e é dada ênfase primordial ao que se acha dentro da nossa própria cultura e não o panorama vasto e variado do comportamento humano total, através do tempo e do espaço. É por isso que, na organização de universidades e dos grandes conselhos de investigação de âmbito nacional, esses campos de estudo são destinados às ciências sociais ou às humanidades. A antropologia, por outro lado, está representada não só nas ciências sociais e nas humanidades mas também nas ciências naturais. Isto não acontece pelo facto de a antropologia incluir, no seu chamado ramo «físico», uma preocupação com a biologia humana. É que, em tudo o que toca — culturas, sociedades e línguas, bem como compleições físicas —, a antropologia visa actuar, integralmente, com as tolerantes atitudes das ciências da natureza, mais os seus métodos e técnicas especiais, que possam tornar-se necessários em cada situação confrontada.

17

A HISTÓRIA E A ACTUAL ORIENTAÇÃO DA ANTROPOLOGIA CULTURAL

(1950)

Esta comunicação foi preparada para a reunião da American Anthropological Association, em Berkeley, entre 28 e 30 de Dezembro de 1950, para comemorar o estabelecimento formal da antropologia na Universidade da Califórnia durante os cinquenta anos anteriores. São omitidos alguns parágrafos introdutórios de referência local. Em contraste com a selecção anterior, este apanhado destinava-se a um público especificamente antropológico e não a leitores com interesses científicos gerais.

Os últimos cinquenta anos da antropologia encontram a sua perspectiva no passado que os precedeu. Poder-se-ia legitimamente alargar este passado a Heródoto, se quiséssemos. É, no entanto, possível e proveitoso dividir a história da antropologia numa fracção não organizada e outra organizada, separadas, com maior nitidez do que seria de esperar, no ano de 1860. Antes dessa data verificavam-se alguns vivos interesses, a que hoje chamaríamos genuinamente antropológicos, mas eram fortuitos. Provinham de diferentes estímulos e inspirações, moviam-se em direcções descoordenadas, não coeriam. Havia alguns grandes nomes: Kant, Herder, Comte, Blumenbach, Humboldt, Gobineau, Prichard; mas os seus esforços não conduziam a um sistema de pensamento consistente. Formaram-se sociedades etnológicas, nos anos quarenta, em Paris, Londres, Nova Iorque, mas em breve voltavam a definhar; desses dias só resta a Sociedade Etnológica Americana e mesmo ela teve dificuldade em restabelecer-se de um longo período de inanição como os que costumavam assolar esses primeiros agrupamentos. Antes de 1860, havia vitrinas mas não havia museus; havia palestras mas não havia cadeiras nem cursos; não estava previsto o apoio à investigação no campo nem meios regulares para fins de publicação.

Ora, é evidente que estes auxílios e equipamento não nasceram todos na nossa data crítica de 1860. De maneira geral, atrasaram-se

uma geração e, mesmo assim, surgiram gradual e modestamente.
O estabelecimento da antropologia na Califórnia, em 1901, foi precedido de apenas alguns anos pelos começos em Harvard, Clark, Pensilvânia e Colúmbia e anteciparam, por seu turno, os reconhecimentos formais em Chicago e Yale. Antes que se pudesse esperar ter cadeiras, departamentos e publicações periódicas em antropologia, tinha de haver um corpo organizado de pensamento teórico, uma ideologia sistemática, que caracterizasse um campo do conhecimento. Foi isto o que nasceu por volta de 1860 e as cadeiras e o resto seguiram-se a seu tempo e em consequência.

Em 1860 apareceu o primeiro livro de Bastian; em 1861, *Ancient Law*, de Maine, e *Mutterrecht*, de Bachofen. A explosão na primeira dúzia de anos foi fenomenal: Jacob Burckhardt, 1860; *A Cidade Antiga*, de Fustel de Coulanges, 1864; *Primitive Marriage*, de McLennan, 1865; *Researches*, de Tylor, 1865; *Origin of Civilization*, de Lubbock, 1870; *Systems of Consanguinity*, de Morgan, 1871; *Primitive Culture*, de Tylor, 1871. Não é certamente por acaso que estes doze anos também abarcaram *Origin of Species*, de Darwin, 1859, e *Descent of Man*, 1871. Em 1923 contestei a caracterização que Marett fizera da antropologia como «filha de Darwin». A antropologia histórica da cultura, que eu conhecia e visava, não derivava, decerto, do mecanicismo orgânico de Darwin, nem se apoiava nele. Mas a antropologia especulativa clássica, que floresceu em vida de Darwin, foi obviamente evocada e enormemente estimulada pelo evolucionismo, que Darwin finalmente validara.

É, pois, este o cerne intelectual de uma nova ciência. Até que ponto as opiniões então defendidas estavam certas ou erradas é o que menos nos preocupa — os começos são muitas vezes insuficientes. O que importa era haver uma direcção, uma atitude, uma noção de método; acima de tudo, um conjunto de problemas.

Também é bom recordar que isto não aconteceu há muito tempo. Estamos a cinquenta anos da ocasião que aqui comemoramos; distam apenas quarenta daí a 1860. Assim, o meio século de progresso cujo apanhado me proponho fazer abarca mais de metade da história da antropologia organizada.

Estes primeiros trabalhos da escola clássica eram pseudo-históricos, evolucionistas, comparativos; eram documentados, mas por testemunhos fortemente seleccionados. Mostravam a tendência para dar respostas totais. Mostravam-se seguros ao atribuir causalidade, mas procuravam menos as causas imediatas do que as origens absolutas — um índice certo da ingenuidade que acompanhava o seu vigor intelectual. No entanto, os livros evolucionistas clássicos tinham colocado, sobretudo, questões importantes e definidas, ainda que não o fizessem precisamente da maneira actual. O seu famoso «método comparativo» falhou, vemo-lo hoje, porque violava o contexto.

A HISTÓRIA E ACTUAL ORIENTAÇÃO DA ANTROPOLOGIA CULTURAL

Comparava desregradamente quando deveria comparar rigorosa e sistematicamente. Mas tinha o supremo mérito de não ser etnocêntrico, o mérito de visar algo exterior e, por conseguinte, de conter, pelo menos implicitamente, a ideia de cultura e a sua abordagem relativista. Com efeito, Tylor, o mais sábio e mais equilibrado do grupo, estabelecia já, em 1871, não só o nome e definição de cultura mas a atitude antropológica característica perante ela.

Claro que o movimento não se limitou a uma década. Seguiram--se *Ancient History*, de McLennan, em 1876, *Ancient Society*, de Morgan, em 1877, *Kamilaroi*, de Howitt, em 1880, *Anthropology*, de Tylor, em 1881. Em 1884 Andrew Lang começou a publicar obras sobre antropologia; em 1887, Frazer, cuja primeira versão do *Golden Bough* surgiu em 1890, embora as versões alargadas só tenham sido completadas em 1915. Westermarck iniciou-se em 1901, Hobhouse em 1906; *Primitive Paternity*, de Hartland, data de 1909 e *Primitive Law* de 1924. De observar que, com o tempo, a participação no evolucionismo clássico se tornou, na sua maioria, britânica, degenerando como que num maneirismo saudoso. Verifica-se igualmente um declínio na consistência do núcleo intelectual — comparado com Tylor, Frazer — vinte e dois anos mais novo — representa uma nítida recessão metodológica. Talvez seja por essa razão que Frazer tem sido mais popular e mais influente fora da antropologia, entre psicanalistas, leigos e literatos.

Em França, na Alemanha, nos Estados Unidos, outras correntes começaram a manifestar-se por volta de 1890. Estes novos movimentos do pensamento antropológico são exemplificados por dois homens nascidos no mesmo ano — 1858 —, próximo do ano de nascimento de Freud. Trata-se de Durkheim, em França, e de Boas, que nasceu e foi educado na Alemanha, mas viveu durante cinquenta anos na América.

A antropologia física e a pré-história francesas, com o seu pesado conteúdo factual, floresceram nas mesmas décadas de 1860 a 1890, como acontecera com a antropologia evolucionista clássica britânica. Trata-se de um facto significativo; mas, ideologicamente falando, os Franceses haviam participado relativamente pouco no desenvolvimento evolucionista. Inclinavam-se menos a procurar «origens» do que «leis». Durkheim nasceu sessenta anos depois de Comte; no entanto, conquanto esse intervalo tenha estado longe de ser intelectualmente árido em França, foi árido no que se refere à teoria antropológica ou sociológica — o trabalho de Gabriel Tarde, por exemplo, pretendia passar por psicologia. Resumindo: Durkheim pode ser considerado um positivista; empirista em princípio, mas com apenas um vago anseio em relação ao uso de um contexto amplo; como a maioria dos seus compatriotas, mais interessado em princípios nítidos do que na variedade de dados comparativos; não etnocêntrico, mas, contudo, pouco dado a reconhecimentos relativistas e pluralistas e continuando até ao fim a crer que os fenómenos culturais podiam ser adequadamente subsumidos em conceitos puramente sociais. Durkheim deixou uma escola, mas a sua influência construtiva fora de França foi ligeira, a não ser sobre, e através de, Radcliffe-Brown.

Boas chegou à antropologia através da geografia física, proveniente de uma formação em física e nas matemáticas. Embora nunca se tenha interessado pelo trabalho de laboratório, nem pela experimentação, estava habilitado a distinguir uma prova rigorosa, de esquemas especulativos escorados por factos selectivos. O seu espírito implacável exigia provas mesmo nas situações complexas e difíceis prevalecentes na cultura e recusava-se a ocupar-se de problemas em que parecia impossível obter provas rigorosas. Em antropologia era céptico em relação a leis ou a universais e incansável em chamar a atenção para o facto de «origens» contraditórias de fenómenos culturais poderem ser simultaneamente verdadeiras em alturas diferentes, ou de processos contraditórios de suposta constância poderem ser, todos eles, eficazes e de nenhuma origem ou processo, poder, portanto, ser uma verdadeira constante ou um universal incondicional. O seu interesse pelos fenómenos residia nos processos que eles revelavam, mas ele considerava esses processos inumeráveis, variáveis e complexos na sua mistura — como o são, indubitavelmente, nos seus aspectos essenciais. Tornou-se o grande destruidor de ilusões intelectuais. Derrubava incansavelmente os diversos esquemas de origens e estádios «evolucionistas», saídos de geração quase espontânea da «natureza» da mente humana; derrubou o racismo como explicação de diferenças culturais; negava o determinismo ambiental, o determinismo unitarista, bem como o da *Kulturkreis*, por difusão — em resumo, todas as determinações simplistas. Encontrou a antropologia como um campo de justas e torneios de opinião; deixou-a uma ciência, pluralista, mas crítica.

Boas era negativista na sua preocupação com explicações prematuras ou excessivamente simplificadas. Mesmo a sua chamada de atenção para a importância de factores inconscientes nas manifestações linguísticas e culturais continha um elemento negativo, ao expor o carácter ilusório da motivação, geralmente considerada racional, da língua e da cultura. Mas Boas era um positivista construtivo no que se refere a dados e coligia, incansavelmente, dados de culturas e línguas desconhecidas, na sua busca de uma melhor compreensão dos processos. Visando esta compreensão, ele insistia, por oposição aos seus predecessores mais especulativos, na necessidade de um contexto para cada facto utilizado; não deveria ser arrancado da matriz. Porém, Boas não foi além desse respeito pelo enquadramento imediato na situação. Não procurava o contexto por detrás do contexto, num progressivo alargamento do horizonte, como fim em si mesmo; e, com isso, isolou-se da interpretação histórica produtiva, conquanto ele mesmo considerasse o seu método como histórico, uma vez que respeitava o contexto imediato, como os evolucionistas especulativos não tinham muitas vezes respeitado. Boas não se ocupou de padrões além dos do primeiro nível, tal como surgiam na estrutura mais manifesta dos fenómenos socioculturais — como, por exemplo, numa gramática. Dos padrões dentro de padrões, ou de padrões abarcantes, como os que Benedict formulava para as culturas e Sapir para as línguas, Boas desconfiava, porque eram alcançados por empatia e só eram validáveis subjectivamente. Ele sustentava que os fenómenos culturais se apoiavam na actividade psíquica de homens individuais; mas considerava que esta mesma actividade era tão fortemente moldada pela cultura que resistia especificamente a quase todos os achados psicológicos. A experimentação psicológica, o behaviorismo na psicologia, o estímulo-resposta, a *Gestalt* — pouca reacção lhe suscitavam; na psicanálise, pura e simplesmente não acreditava. Se deixou a antropologia uma ciência, também a deixou um tanto ou quanto perplexa e isolada.

As cadências do pensamento antropológico sobrepõem-se. Tal como o movimento evolucionista ou especulativo clássico teve início ainda na década de 1860, embora a influência mais ampla de Frazer se verificasse por volta de 1910 e a escola se mantivesse activa até 1925, também Boas, que começou por alturas de 1885 e tinha o essencial da sua posição desenvolvido por volta de 1900, só em 1925 viu os efeitos do seu trabalho, os quais continuam até hoje. Por exemplo, a posição teórica e métodos de Lowie, Spier e Herskovits continuam muito próximos dos de Boas. Assim, em certo sentido, muito do nosso meio século é também o período de predomínio da abordagem boasiana. Contudo, de 1925 para cá, surgiu uma série de novos interesses e actividades, dentre os quais alguns certamente florescerão, outros esmorecerão, outros transformar-se-ão, mas que prometem concentrar as atenções no próximo quarto de século. Nenhuma destas correntes mais novas é francamente anti-boasiana. Algumas delas emanam de estudiosos de Boas, mas tentam levar o ponto de vista dele mais longe. Outras têm interesses totalmente alheios e ignoram a posição dele. Abordarei seguidamente estas correntes mais novas.

Por um lado temos a tendência, representada, por exemplo, por mim, de abstrair cada vez mais e deliberadamente a cultura, ou de a extrair, como prefiro dizer, das sociedades e indivíduos, das necessidades e psicologias dos seres humanos e de tentar mantê-los constantes, por forma a investigar com um melhor controlo e pôr mais nitidamente em foco a inter-relação de formas e acontecimentos puramente culturais. Por exemplo, tenho-me servido do génio, que é por certo individual, como índice para definir — para medir, por assim dizer — configurações culturais, isto é o padrão e a mudança na cultura. Há muitos precedentes, em princípio, para tal procedimento e ele não deve certamente chocar os antropólogos, visto que foram os antropólogos a constituir o primeiro grupo a ter consciência da cultura. Que nova interpretação se pode obter, através do método, é coisa que só é possível avaliar aplicando-o mais — levando-o ao seu limite efectivo. Há dois riscos nesta abordagem. Um é o de uma reificação ou substancialização da cultura — isto, porém, é desnecessário e confuso. O segundo é o risco de utilizar a cultura abstracta como trampolim para a procura de esquemas evolucionistas. Nenhum dos perigos é insuperável.

Nos seus últimos anos, Edward Sapir pregou, por vezes, mas nem sempre praticou seriamente, uma atitude quase anticultural. Proclamava que a sociedade e a cultura são abstracções estéreis e que causa e efeito na história humana acabarão por vir a ser decifrados por uma psiquiatria que se terá libertado da influência da antropologia e da análise antropológica da cultura e que terá igualmente desenvolvido uma teoria adequada da personalidade. Isto tem quase o ar de uma reacção de desapontamento pessoal de Sapir. Não há dúvida de que se trata mais de uma aspiração do que de um programa presente ou realizável. Como programa, tem uma orientação contrária à própria vida profissional de Sapir, com as línguas, na qual, em comum com todos os linguistas, se ocupava de relações de formas e evitava, essencialmente, quer personalidades quer a causalidade específica [cf. o cap. 12]. Ora, poucas dúvidas haverá de que as causas activas da história devem residir, principalmente, nas pessoas. Também não há dúvida de que a causalidade deve, pois, ser infinitamente múltipla. Mas de que modo uma psiquiatria ou psicologia poderia efectivamente desenvolver «uma teoria da personalidade» que reduzisse estas miríades de causas num sistema ou organização — com ou, especialmente, sem o auxílio da análise cultural —, parece-nos um completo mistério. A ideia parece uma expressão de um desejo, sobre o pano de fundo de uma carreira de que parcialmente se arrependesse. A sua significação histórica está provavelmente ligada ao movimento «personalidade e cultura» que discutirei daqui a pouco.

Uma questão que se coloca quase exclusivamente nos últimos vinte anos é a preocupação com padrões como propriedade estruturante da cultura. Trata-se de um contrapeso para a abordagem histórica atomizante que é, na realidade, necessária e frutuosa em muitas situações especiais mas que, como método único, termina por perder significações em vez de as ganhar comulativamente, depois de alcançar determinado ponto. Os padrões vieram substituir em grande parte a integração, como princípio com o qual Malinowski procurava subsumir e vivificar a cultura. Falhou: tanto por a sua abordagem ser menos substantiva do que programática, como pelo facto de a integração nunca ser completa e ser, com frequência, secundária. Os padrões integram-se, de facto, mas mais como órgãos mutuamente adaptáveis, ou como espécies coexistentes num enquadramento ecológico, do que como um qualquer modo total ou sumário. Também é possível trabalhar empiricamente com padrões, independentemente das necessidades fisiológico-psicológicas que parecem estar tão convenientemente prontas a servir de simples explicações causais da cultura, mas que falham de maneira tão evidente nesta tarefa face à infinita diversidade da cultura. Por contraste com isto, a abordagem de padrões orienta-se decididamente para o estilo e os valores, que cabia até aqui fundamentalmente aos humanistas julgar e propagandear. Os valores e o estilo abrem-se aos antropólogos como novo campo de investigação por métodos das ciências da natureza, o que é comparável ao que linguistas começaram a fazer com a linguagem. Benedict, que foi quem mais contribuiu para formular a abordagem dos padrões, também a conjugou, contudo, com uma roupagem psiquiátrica e um forte interesse pela supressão da distinção entre personalidade normal e desviada. Estas suas propensões têm tendido a prejudicar a transparência conceptual da abordagem dos padrões na cultura e atraíram, por vezes, interesse factícios.

Uma das modas actuais na antropologia é a «personalidade e cultura». As verdadeiras raízes disto são muito mais remotas do que a maior parte dos participantes do movimento dão conta — basta mencionar Tarde. A tendência para psicologizar, embora de maneira totalmente ingénua, era subjacente a uma estrutura tão teórica como as produções teóricas da viragem do século de Frazer e Brinton. Depois apareceu Freud com *Totem e Tabu,* anexando e dando resposta, de uma penada, ao problema cardinal da cultura, achando a sua origem — deixando a nosso cargo, a cargo dos antropólogos, as minúcias. Psicanalistas subsequentes, até Roheim e Kardiner, foram menos simplistas; mas continuam a sustentar respostas completas e positivas para o problema da cultura que os antropólogos foram os primeiros a definir. Houve, depois, as vagas de moda de conceitos como cooperação, frustração e agressividade e segurança, muitos deles avançados por psicólogos suficientemente conscientes da cultura para querer explicá-la e reduzi-la a psicologia. E foram aceites principalmente por estudiosos mais jovens que não tinham feito ainda a árdua descoberta da cultura e pensavam que já não tinham de descobrir muito sobre ela, porque tudo se reduzia a uma coisa que lhes era muito mais familiar.

A relação da cultura e da psique continua, evidentemente, a ser um problema básico. Trata-se de um problema difícil, que deve ser abordado com humildade. Há duas coisas que são claras no que se refere à moderna ciência da psicologia. Uma é o seu reconhecimento da cultura como elemento que constantemente interfere no comportamento da mente e que tem necessariamente de ser explicado ou eliminado se se pretende definir a mente como tal e os seus processos. A outra é a coragem que os psicólogos reencontraram para defrontar a mente como um todo, agora rebaptizada de «personalidade». Mas, infelizmente, a personalidade também é uma coisa da qual é fácil ao amador falar. Do lado da antropologia, não há dúvida de que as causas eficientes imediatas dos fenómenos sociais e culturais são pessoas e que, em princípio, a explicação — ou, pelo menos, uma explicação — da cultura deve, em última análise, ser dada a um nível psicológico. Até agora, porém, isso mostrou-se extremamente difícil e continuará sem dúvida a sê-lo. Afora a perturbadora multiplicidade da causalidade pessoal, os seres humanos são sempre tão condicionados pela cultura existente, bem como pelos seus próprios acontecimentos psicológicos e sociais, que nos vemos enredados num círculo vicioso. Além disso, toda a cultura existente é sempre fortemente determinada por uma cultura anterior e é frequente a sua relação com a cultura anterior dar-se através de «acidentes» históricos, em que os factores da personalidade individual podem ser bastante pequenos. A opinião de que a personalidade venha realmente a fornecer uma nova compreensão da cultura parece duvidosa. Não há dúvida de que fornece uma compreensão mais saturada — como que um sentido de textura. Não pode haver dúvidas quanto à importância da inter-relação da cultura e da personalidade; mas, até à data, a cultura contribuiu mais para tornar a personalidade cada vez mais inteligível aos psicólogos do que o contrário. Com efeito, pode suspeitar-se de que os estudos de cultura e personalidade se ocupam em larga medida de relações interpessoais, ou das relações de indivíduos com a *sociedade,* que veio substituir a «cultura» como termo mais novo, mais significativo e também mais em voga.

Na realidade, torna-se claro que há conjuntos inteiros de problemas em que as respostas se tornam mais adequadas e específicas quando se excluem considerações psicológicas. Em problemas da história da cultura, por exemplo, a introdução de factores da personalidade tem mais probabilidades de bloquear do que de facilitar a compreensão. Isto em virtude de os processos culturais, conquanto não sejam totalmente independentes, possuírem um grau considerável de autonomia e serem, portanto, mais pronta e eficazmente descobertos, isolados e definidos ao nível estritamente cultural — se bem que isto não assinale, como é evidente, o termo da investigação. O exemplo da linguística vem a propósito, uma vez que, embora a língua seja um sistema mais autónomo do que a cultura, a diferença não é só de grau. Ora, à medida que a linguística se tornou uma ciência mais eficiente e avançada, foi declinando, progressivamente, tomar em consideração factores psicológicos causais nos seus padrões. Com Bloomfield, expulsou-os formalmente, por serem um «mentalismo» pernicioso.

Alguns dos entusiastas da cultura e personalidade quase nada conhecem da história da cultura — na verdade, talvez nunca tenham encarado uma situação cultural em termos verdadeiramente culturais e é provável que não soubessem fazê-lo. Gostam do sabor da personalidade que, como se encontra presente de maneira imediata na nossa vida quotidiana, pode ser facilmente discutida através do senso comum,

A HISTÓRIA E ACTUAL ORIENTAÇÃO DA ANTROPOLOGIA CULTURAL

sem o vasto conhecimento e a prolongada disciplina intelectual necessários para tratar inteligivelmente a cultura — necessários, e esta é apenas uma das razões, por que a cultura é sempre, em parte, um produto suprapessoal e histórico. Uma orientação não histórica, ou até anti-histórica, prevalece ainda no nosso país. Temos a tendência para acreditar que somos eficazes como nação porque a nossa história é curta. Esta orientação contribuiu, quase de certeza, para o furor de compreender a cultura através da personalidade. Esta atitude, a propósito, não tem tido praticamente nenhuma contrapartida em nenhum país europeu, onde o valor do conhecimento histórico é indiscutível.

Uma das coisas que a antropologia começou decididamente a fazer nos últimos vinte e cinco anos foi fugir à sua viciação quase exclusiva no primitivo — no não letrado, exótico, distante, ou remoto no tempo. Este apego tinha de ser vencido para que a antropologia se não mantivesse uma ciência marginal, quiçá limitada às antigualhas. As civilizações maiores são abordáveis do ângulo das inter-relações transculturais, ou da investigação dos seus padrões, do curso do perfil, do *ethos,* ou da estrutura dos valores através da abordagem da totalidade cultural. Crê-se que estes estudos devam cair, em maior ou menor grau, sob a alçada dos historiadores. Mas os historiadores parecem hesitar em tomá-los como mais do que subprodutos; e os historiadores não são treinados na comparação sistemática, como os antropólogos, além de terem o costume de ver padrões mais vastos, principalmente na medida em que estão implícitos em massas de acontecimentos que, com frequência, são essencialmente alheios aos padrões de cultura. Com uma razoável coragem e empreendimento, combinados com modéstia, talvez os antropólogos pudessem adentrar este campo e levar a efeito uma cooperação frutuosa com os historiadores.

Há coisa de uns vinte anos, a aculturação teve uma voga muito semelhante à que a «personalidade e cultura» está a ter hoje. A preocupação centrava-se, então, na absorção de pequenas sociedades e culturas primitivas numa civilização maior. Trata-se de um aspecto legítimo do processo de mudança cultural, e os estudos eram empíricos e meticulosos. No entanto, como o produto final do processo era a assimilação à nossa própria civilização, o movimento envolvia um retrocesso parcial ao interesse etnocêntrico. Não foi preciso muito para que se tornasse evidente que, em princípio, o processo de aculturação em estudo não era senão uma exemplificação especial de um processo perene e mundial de influenciação inter-societária e intercultural, que não só fora já reconhecido como também analisado e denominado «aculturação», por McGee, ainda na década de 1890. Mais tarde, os estudos sobre assimilação/aculturação tenderam a fundir-se em estudos sobre a adptação das minorias étnicas e afins.

Outro desenvolvimento foram os «estudos de comunidades» na nossa própria civilização, na latino-americana, ou nas do Extremo

Oriente. Estes estudos envolviam sociedades aproximadamente do tamanho de uma tribo e podiam ser efectuados por meio da técnica de interrogação individual cara a cara do informador e da observação, de que os antropólogos têm experiência e que continua a ser a pedra angular da técnica de investigação antropológica. Uma primeira esperança de que as comunidades viessem a servir de apanhados, ou de cómodos microcosmos de sociedades nacionais ou grandes culturas, não deu frutos, como o demonstrou Steward — a comunidade representa apenas um nível intermédio dentre vários em que a cutura total está organizada. Está ainda por elaborar uma abordagem, exequível para os antropólogos, que forneça uma interpretação funcional adequada, ou mesmo a formulação, de uma grande civilização viva como uma totalidade.

A antropologia aplicada como subciência organizada, com uma associação própria, tem hoje cerca de uma dúzia de anos nos Estados Unidos. Visa um vasto campo, dentro do qual ocupou e começou a trabalhar apenas em algumas áreas, como acontece com certos aspectos das relações industriais, da personalidade e da administração. Como alguém que passou a sua vida a seguir a antropologia como diligência puramente intelectual e evitou conscienciosamente decisões práticas activas baseadas no equipamento profissional — a «investigação para a acção» —, não estou, evidentemente, habilitado a ser nem juiz nem historiador, deste movimento. As suas publicações parecem tratar bastante minuciosamente de certos problemas selectos e limitados — como a administração governamental e as relações industriais —, alguns dos quais são, geralmente, alheios em absoluto às preocupações dos antropólogos. Nas reuniões da antropologia aplicada, por outro lado, as comunicações e discussões têm o teor e atitude habituais, não obstante a mudança de tópicos, e levam-nos a sentir imediatamente à vontade.

Há que fazer uma observação de pertinência histórica, ou talvez nacionalista, em relação a essa abordagem antropológica que é a mais regrada de todas, a arqueologia. Esta observação talvez surpreenda os nossos arqueólogos mais jovens porque já não se mantém hoje verdadeira e eles hão-de ter dificuldade em aperceber-se de como a mudança chegou tarde. É notável o facto de só nos últimos trinta e cinco anos os arqueólogos americanos, que trabalham com dados americanos, se terem aventurado, ou terem aprendido, a atacar problemas cronológicos — mesmo de cronologia relativa — por métodos arqueológicos propriamente ditos, não documentais. Até mesmo exploradores tão experimentados como Holmes e Fawkes viam os seus passados arqueológicos quase completamente uniformes. Isto apesar do facto de, em relação à Pré-História europeia e do Próximo Oriente, o valor dos níveis de subreposição, das estratificações, ter sido calculado pouco depois da década de 1860 e de, no Peru, Max Uhle, em 1910, ter

A HISTÓRIA E ACTUAL ORIENTAÇÃO DA ANTROPOLOGIA CULTURAL

esboçado sozinho e correctamente muitas das principais sucessões de estilos e períodos. O nosso atraso pode constituir outro resultado do carácter não histórico do espírito americano, de que já falámos — o passado é encarado não como um *continuum* estereoscópico que se afasta mas como um não presente uniforme. Seja como for, por incrível que hoje nos pareça, por alturas de 1915/25 havia tão pouca perspectiva temporal na arqueologia que Wissler e eu, ao tentarmos reconstituir o passado da América indígena, pudemos, na realidade, inferir mais a partir das distribuições e tipologia de dados etnográficos do que das determinações dos arqueólogos. As nossas inferências não eram muito exactas, mas eram mais vastas do que as tiradas de escavações. Por contraste com isto, é evidente que durante a última geração o progresso da arqueologia americana deu um salto enorme.

E talvez essa nota de optimismo seja ideal para concluir a minha intervenção.

18

CULTURA DA REALIDADE E CULTURA DE VALORES

(1950/1951)

A substância deste ensaio foi escrita para o encontro da National Academy o Sciences, que teve lugar em Abril de 1950. Como as regras da Academia limitam as exposições orais a quinze minutos, houve que extrair um esqueleto de 1800 palavras para esta sessão, após o que alarguei a comunicação e reescrevi partes dela no interesse da clareza, até que acabou por atingir o dobro do tamanho.

Sustentando que os fenómenos culturais fazem parte da natureza e constituem, portanto, um tema de investigação apropriado para as ciências da natureza, de que a Academia é o expoente, não deixo, todavia, de me aperceber de um ângulo curioso nesta comunicação. Os três homens cujo trabalho estimulou a minha abordagem — Weber, Merton, MacIver — são sociólogos e, por isso, habitualmente classificados de cientistas sociais e não naturais. Além disso, os sociólogos, por uso e quase por definição, empenham-se primordialmente com a sociedade e os antropólogos com a cultura. Contudo, estes três sociólogos tinham-se ocupado da distinção de ingredientes e propriedades dentro da cultura como nenhum antropólogo o havia feito, pelo menos que eu soubesse. Eu reconhecera, e não fora o único, uma tendência cumulativa na história da cultura, que se encontra ausente no processo orgânico, discutindo-a, por exemplo, no capítulo VII de Anthropology ([1]), escrito em 1948. Mas não lograra tornar explícito o que é perfeitamente patente quando se efectua uma análise, a saber, que a propriedade cumulativa não é característica da totalidade da cultura, mas principalmente da sua componente científico-tecnológica. Mas, com este reconhecimento, estão lançados os fundamentos para uma classificação interna da cultura que seja instrumentalmente produtiva — o que agora me parece ser tarefa para terem sido especialistas da cultura, como os antropólogos, os primeiros a atacar, ou pelo menos a fazê-lo para si mesmos. É evidente que não tínhamos o hábito de pensar sistematicamente segundo as linhas deste tipo de generalização — pelo menos de forma suficientemente sistemática *para obter resultados frutuosos (²). Assim, já em 1927, ao discutir certas formas de instabilidade que se manifestavam inesperadamente em práticas funerárias, dividi mais ou menos casualmente a cultura em ingredientes (³) «de subsistência», «institucionais» e «de moda» (estilísticos) — para voltar apenas a modificar o esquema em 1938.*

Em lugar de aflorarem estas ideias classificatórias, voltando a abandoná-las, os sociólogos mencionados retiveram-nas e desenvolveram-nas sistematicamente, transformando-as em pontos de vista importantes. É um prazer para mim apresentar esta manifestação de apreço, que também pode servir de incentivo aos antropólogos.

No entanto, os problemas que se nos deparam nas duas abordagens não estão ainda todos resolvidos. Na segunda metade desta comunicação chamei a atenção para uma das questões mais obscuras ou confusas: como é que a estrutura social pode ser igualmente «social» e «cultural», quando ninguém afirmaria o mesmo em relação à religião ou à arte?

I

A ideia de «progresso humano» é essencialmente uma ideia de avanço nas «condições sociais» na civilização. Há muito que é geralmente aceite que as mudanças sociais, para melhor ou para pior, têm lugar dentro desse meio artificial de maneiras e regras que o homem constantemente cria para ele mesmo, nos costumes com que se protege num grau muito maior do que a mudança ocorre na sua natureza humana intrínseca. As teorias racistas de superioridades inatas impediram ou atrasaram, em parte, durante algum tempo, a aceitação deste ponto de vista; mas é hoje universalmente aceite por biólogos, psicólogos e antropólogos que as mudanças socioculturais se devem esmagadoramente, no mínimo, não a factores genéticos, orgânicos, estavelmente hereditários, mas a uma causalidade muito mais complexa e móvel que inclui impactes do meio natural e de pessoas individuais, mas que parece compor-se, larga e muito imediatamente, de factores que são socioculturais.

A ideia de progresso surgiu, na Europa ocidental setecentista, como parte da ideologia ou atitude do iluminismo e da fé no triunfo da razão. Vista comparativamente, a ideia de que a civilização progrediu e continuará a progredir está longe de ter sido adoptada pelos povos de todo o mundo. Na realidade, a noção é excepcional em história. É muito mais frequente a sabedoria, a excelência, a inocência e a virtude serem atribuídas aos sábios e heróis do passado. No princípio era a Idade de Ouro; nós, hoje, vivemos na degenerada e controversa Idade do Ferro.

Ao inverter este postulado da Idade de Ouro, o iluminismo setecentista forjou realmente uma ideia nova e original, embora o progresso fosse igualmente apriorístico. Não há necessidade de entrar aqui em detalhes sobre o como e o porquê da sua origem — uma resposta parcial é fornecida na estimulante obra de Carl Becker, *The Heavenly City of the Eighteenth-Century Philosophers*. Seja como for, o século XIX recebeu, continuou e fortificou o postulado do desenvolvimento progressivo, que continua a ser largamente aceite, em meados do século XX, em círculos não científicos. Entre outros no século XIX, os antropólogos aceitaram este pressuposto e grande parte da estrutura teórica da primitiva antropologia foi erigida sobre este apriorismo, geralmente sob a designação de «evolução».

Pelos finais do século, começaram a surgir dúvidas entre os antropólogos quanto ao postulado do progresso contínuo e da evolução unilinear da cultura. Estas dúvidas endureceram e transformaram-se numa recusa, em especial sob a crítica consistente de Boas e juntamente com o desenvolvimento dos conceitos de diversidade das formas culturais e da relatividade dos valores culturais. Por volta de 1925, o «evolucionismo» do progresso extinguira-se praticamente na antropologia, a não ser na versão marxista. O princípio da «relatividade», que tomou o seu lugar, sustentava que as avaliações das culturas, ou das suas partes, em termos de qualquer cânone absoluto, eram etnocêntricas e preconceituadas, e que uma comparação científica exigia a identificação e descrição de traços culturais, antes do mais, em função do padrão ou sistema de valores totais da cultura de que faziam parte — de modo muito semelhante ao que os biólogos há muito haviam feito com os órgãos e os organismos.

Os antropólogos iniciaram o seu trabalho dirigindo a sua atenção, fundamentalmente, para as culturas menores de sociedades pequenas ou «primitivas». Só gradualmente se aventuraram a tentar incluir, igualmente, as civilizações maiores e mais ricas, conhecidas através da sua história. Lançaram-se nessa empresa porque o conceito antropológico básico de cultura e o método básico de investigá-la de modo relativista — isto é, comparativamente — não deixava lugar a nenhuma divisão fundamental entre as culturas mais atrasadas e as mais avançadas.

Assim, intentou-se uma morfologia comparativa das culturas, embora a iniciativa não tenha partido dos antropólogos, visando as principais grandes civilizações como a chinesa, a indiana, a do Próximo Oriente, a egípcia, a greco-romana e a ocidental. Iniciado pelo botânico russo Danilevsky e prosseguido pelo egiptólogo Flinders Petrie, o pensamento atingiu a sua forma mais extremista e exagerada, neste campo, com Spengler, e Toynbee é o seu representante contemporâneo mais conhecido, ao passo que Sorokin e eu próprio atacamos também os seus problemas. Todo este grupo, à excepção de Spengler, parte de três premissas empíricas. A primeira é que se têm verificado enormes transmissões ou difusão de material cultural entre civilizações, como é o caso do fabrico do papel, da China para o Ocidente, e das artes metalúrgicas, do Ocidente para a China. A segunda é que a distintividade histórica essencial das civilizações maiores é, todavia, clara; é uma distintividade enquanto corpos culturais, bem como enquanto sociedades. Terceira: esta distintividade cultural, que constitui uma civilização, apoia-se num sistema objectivamente expresso de valores subjectivos, que tem recebido a designação de *«ethos»*, «génio», «ideologia», «padrão-mestre» ou «superestilo»; e este sistema é desenvolvido gradualmente por certas sociedades, geralmente de âmbito supranacional, em parte proveniente de invenções criativas próprias e em parte de material cultural recebido de outras sociedades. Spengler difere dos outros investigadores do grupo principalmente por se deixar impressionar com tanta exuberância pelo terceiro factor — o padrão-mestre ou superestilo —, que chega a interpretá-lo, em cada cultura, como absolutamente único e sem qualquer relação, recusando-se, por conseguinte, a atribuir qualquer significado ao primeiro factor — a mistura de material cultural entre civilizações —, recusa que é invalidada por toda a conclusão de uma história desapaixonada da cultura.

Nesta corrente de pensamento, bem como na moderna antropologia, os termos «cultura« e «civilização» são, geralmente, sinónimos essenciais, referindo o mesmo aglomerado conceptual de fenómenos, quando muito com uma *nuance* de divergência de conotação. A haver uma diferença, é que o termo «civilização» inclui apenas as culturas maiores, mas todas as sociedades humanas possuem igualmente culturas, maiores ou menores, avançadas ou atrasadas.

II

Mas quero, para já, discutir um ponto de vista que coloca em contraste a civilização e a cultura como constituintes diferenciáveis daquilo que tenho, até agora, denominado civilização *ou* cultura. Não tem relação com Spengler, que se servia do termo «civilização» para denotar o estádio final de ossificação e senilidade que, mais cedo ou mais tarde, segundo dizia, se apoderava de toda a cultura, fosse ela chinesa, egípcia, greco-romana, ou a nossa. Este sentido pessoal dado ao termo «civilização», por Spengler, tinha alguma amplitude em alemão, mas não em inglês. A distinção entre «civilização» e «cultura» a que me refiro parece ter tido a sua origem em Alfred Weber [4], irmão do conhecido Max Weber, famoso pelo estabelecimento da relação entre ética, protestantismo e capitalismo. Foi apresentada numa forma simplificada, em inglês, por Merton ([5]). Uma distinção semelhante foi feita, igualmente, por MacIver, se bem que com uma ênfase um pouco diferente em meios e fins ([6]).

O ponto de vista de Alfred Weber consiste, na realidade, numa tricotomia dos fenómenos socioculturais, em sociedade, cultura e civilização. Na sociedade, ele inclui fenómenos e processos, não só sociais mas também económicos e políticos. Esta agregação tem, pelo menos, uma validação pragmática no facto de a sociologia, a economia e a ciência política constituírem o núcleo das ciências sociais, tal como são habitualmente praticadas, se bem que nenhum antropólogo admita, nem por um momento, que a estrutura e funcionamento do social, do económico ou do político seja algo de exterior à totalidade daquilo que ele considera a cultura. Contudo, ignoremos provisoriamente este campo sócio-político-económico, em relação ao qual os cientistas sociais e os antropólogos discutem se está fora ou dentro da cultura no seu todo. Resta-nos a «cultura» e a «civilização», em sentido específico, e o problema: são duas coisas ou uma? E porquê?

O ponto de vista de Weber faz corresponder a civilização à ciência e à tecnologia; a cultura à filosofia, à religião e à arte. A ciência e a tecnologia descobrem (ou utilizam) uma coisa pré-existente. Revelam coisas independentes da cultura, como a revolução da Terra, os raios X, as «leis da natureza», os êmbolos movíveis por vapor dentro de cilindros. Estas descobertas científicas e tecnológicas tendem a ser transmitidas rapidamente de sociedade para sociedade, tornando-se, assim, universais, diz Weber. Também são transmitidas através do tempo com pouca deterioração. Podem ocorrer perdas ou enfraquecimentos temporários ou locais, mas ligeiros. No seu todo, o processo científico-tecnológico é, pois, um processo cumulativo. Cada geração, ou nova sociedade, pode começar onde as outras pararam. A tendência cumulativa que os antropólogos há muito observaram como uma qualidade do processo cultural total, distinto do processo orgânico enquanto tal, deve-se, essencialmente, a este ingrediente científico-tecnológico, a que Weber chama «civilizacional».

Por contraste com isto, a cultura propriamente dita, no sentido weberiano — a parte cultural extremamente específica daquilo a que os antropólogos chamam cultura —, a saber, a religião, a filosofia e todas as artes, tende muito mais a ser não cumulativa, porque se difunde com muito mais dificuldade de uma sociedade para outra, especialmente no que se refere às sociedades com experiência e antecedentes históricos separados. Já é, com efeito, banal dizer-se que, enquanto a ciência pode continuar mais ou menos a partir do ponto onde parou, as artes têm sempre de começar tudo de novo. Progridem independentemente, em diferentes direcções, ao passo que a ciência e as artes mecânicas progridem, na totalidade, numa direcção determinada pela natureza, tal como ela existe antes do homem. As religiões e até as filosofias partilham com as artes a qualidade de um grau relativamente elevado de não permanência. Tendem a substituir-se umas às outras, em vez de aumentarem cumulativamente. A diferença pode não ser completa, mas existe decerto.

Também é evidente que é principalmente nesta «parte cultural da cultura», que tem no seu núcleo a religião, a filosofia e a arte, que residem os valores com que os antropólogos cada vez mais se defrontam. Discuti aqui, no ano passado [cap. 15], a legitimidade e necessidade de uma identificação, descrição e comparação naturalistas de valores culturais como uma das tarefas da antropologia contemporânea. Este tratamento dos valores à maneira das ciências da natureza deve, como é evidente, distinguir-se, com nitidez, da introdução de juízos de valor nas operações científicas. Muito embora os valores sejam, por consequência, inerentes à parte «cultural» da cultura e dela característicos, é igualmente claro que têm muito menos força e consequência na parte «civilizacional», que compreende a ciência e a tecnologia. Que um machado de aço fere mais fundo do que um machado de pedra, que uma máquina trabalha e outra não, são autênticos factos isolados e não uma parte de um sistema de valores.

Merton distingue a cultura civilizacional, por ser objectiva, da cultura cultural, que é subjectiva. Isto é verdade até certo ponto, mas pode induzir em erro, pois parece não ser o âmago da distinção. Talvez seja por essa razão que Weber não se ocupa do aspecto objectivo/subjectivo, a não ser indirecta e acidentalmente. Evidentemente que toda a cultura tem um aspecto subjectivo. Deste modo, a ciência ou engenharia praticadas com a maior objectividade têm valor diferente conforme o seu contexto e associação numa ou noutra cultura. Inversamente, a religião e a arte têm necessariamente os seus aspectos objectivos. Acima de tudo, a antítese objectivo/subjectivo tem sido desenvolvida em tantos contextos e está tão impregnada de uma aura kantiana e neo--kantiana, de natureza *versus* espírito, que parece mais proveitoso desenfatizar a consideração se se puder encontrar um substituto mais fresco e mais específico, o que espero sugerir daqui a pouco.

MacIver começou, pouco depois de Weber e antes de Merton, por distinguir, também, a civilização da cultura, fundamentalmente por se tratar, respectivamente, de meios sociais e de fins sociais em si mesmos. A sua formulação final de 1942, em *Social Causation* ([7]), volta, de certo modo, a expor o seu ponto de vista, quer a nível de ênfase quer de terminologia. Ele reconhece agora três «domínios» primários do ser: o físico, o orgânico e o consciente. Correspondem, como se torna óbvio, aos níveis dos atributos fenomenais, por vezes chamados «emergentes», e reconhecidos por muitos outros pensadores nos últimos trinta anos. O seu domínio consciente é, implicitamente, equivalente aos níveis psíquico, mais o social, mais o cultural, de outros autores. Dentro do domínio do ser consciente distingue três «ordens»:

a cultural, a tecnológica e a social. Na ordem social ele vê um quadro mais limitado do que Weber, consistindo em modos de relacionamento entre os «seres sociais», expressos em formações de grupos e condições de associação. Desta ordem social contraída omite a economia e a política.

A ordem tecnológica de MacIver é a «civilização» dos seus escritos anteriores, e a de Weber e Merton, e corresponde àquilo a que adiante proponho chamar «cultura da realidade». Compreende engenhos, instrumentos e técnicas orientados para a consecução de metas e expressa — senão só através da tecnologia no sentido mais lato, mas também através de sistemas económicos, quer de produção quer de distribuição, e através de sistemas políticos, operem eles por meio de manipulação, controlo ou execução militar. Estamos perante um diferença definida em relação a Weber, que inclui a economia e a política no seu processo social. MacIver admite, de facto, que, enquanto a tecnologia controla as *coisas*, a actividade económico-política controla as relações das *pessoas* com as coisas e encontra-se, portanto, mais aberta à mudança devida a alterações de «valorizações sociais» ([8]). Por conseguinte, a economia e a actividade política também poderiam ser encaradas como um aspecto da ordem social, admite ele. Mas, dado que *regulam* a ordem social e não a *constituem*, no sentido em que as relações humanas fundamentais a constituem, é melhor mantê-las separadas, a seu ver.

MacIver não inclui a ciência na sua ordem tecnológica. Na realidade, parece omitir a ciência, no seu trabalho posterior, não a atribuindo a nenhuma das suas três ordens. Este não comprometimento pode dever-se ao facto de ele se aperceber de um ponto que desenvolverei a seguir, a saber, que o comportamento histórico da actividade científica se assemelha muito mais ao comportamento histórico da filosofia e das artes do que ao da actividade tecnológica. Mas é mais provável que MacIver reconheça que, quando se segue a ciência pela ciência, sem referência às suas aplicações *úteis,* ela é uma meta em si mesma e não, como a tecnologia, um instrumento.

A ordem cultural de MacIver ocupa-se de «avaliações operativas» e de metas. Além das artes e da filosofia, compreende «fés», isto é, religiões, e também tradições, códigos e costumes («*mores*», «*folkways*»)*,* bem como actividades lúdicas, mais — o que é um pouco vago e geral — «modos de viver» ([9]). Subsequentemente, MacIver diz que a ordem cultural é «o sistema de interesses humanos primários», distinguindo-o do «aparato» tecnológico utilizado na procura destes mesmos interesses ([10]). Aproximamo-nos, aqui, da crítica que Merton ([11]) dirigiu à anterior dicotomia de MacIver entre a civilização como conjunto de meios e a cultura como conjunto de fins; a saber, que a distinção é de motivação, ao passo que os motivos podem ser diferentes para a mesma actividade. A resposta de MacIver, em *Social*

Causation, é que o que é relevante é a motivação dos padrões de actividade social e não a motivação dos indivíduos ou das ocasiões. À guisa de ilustração, cita o banco e a fábrica como sendo de natureza puramente instrumental, mas a igreja, o teatro, o clube como sendo «focos de consumo final» ([12]). Recusa a doutrina de Ogburn do retardamento cultural, por considerá-la unilateral, ao ver a tecnologia como criativa e a cultura como simplesmente reactiva, quando de facto o princípio controlador, de ajustar meios específicos [a tecnologia] a sistemas de valores amplos «deve sempre residir» na ordem cultural ([13]). Muito embora a ordem cultural e as suas partes sejam, provavelmente, menos bem integradas do que a ordem tecnológica, não derivam de modo nenhum dela, como afirmam os marxistas. A ordem cultural resulta, para toda a sociedade, em «todo um estilo de vida» característico, que é infuentemente permeante e real, embora possa ser difícil de descrever. É isto que diz MacIver da autonomia da sua ordem cultural.

III

Aceitemos estas três formulações sobrepostas de Weber, Merton e MacIver, já que contêm pontos válidos e relevantes, e vejamos se nos é possível levar a argumentação mais longe.

Primeiro, para clarificar a terminologia, talvez fosse melhor substituir a «tecnologia» de MacIver. Não é propriamente complementar da sociedade e da cultura. Incluir a actividade económica e política na tecnologia equivale, também, a forçar os sentidos comuns das três palavras.

Também é evidente que não podemos continuar permanentemente a falar de «cultura civilizacional» e de «cultura cultural». Os termos «civilização» e «cultura», de Weber (por vezes designados «processo civilizacional» e «movimento cultural»), são igualmente confusos, especialmente em inglês. Ambos os termos têm uma denotação demasiado semelhante no inglês corrente e demasiadas conotações fortemente enraizadas — por exemplo, «pessoa culta», «povos não civilizados», «atingir a civilização», «culturas minoritárias». As duas palavras sobrepõem-se excessivamente — para já não falar de significações confusas especiais, como as de Spengler.

Proponho, pois, que se mantenha «cultura» com a lata denotação bem conhecida que tem para todos os antropólogos e muitos sociólogos e psicólogos, pelo menos nos Estados Unidos, bem como na Alemanha e, em larga medida, na Grã-Bretanha e na América Latina — a saber, a cultura como a massa historicamente diferenciada e variável de modos costumeiros de funcionamento das sociedades humanas. Distinguiria, depois, os dois ingredientes em discussão, a saber, a «civilização» e «cultura» de Weber, como «cultura da realidade» e «cultura de valores», sendo a realidade e os valores aquilo que os dois ingredientes visam caracteristicamente. Esta terminologia possui a vantagem adicional de permitir designar a estrutura e comportamento sociais e políticos e, talvez, económicos, da «cultura social».

IV

Passemos agora a certas críticas e limitações. Em primeiro lugar, embora a ciência e a tecnologia se orientem para a realidade e estejam obviamente relacionadas, diferem no facto de uma se orientar para a compreensão, a outra para o controlo e utilização da natureza. A ciência é uma actividade intelectual, a tecnologia uma actividade prática. No entanto, quando se examinam as realizações da ciência no seu perfil histórico total, é evidente que elas se manifestam, esmagadoramente, em arrancos ou erupções, muito semelhantes aos das artes e da filosofia. Demonstrei-o em relação à ciência no meu livro *Configurations of Culture Growth*, de 1944 ([14]). Embora o livro tenha sido criticado por ser insuficientemente conclusivo, foi considerado, de maneira geral, mais genuinamente empírico do que muitos dos seus predecessores. Até que se proceda a novo exame do resumo aí dado da história da ciência nas suas principais manifestações na Terra, podemos, pois, concluir que, por muito que a ciência de dedique à revelação ou descoberta da realidade, como processo ou actividade culturais está fundamentalmente sujeita à influência de factores do mesmo género dos que actuam na produção de actividades ligadas à cultura de valores. Por exemplo, o papel da criatividade, do génio, e a sua aglomeração, são paralelos nas ciências e nas artes. Claro que o que é alcançado pela ciência e pelas artes difere radicalmente; mas a relação da consecução com o curso da corrente da totalidade da cultura regional ou secular, com o curso da «civilização» particular em que a ciência se manifesta, a dependência em relação a este curso, é substancialmente idêntica na ciência e nas belas-artes.

Na linha desta determinação acha-se o facto de existirem diferenças qualitativas entre as ciências que cresceram em diversas culturas. É o caso das matemáticas gregas, com o seu fundamento e orientação geométricos, por oposição à matemática ocidental moderna, funcionalmente orientada. Ou, ainda, a diferença de os Gregos terem sido capazes de fazer um bom começo em física, mas nenhum em química. É verdade que Spengler, ao chamar a atenção para estas diferenças, as exagerou, segundo a sua natureza, transformando-as em distinções totais e irreconciliáveis. Weber, cujo ensaio foi nitidamente estimulado por Spengler — poder-se-ia descrevê-lo como a reacção do seu pensamento sistemático a influências spenglerianas, que ele rejeita grandemente, mas que aceita em parte —, admite de boa mente estas diferenças qualitativas parciais, como creio que qualquer historiador da cultura, com discernimento, deve admitir. A posição que estou a expor é, naturalmente, uma posição um tanto ou quanto delicada de apresentar a um público de cientistas eminentes. O que se afirma não é que a validade dos resultados da ciência seja plural, relativa e flutuante, mas que o facto e o género da actividade científica, seguida em diferentes alturas, são uma função da cultura de que a actividade científica faz parte, e que, por conseguinte, a actividade científica variará qualitativamente segundo o período e a sociedade. Particularmente esclarecedor sobre este ponto é a matemática peculiar desenvolvida na China por volta de 1300 e depois transportada para o Japão por volta de 1700; uma matemática sem fundamento geométrico, que parece derivar, essencialmente, da própria área onde surgiu, mas tendo, provavelmente, laivos de fertilização algébrica, proveniente do Ocidente, e que desenvolveu uma orientação, métodos e técnicas que eram praticamente únicos — em resumo, um estilo matemático distinto.

Ou considere-se ainda esta espantosa constelação na história da ciência. Pelo menos desde Aristóteles que a biologia reconhecera já, quer a constância do género quer a variabilidade dos indivíduos dentro dele. Com efeito, foi principalmente a biologia que contribuiu com este conceito orientador para o pensamento lógico-filosófico grego, árabe e moderno. A biologia do século XIX sentia cada vez mais que a distinção se relacionava com o problema da mudança orgânica e, na sua culminação e reorientação darwinianas — cujo livro fundamental se intitulava A Origem das Espécies —, a biologia preocupava-se de uma maneira quase obsessiva com a hereditariedade, a variação e a adaptação. O novo contributo específico de Darwin foi a correlação do seu novo factor da selecção automática, com estas três coisas. Contudo, só em 1900 é que as primeiras regularidades da variabilidade dentro da hereditariedade foram reconhecidas e a ciência da genética nasceu — quarenta e um anos depois da revolução de Darwin. Em retrospectiva, podemos ver por que razão esta origem da genética surgiu tão tarde. Todo o clima oitocentista da opinião científica era ainda completamente insensível à experimentação na hereditariedade. Existiam laboratórios desenvolvidos, mas eram laboratórios do tipo oficina ou bancada de trabalho; as experiências orientavam-se para partes, componentes ou propriedades de objectos ou organismos, não para as relações de organismos inteiros, ao longo de gerações. Assim, as simples, belas e significativas experiências de Mendel sobre o controlo da variabilidade dentro de uma corrente da hereditariedade passaram despercebidas mesmo aos seus colegas biólogos mais atentos e morreram à nascença. Se os darwinistas não viram nenhum sentido nestas experiências, é mais que evidente que os pré-darwinistas também o não podiam ter visto. Em resumo, as descobertas científicas só podem ser feitas quando «é tempo» delas, quando se desenvolveram certos antecedentes, quando o padrão da corrente científica alcançou um estádio particular. Tudo isto é muito semelhante ao facto de, na pintura, o romantismo, o impressionismo e o abstraccionismo se desenvolverem apenas em certas alturas e em sequências particulares, e não numa ordem fortuita, ou contemporaneamente.

Ainda a propósito disto, também é significativo o facto de a filosofia ser habitualmente reconhecida como uma actividade primordialmente intelectual e de se orientar, certamente, para a realidade e não para manifestas ficções dela — e, no entanto, é vulgarmente integrada naquilo a que chamo «cultura de valores». Como a ciência e a filosofia coincidem no facto de serem intelectuais e não utilitárias, torna-se claro que não é possível excluir completamente a ciência da cultura, de valores, deixando a filosofia.

Significará esta conclusão que a ciência pura deve ser afastada da cultura da realidade, deixando apenas a ciência aplicada ou a tecnologia neste domínio? Com efeito, é o que MacIver propõe tacitamente. Mas não; isso seria ir demasiado longe. A ciência não só professora a busca da realidade como se subordina à realidade, submetendo-se aos testes da experimentação e da previsão. Note-se ainda que, na fase moderna da nossa cultura, as relações entre a ciência e a tecnologia são extraordinariamente íntimas. Foi a nossa ciência que tornou possíveis os nossos avanços tecnológicos. E, por sua vez, muitos ganhos da ciência tornam-se possíveis através daquilo com que a tecnologia a equipa. Com efeito, a tecnologia ocidental começou nitidamente a deslocar-se numa fase ascendente e expansiva já na Idade Média, pelo menos três ou quatro séculos antes de a ciência teórica criativa ter começado a movimentar-se produtivamente na Europa, com Copérnico.

É verdade que a história torna patente que não existe nenhuma correlação directa, nem sequer constante, entre ciência e tecnologia. A ciência grega era superior à tecnologia grega — o suficiente para acabar por ser tolhida pela falta de apoio por parte da tecnologia. Na China aconteceu o contrário; foi a tecnologia que acabou o manual — peso que tendia a suprimir o treino científico do intelecto e a deixar a tecnologia nas mãos desamparadas do artesão. Até mesmo a explosão da matemática chinesa, já mencionada, foi não erudita, popular, e não foi aceite no saber clássico, o único a ser valorizado.

Na realidade, vêem-se melhor as verdadeiras relações da actividade criativa estendendo-as por uma escala do que distribuindo-as entre degraus totalmente díspares de preocupação com a realidade, por oposição aos valores. Eu consideraria um *continuum* da tecnologia para a ciência, desta para a filosofia, desta para a religião e desta para a arte. A ciência começa com a realidade e mantém-se incondicionalmente presa a ela, mas expressa efectivamente a realidade em padrões *de sua própria lavra* e não nas utilidades da tecnologia.

A filosofia actua a partir de padrões de pensamento que pretende, com efeito, conformar com a realidade, mas por vezes não imediatamente, como nos sistemas idealistas e místicos — e essa conformidade, provavelmente, nunca chega a ser testável. A religião continua a professar que abrange e inclui os fenómenos do mundo real, mas parcial ou totalmente subordinados a algo que é sobrenatural, fora ou acima da realidade vulgar — «surrealista», quase que me sinto tentado a chamar-lhe. Do ponto de vista unicamente da rigorosa realidade, os achados da religião são já ficções puras, seja o que for que afirmem. A arte, finalmente, nem sequer pretende ser senão ficções, ainda que, com frequência, aplacando a realidade ao professor acertar o passo por ela — ou não andar muito fora do passo. E além disso — embora de importância secundária do prisma dos valores —, as artes estão de certa forma dependentes dos seus materiais, pigmentos e instrumentos, os quais, como são tecnológicos, nos levam de volta, após um círculo quase perfeito, ao ponto de partida.

Existem outras conexões e transições. O mito, por exemplo, pode ser razoavelmente definível como filosofia religiosa esteticamente expressa — não é especificamente diferente das outras três actividades. A matemática é, de todas as ciências, a única que não tem conteúdo empírico e não tem, portanto, relevância intrínseca para a realidade. É verdade que se tem mostrado cada vez mais útil ou necessária à ciência, tal como a filosofia tem sido considerada menos útil ultimamente. Não obstante, os sistemas de padrões da matemática têm a sua validade em si mesmos e não em qualquer conformidade com a realidade sensorial, pelo que a matemática poderia ser razoavelmente classificável com a lógica, ou até com as artes, quando estas se tornam suficientemente abstractas.

Julgo ser bastante claro que, por útil que seja a distinção entre os ingredientes da realidade e dos valores, na cultura, essa distinção não deve ser tratada como absoluta. Deve, isso sim, ser encarada como um eixo conceptual com pólos bem separados, ou como dois focos de influência dentro de uma só área.

V

Falámos já da cultura da realidade e da cultura de valores, mas não discutimos ainda a cultura social — o «processo social» de Weber e a «ordem social dentro do domínio do ser consciente» de MacIver. Weber inclui as actividades económica e política neste segmento social, MacIver liga-se à sua ordem tecnológica. Não é minha intenção tomar partido na questão desta divergência, mas sim discutir uma consideração que me parece mais fundamental.

Trata-se do facto de não ocorrer a nenhum antropólogo moderno separar família, parentesco, comunidades ou quaisquer agrupamentos sociais para os colocar em contraste com a cultura e, desse modo, omiti-los da cultura. Para ele, estas estruturas sociais e as suas actividades constituem uma parte ou segmento da cultura, a saber, a cultura social, que ele pressupõe ser totalmente coordenada, digamos, com a cultura religiosa, ou com a cultura económica ou tecnológica («material»), ou estética ou intelectual. É verdade que cada um destes segmentos da cultura possui as suas próprias características e relações especiais com outros segmentos. Mas, dizem os antropólogos, não podemos ver a cultura como a totalidade que ela é excluindo ao mesmo tempo um destes segmentos, por ele possuir certas peculiaridades, pois todos os segmentos da cultura mostram algumas propriedades particulares.

A posição sociológica é, na realidade, menos consistente. Talvez seja, porém, oportuno, por uma questão de clareza, adiar de momento a exposição desta inconsistência sociológica, para indicar aquilo a que parece dever-se. Creio que se deve a uma resistência ou relutância, por parte dos sociólogos (embora em graus muito variáveis), em aceitar um conceito lato de cultura, ou, pelo menos, em ocupar-se da cultura enquanto tal. Os antropólogos, contrariamente, não só aceitaram o conceito teórico desde Tylor, há oitenta anos, como partiram do princípio de que era da cultura, quer por si quer juntamente com a língua, a raça e talvez a personalidade, que lhes cabia ocupar-se. Têm visto a cultura como um domínio, ou ordem de fenómenos, altamente diversificado e intricadamente inter-relacionado, produzido, é certo, por seres humanos em sociedades mas, ao mesmo tempo, influenciando enormemente os seres humanos, das personalidades individuais à espécie humana inteira. A totalidade e a coerência básica desta ordem cultural de fenómenos têm-nos impressionado de tal forma que problemas de diferenças entre as suas partes ou segmentos lhes têm parecido ter apenas uma importância secundária, não sendo, por isso, muito tratados — talvez, na realidade, tenham sido indevidamente negligenciados. Afinal, que eu saiba, é este o primeiro ensaio da autoria de um antropólogo a considerar, explícita e sistematicamente, qual será a natureza das grandes divisões da cultura, e é igualmente significativo que este ensaio se inicie com os achados de três sociólogos!

Os antropólogos, temperamentalmente atraídos pelo diferente, o remoto, o exótico, deram início ao seu trabalho com as culturas «primitivas» de sociedades pequenas, de tribos. Podiam, sem muita dificuldade, ver estas culturas como todos, ou, pelo menos, tratar aspectos delas como partes de um todo. Era também relativamente fácil passar da análise integral de totalidades tão pequenas à comparação delas. Nasceu assim a atitude relativista, a qual viria, por sua vez, pela sua própria natureza, a dar nova ênfase à ideia de cultura, pois é óbvio que são as culturas dos homens que variam, mais do que as raças ou sociedades variam — talvez até mais do que variam os indivíduos dentro das sociedades.

Uma selecção, complementar à que recrutou os antropólogos dentre os de inclinação centrífuga nos seus gostos intelectuais, parece ter afastado os sociólogos, sobretudo os de espírito centrípeto. Nesta atitude, o estranho e distante no tempo, as pequenas sociedades tão diferentes da nossa, tudo isso parecia pequeno e pouco importante. Não há dúvida nenhuma de que a sociologia começou com um interesse primário na nossa própria sociedade ocidental e nas suas instituições sociais e de que a subsância do seu interesse continua a prender-se com elas. Raça, homens, fósseis, Pré-História, linguagem, continuam a ser marginais na atenção sociológica. Servem talvez para enquadrar o campo, mas dificilmente se pode dizer que a ele pertençam; os problemas activos da sociologia são atacados sem nenhuma referência real a estas considerações fenomenalmente mais amplas.

Sendo os fenómenos sociais humanos (no sentido mais antigo da expressão) encarados com este olhar contráctil, estes mesmos fenómenos sociais tendiam a continuar a ser interpretados como *societários* pelos sociólogos, ao passo que os antropólogos, no seu ardor expansivo, avançam, na sua maioria, sem hesitação, dos fenómenos sociais para os culturais, até que, pouco tempo depois, viram uma significação maior na cultura e passaram a tratar a sociedade como uma mera parte ou segmento da cultura, que tentavam ver como um todo.

Num eloquente trecho de *Social Causation,* MacIver chama a atenção para o facto de, nas «sociedades mais simples», a tecnologia e a cultura (no sentido técnico que ele dava a estas palavras) serem indiferenciadas ([15]). Não existe um sistema utilitarista relativamente separado — os artefactos são «culturalmente expressivos», bem como «funcionais». O cultural e o utilitário fundem-se. O ritual é tão importante como o trabalho manual, as orações tão importantes como as armas da guerra. «Cultura, técnica, autoridade, gente e terra encontram-se subjectivamente unificados.» Valores e instrumentos acham-se «socialmente conjugados». É por isso que «os antropólogos podem empregar convenientemente o termo único 'cultura' para se referirem a uma totalidade de artefactos e usos».

É indubitável que existe uma distinção entre os povos não letrados e nós, embora seja, certamente, apenas uma distinção de grau. Também é indubitável que a diferenciação menor nas sociedades mais pequenas afectou os antropólogos, orientando-os para verem a cultura como um todo integral, em vez de a verem, apenas, como uma parte de algo maior. Mas o que MacIver diz da não diferenciação entre cultura da realidade e cultura de valores («utilitário-tecnológico» e «cultural», na terminologia dele) também pode obviamente ser dito da relação de ambas com a cultura social (a «sociedade», na expressão dele). E os antropólogos reconheceram esta relação adicional e quiseram ocupar--se da totalidade mais vasta que a incluía e, com ela, dos três aspectos ou ordens. Acontece que acabaram por chamar à totalidade maior «cultura», seguindo Tylor, que, por sua vez, parece ter ido buscar o termo ao emprego que tem em alemão. Os sociólogos, pelo contrário, tendiam menos a ocupar-se do conceito mais vasto e concentravam a sua atenção em situações e aspectos *especificamente sociais*. Era, pois, natural que se mantivessem apegados ao conceito e termo mais antigos, embora menos específicos, de «social» — como fizeram também os Franceses — e encarassem a cultura ou como uma extensão marginal da actividade social ou como uma espécie de subdivisão ou derivado dela.

Logicamente, ambos os rumos — o antropológico e o sociológico — se justificam. Toda a cultura tem como sua pré-condição a sociedade humana e, inversamente, toda a sociedade humana é acompanhada da cultura, na qualidade de seu produto, mas também de sua própria condição prévia. Centrar o interesse em qualquer destes aspectos é, pois, legítimo. O verdadeiro problema consiste em saber qual a conduta operacionalmente mais útil; ou, antes, em saber em que situações é operacionalmente mais produtivo dar primazia ao aspecto cultural dos fenómenos associados, ao estritamente social e, até, ao sociocultural indiferenciado. A única coisa que não é possível fazer, de justiça, é ignorar o problema, por inexistente. Isto porque os fenómenos conceptualmente culturais e sociais tanto são absolutamente distintos como coexistem regularmente no homem. Muitos tipos de insectos são, no mínimo, tão intensivamente socializados na sua vida como nós — alguns talvez mais do que nós —, não manifestando senão os mais escassos ou mais dúbios rudimentos da cultura. Este facto da natureza ergue a distinção social/cultural acima do âmbito de uma simples distinção metafísica, lógica ou verbal e dá-lhe ampla validação fenomenal. Daqui decorre, mais uma vez, que não hão-de existir certas situações que podem ser compreendidas com mais acuidade ao serem encaradas como primordialmente sociais e outras como primordialmente culturais. Todavia, tal diferenciação não exclui a probabilidade de existir um terceiro tipo de situação ou problema — que talvez se ocupe essencialmente de relações «exteriores», isto é orgânicas ou inorgânicas —, em que uma abordagem sociocultural indiferenciada pode poupar tempo ou até ser simplesmente mais proveitosa.

Este argumento parece fundamentar-se no facto de serem, de maneira geral, os sociólogos quem mais se tem ocupado dos aspectos sociais e os antropólogos dos aspectos culturais dos mesmos fenómenos, ou de fenómenos semelhantes. Seria presunção crer que qualquer dos estudos se acha basicamente errado nas suas premissas e ocupação. É mais natural que a divisão ou ponderação diferencial de interesses tenha sido legítima e proveitosa.

Neste alinhamento diferencial, a característica atitude antropológica mostrou desenvolver-se com uma certa simplicidade e à-vontade.

Como conceito, a cultura surgiu depois da sociedade e, quando surgiu, era necessariamente um conceito com uma definição mais nítida do que o antigo conceito indiferenciado da sociedade, que incluía a cultura. Assim, não só Comte como também Durkheim (contemporâneo exacto de Boas na data de nascimento!) falavam frequentemente de factos ou fenómenos sociais, quando o contexto mostra claramente que se referem a fenómenos culturais. Do mesmo modo, Toynbee emprega muitas vezes «sociedade» e «civilização» alternadamente, embora manifestando relutância pelo uso da palavra «cultura», contagiada por Spengler. Seja como for, uma vez tendo-se apoderado da cultura, como quer que o tenham conseguido, a maior parte dos antropólogos verificou que, embora o nível do conceito pudesse ser especial, o seu âmbito era extremamente vasto e que cobriria e incluiria fenómenos como a família, o clã, a tribo ou o estado, com tanta facilidade como fenómenos do tipo do totem, xamã, fetiche, tabu, rito de crise, uso popular, mito, conto, provérbio, decoração, comércio, *potlach,* cerâmica, tecelagem ou economia de subsistência. Na realidade, havia cultura social, como os antropólogos a viam; mas havia também cultura material e economia, religião e arte, as artes úteis, a língua e a moda. Cada uma destas coisas representava um segmento da cultura, mais ou menos útil pragmaticamente. Mas os segmentos fundiam-se e inter-relacionavam-se, sendo a sua segregação acidental e ocasionalmente utilitária, e o que retinha significação era a sua integração na totalidade maior da cultura.

Penso que todos reconhecerão ser uma atitude gratificantemente simples e, todavia, eficaz.

Igualmente simples era a atitude de Comte, para quem os nossos factos sociais e culturais continuavam a ser todos meramente sociais e, no essencial, era também a posição de Durkheim. Mas os que vieram a seguir — depois de os antropólogos e vários historiadores e filósofos alemães e Spengler terem reconhecido a cultura como uma ordem, nível, ou aspecto especiais dos fenómenos —, estes outros sociólogos defrontavam-se com uma situação mais complicada. Rejeitar a cultura, negar-lhe toda a autonomia conceptual, tornava-se cada vez mais difícil à medida que o século XX avança. Mas qual havia de ser para eles a relação do social e do cultural?

Uma das resoluções foi a de Alfred Weber, a que, essencialmente, MacIver também chegou: a atribuição tripartida dos fenómenos em questão a «processos», ou «ordens», sociais, culturais e civilizacionais-tecnológicos-utilitários. Mas partes de quê? MacIver diz: do domínio de ser consciente — frase que todavia omite referência explícita não só à sociedade mas também ao indivíduo consciente e que deixa, pois, por explicar a relação com a psicologia. A resposta de

Weber é: partes de entidades históricas, *Geschichtskörper*. Mas o que são elas se não as sociedades ou as culturas (dos antropólogos), ou ambas? As duas respostas estão de acordo *de facto* em situar os fenómenos sociais e culturais num só nível, mas dividindo depois este plano conjunto num campo social e dois campos culturais. Embora se trate de um ponto de vista discutível, contradiz rotundamente o pensamento dos antropólogos (e não só) que mais directamente se ocupam da cultura total. Há ainda o obstinado testemunho das sociedades de insectos, desprovidas de cultura, a lançar dúvidas sobre semelhante fusão de níveis. E, finalmente, não serão ambas as respostas bastante análogas a uma posição que os fisiólogos e psicólogos poderiam adoptar se concordassem em reconhecer apenas um nível psicossomático indiferenciado, mas passassem depois a dividi-lo nos campos bioquímico, cognitivo e afecto-conativo?

O ponto de vista que é, talvez, mais dominante entre os sociólogos é um que, com o meu pendor antropológico pró-cultural, tenho dificuldade em formular com justeza. Julgo ser tipicamente expresso por Talcott Parsons. Deste ponto de vista, a preocupação da sociologia é a acção social e estende-se pela cultura na medida em que seja possível seguir a acção estritamente social. Os aspectos da cultura que não «contêm» acção social — valores, símbolos, formas e as suas histórias — ficam a cargo dos antropólogos e de outros. Até mesmo Mac-Iver, que considera a ordem cultural vasta e multilateral, diz da sociologia da religião que é «um estudo da interdependência da experiência religiosa e da organização» ([16]); isto é, uma seita ser trinitária ou unitária, baptizar os bebés por aspersão ou os adultos por imersão, são questões de religião e, por conseguinte, de cultura. A sociologia começa a tomar conhecimento delas quando constituem a base de cisma ou união de seitas, possuem um prestígio social maior ou menor, ou estão de algum modo conjugadas com formas congregacionais, hierárquicas ou alternativas, de organização de uma igreja.

Uma delimitação como a de Parsons e MacIver parece descrever bem a sociologia contemporânea e estar de harmonia, quer com a gama predominante de actividade efectiva da própria sociologia quer com alegações a favor de estudos de campo manifestamente relacionados com a cultura. Implicitamente, a distintividade dos níveis ou aspectos sociais e culturais é reconhecida, embora possa ser apenas através de abordagem total ou de contexto que um estudo pode ser atribuído, integral ou principalmente, a um ou a outro nível de operação.

Sorokin há muitos anos que é talvez o mais explícito dos sociólogos americanos a traçar a distinção entre os aspectos sociais e culturais dos fenómenos socioculturais, quer operacionalmente quer mesmo nos títulos dos seus livros. Por outro lado, Radcliffe-Brown é extremamente notável entre os antropólogos por evidenciar resistências ao conceito de cultura enquanto tal e, embora ultimamente tenha feito algumas concessões, continua a considerar especificamente a estrutura e função sociais como a área mais significativa e básica do campo sociocultural total. Como também admite ser um sociólogo, o seu ponto de vista é bastante legítimo.

É um facto que, à medida que a distinção conceptual dos aspectos sociais e culturais tem vindo a ser mais aceite, os antropólogos culturais acham que não podem renunciar à sua pretensão de incluir a área social na cultura [cf. cap. 7], por muito inadequadamente que ainda cultivem esta área, ao passo que os sociólogos têm mostrado muito mais disposição para se concentrarem na estrutura e acção estritamente sociais e procuram na cultura — ou nos restos da cultura, como nós, antropólogos, a vemos — apenas as suas relações especificamente sociais.

Por outras palavras, a área das relações sociais humanas, aparentemente, pode ser interpretada com igual acerto em termos sociais e culturais ([17]) Outros segmentos da cultura são passíveis de interpretação frutuosa, principalmente em termos culturais, se bem que, contrariamente, as explicações culturais sejam, como é evidente, totalmente inaplicáveis a todas as situações sociais sub-humanas. Este sentido bifacetado, social ou cultural, das relações sociais é uma anomalia na lógica científica; mas, empiricamente, é um facto.

Sorokin, que começa com um mundo sociocultural em que distingue aspectos sociais e culturais, está mais próximo da habitual posição teórica dos antropólogos do que a maioria dos seus colegas sociólogos. Eles coordenam a sociedade com a cultura, mas ocupam-se apenas da sociedade. Os antigos antropólogos tendem a concordar com Sorokin, ao distinguir, em princípio, aspectos ou níveis sociais e culturais; mas na prática tratam os fenómenos societários no mesmo plano em que tratam os fenómenos da cultura da realidade e da cultura de valores, a saber, directamente como cultura. Os fenómenos societários têm assim um duplo aspecto: para os antropólogos, fazem parte da cultura; para os sociólogos, afloram a cultura, mas excluem-na. Haverá um fundamento lógico para semelhante situação?

Historicamente, poder-se-ia dizer isto: enquanto os factos sociais e culturais se mantiveram um magma intelectualmente indiferenciado, bastava uma única ciência — qualquer que fosse o seu nome — para tratar deste domínio de fenómenos. Mas depois de feita a distinção teórica e de se ter tornado evidente que os factos culturais eram os mais volumosos, multifacetados e variados, bem como os mais inclusivos, a preocupação com a cultura teria de adquirir um carácter expansivo, embora a concentração continuada no campo, agora reduzido, da sociedade pendesse para a retracção. A antropologia cultural não mantém qualquer fronteira diante dos fenómenos da cultura, que também têm um aspecto social. Mas a sociologia deve erigir, em auto-defesa, uma barreira contra ocupar-se, concentrada e sistematicamente, dos aspectos não societários da cultura.

A esta distinção liga-se indubitavelmente ainda o facto de, tendo a antropologia, nas décadas recentes, tentado estabelecer contactos para além do nível cultural, os ter procurado essencialmente não no nível mais próximo do social mas, além dele, no nível psicológico individual da personalidade.

VI

A tricotomia da cultura, em social, de realidade e dos valores, não é, evidentemente, exaustiva. A língua deve, sem dúvida, ser reconhecida como uma quarta componente primária, diferindo das outras pelo facto de as suas qualidades especiais funcionarem como um mecanismo para servir estas outras e não como um fim em si mesmo.

A esfera altamente especial da moda é demasiado pequena para constituir um segmento primário, mas é difícil de localizar. A moda dedica-se, evidentemente, a valores, mas é da natureza da moda manter os seus valores simultaneamente triviais e instáveis, carregando-os considerável significado social.

A moralidade radica-se nos valores, claro, mas é o regulador básico no sector social e é-o formalmente quando expressa sob a forma de lei.

Quanto à actividade económica e política, vimos como Weber e MacIver divergem na especificação destas. Dado que «o estado» é um dos cabeçalhos convencionais da sociologia, paralelamente à família, à comunidade e à igreja, a sua atribuição à ordem tecnológica, feita por MacIver, é surpreendente. Parece que ele fala menos em termos de classificação estática — em que o estado dificilmente pode deixar de ser um grupo social — do que dinamicamente, referindo-se a «agentes do controlo e manipulação» políticos. Do mesmo modo, para a economia ele especifica sistemas de produção e distribuição. Para Weber, que é europeu e mais reactivo ao marxismo, «economia» sugere, aparentemente, controlo político e é incluída, por conseguinte, a par com o governo, no seu «processo social».

No que toca às esferas económica e política, Soroki caracteriza-as como dois dos notáveis sistemas mistos ou derivativos da cultura. Os seus «sistemas» culturais puros, como ele denomina aquilo a que outros chamam «processos», «ordens» ou «segmentos», são em número de seis ([18]): língua, ciência, filosofia, religião, belas-artes, que são os não utilitários, com exclusão da tecnologia, e a ética ou lei e moral. Num outro trabalho, três anos mais tarde ([19]) a tecnologia aplicada é referida como um de entre os «vastos sistemas derivativos», juntamente com a economia e a política. Sorokin difere dos outros sociólogos aqui considerados pelo facto de reconhecer na língua um sistema-segmento primário da cultura. Os seus restantes cinco sistemas são abrangidos pelo segmento ou ordem dos valores, de outros autores, talvez por serem de nível «ideológico» ([20]). Sorokin não reconhece nenhum sistema social na cultura, uma vez que, como vimos, faz consistentemente uma separação prévia entre o aspecto social e o aspecto cultural do mundo sociocultural ou superorgânico. Contudo, é necessário ter em mente que, embora os «sistemas» de Sorokin sejam, afinal, muito parecidos com os segmentos ou áreas, processos ou ordens, de outros autores, parece interessar-se por eles essencialmente na qualidade de passos na direcção dos seus «supersistemas» e que estes supersistemas representam, por seu turno, algo de muito diferente do que temos vindo a considerar aqui. Estes supersistemas «racionais», «ideacionais» e «idealistas» não são de modo algum segmentos de culturas, nem são culturas totais, nem agregações ou continuidades de cultura. São essencialmente *qualidades* polares, que tendem a permear grandes blocos de cultura superior, durante séculos, num ritmo de vaivém. Não são cultura substantiva, no sentido em que os segmentos de cultura da realidade, dos valores e sociais, são substantivos.

VII

Em resumo, parece haver uma certa importância na distinção conceptual entre esses dois grandes segmentos da cultura humana, que são dirigidos, respectivamente, para a realidade e para os valores. A distinção é válida pelo comportamento diferencial, como lhe poderíamos chamar, dos dois segmentos na história humana. Um é fundamentalmente difusivo e cumulativo, o outro está em constante criação. Em contraste com estes, um terceiro segmento maior, o societário, parece não ser, nem especificamente cumulativo nem especificamente sujeito a um processo de criação constante.

No entanto, ao passarmos à divisão em subsegmentos, não surge mais nenhuma significação de grande peso. A classificação torna-se múltipla, preferencial e, finalmente, caprichosa. Não há resultados operacionais que nos ajudem a escolher entre um ou outro esquema subdivisionário como sendo mais útil do que outro. Parece que chegámos, aqui, às fronteiras do domínio do mero conhecimento comum e do senso comum, sem a metodologia específica de uma ciência para nos orientar, onde, por conseguinte, uma opinião é presumivelmente tão boa como outra qualquer. Mais um passo e estamos de volta à catalogação improvisada, tipo índice, do «padrão universal» de Wissler, com a qual nem ele nem ninguém conseguiu fazer o que quer que fosse.

Nem mesmo os três segmentos maiores — ou quatro, acrescentando a língua — esgotam a área da cultura. Ficam interstícios, e muitas actividades culturais sobrepõem-se a um ou a outro dos segmentos maiores. A ciência, por exemplo, partilha umas qualidades com a tecnologia, mas outras com a filosofia e a religião, na esfera dos valores. Os segmentos devem, portanto, ser encarados não como delimitados e exclusivos, a nível de área, como se fossem as províncias de um país, mas antes como focos geradores, ou como regiões no interior das quais, tomadas individualmente, certos processos são diferencialmente operativos, conjugados com uma tendência para a aglomeração de actividades particulares características de cada um.

Finalmente, existe uma situação anómala sob a qual o segmento primordialmente social pode ser separado, mais ou menos radicalmente, dos outros. Os antropólogos vêem nas formas e actividade societárias uma parte directa da cultura, condicionada por ela e inseparável dela. Os sociólogos, pelo contrário, vêem na sociedade algo de primordial, com que a cultura se relaciona por uma espécie de extensão, se não de derivação. Esta divergência por resolver é notável, porquanto a teoria antropológica e a sociológica parecem estar hoje bastante próximas em relação a outros pontos essenciais, residindo as suas divergências essencialmente em perspectiva, raio de acção e pesagem de interesses — como é o caso das propensões biológicas, linguísticas e históricas da antropologia e as inclinações práticas da sociologia.

NOTAS

[1] *Anthropology* (1948), § § 127-28, pp. 296-304; também no cap. 1, § 5, pp. 5-6.
[2] A excepção mais notável entre os antropólogos parece ser Richard Thurnwald, que há muito tornou patente a sua inclinação pela sociologia — e notável como editor de *Sociologus*. Em *Der Mensch geringer Naturbeherrschung: Sein Aufstieg Zwischen Vernunft und Wahn* (1950), diz : «A civilização deve ser considerada o equipamento de destrezas e perícias através das quais tem lugar a acumulação de tecnologia e conhecimento. A cultura actua tendo a civilização como meio» (p. 107). «A civilização refere-se, assim, a uma cadeia essencialmente temporal de progresso variável e cumulativo — um processo irreversível» (Ilust. 11). «A sequência de horizontes civilizacionais representa progresso» (p. 38). A cultura, pelo contrário, é definida (p. 104) como «a totalidade de usos e adaptações que se relacionam com a família, a formação política, a economia, o trabalho, a moralidade, o costume, o direito e as maneiras de pensar. Estas coisas prendem-se com a vida das sociedades em que são praticadas e morrem com elas, ao passo que os horizontes civilizacionais não se perdem.» A «cultura» não está, pois, especificamente associada aos valores, mas a sua parte, ou meio, «civilizacional» é tecnológica e cumulativa. — V. Gordon Childe apercebe-se de algo de semelhante em *Progress and Archeology* (1944): «O progresso que a arqueologia pode detectar com segurança é o progresso na cultura material. (...) Os efeitos dos avanços (...) são nitidamente cumulativos. (...) As regressões, geralmente, são apenas temporárias» (p. 109). Mas a relação desta linha de progresso tecnológico cumulativo com a totalidade da cultura não é explicitamente considerada por Childe, tal como eu, começando com a totalidade maior, só recentemente consegui focar esta relação com nitidez.

[3] «Disposal of the Dead», *American Antrhopologist*, XXIX (1997), 308-15.
[4] Alfred Weber, «Prinzipielles zur Kultursoziologie», *Archiv für Sozialwissenschaft und Sozialpolitik*, XLVII (1920), 1-49.
[5] R. K. Merton, «Civilization and Culture», *Sociology and Social Research*, XXI (1936), 103-13.
[6] R. M. MacIver, *Society: Its Structure and Changes* (1931), pp. 225-36; *Social Causation* (1942), pp. 272-88.
[7] Ver a nota 6.
[8] *Social Causation*, p. 286.
[9] *Ibid.*, p. 273.
[10] *Ibid.*, p. 278.
[11] *Op. cit.*, p. 109.
[12] *Social Causation*, pp. 278-79.
[13] *Ibid.*, p. 281.
[14] Cap. III, esp. o § 13, p. 97.
[15] *Social Causation*, pp. 275-76.
[16] *Ibid.*, p. 274.
[17] Qualquer estruturação social humana deve necessariamente ser, também, um fenómeno social, pois é consciente e veio a ser estabelecida pelo simbolismo, a tradição e a fala. Só a estrutura e o funcionamento sociais sub-humanos (sistemas de «acção social» sub-humanos são não culturais e, por conseguinte, *puramente* sociais.
[18] *Society, Culture and Personality: Their Structure and Dynamics* (1947), pp. 317, 318.
[19] *Social Philosophies of an Age of Crisis* (1950), p. 197.
[20] «A cultura empírica total (...) compõe-se destes três níveis de cultura: ideológico, comportamental e material.» A cultura ideológica consiste em «sentidos, valores e normas». A cultura comportamental são as acções através das quais os sentidos, valores e normas da cultura ideológica são objectivados e socializados.
A cultura material são «os outros veículos» através dos quais a cultura ideológica se «manifesta, externaliza, socializa e solidifica» (*Society, Culture, and Personality*, p. 313).

FONTES

¹ «Explicações de Causa e Origem». Parte de «O Simbolismo Decorativo dos Arapaho», *American Anthropologist,* III (1901), 308-36. Apresentamos aqui metade do original, ou menos.
² «A Causa da Crença na Transmissão dos Usos», *American Naturalist,* L (1916), 367-70.
³ «O Superorgânico». Publicado originalmente em *American Anthropologist,* XIX (1917), 163-213. Reeditado, com revisões estilísticas, pela Sociological Press of Hanover, New Hampshire, em 1929.
⁴ «A Possibilidade de uma Psicologia Social». Extraído do *American Journal of Sociology,* XXIII (1918). 635-50. Foram utilizadas partes das pp. 633, 634-38, 639-44.
⁵ «A Reconstituição Histórica do Desenvolvimento das Culturas e a Evolução Orgânica», *American Anthropologist,* XXXII (1931), 149-56.
⁶ «História e Ciência na Antropologia», *American Anthropologist,* XXXVII (1935), 539-69. É aqui incluído cerca de um sétimo do artigo original.
⁷ «A Chamada Ciência Social», *Journal of Social Philosophy,* I (1936), 317-40. Foram omitidas duas páginas de Apêndices.
*⁸ «Contexto Histórico, Reconstituição e Interpretação». Não fora ainda publicado. Tirado de palestras proferidas na Universidade de Chicago, de 7 a 28 de Abril de 1938.
⁹ «Estrutura, Função e Padrão em Biologia e Antropologia», *Scientific Monthly,* LVI (Fevereiro de 1943), 105-13.
¹⁰ «História e Evolução», *Southwestern Journal of Anthropology,* II (1946), 1-15.
*¹¹ «Cultura, Acontecimentos e Indivíduos». De um extracto de uma palestra proferida no Viking Fund, a 25 de Outubro de 1946.

* ¹² «As Causas na Cultura». Alargado a partir do esboço-mimeografado de uma palestra proferida no Viking Fund, a 12 de Dezembro de 1947.

¹³ «A Concepção de Cultura de White», *American Anthropologist*, L (1948), 405-14.

¹⁴ «O Conceito de Cultura em Ciência». De uma conferência que teve lugar a 1 de Novembro de 1948 na Universidade de Chicago, inserida num simpósio sobre «Os Marcos da Integração Científica». Reeditado com autorização do *Journal of General Education*, III (1949), 182-96.

¹⁵ «Os Valores como Tema de Investigação das Ciências da Natureza». Lido perante a National Academy of Sciences a 25 de Abril de 1949 e publicado nos seus *Pro-ceedings*, XXXV (1949), 261-64.

¹⁶ «Meio Século de Antropologia», *Scientific American*, CLXXXIII, n.º 3 (Setem-bro de 1950), 87-94. Com autorização. O original, intitulado simplesmente «A Antropologia», inseriu-se num simpósio sobre o desenvolvimento da ciência durante meio século.

* ¹⁷ «A História e a Orientação Actual da Antropologia Cultural». Preparado para o encontro de Berkeley da American Anthropological Association, que teve lugar a 28 de Dezembro de 1950, não fora ainda publicado.

* ¹⁸ «Cultura da Realidade e Cultura de Valores». Alargado, em 1951, a partir de uma comunicação lida perante a National Academy of Sciences a 24 de Abril de 1950. Não fora ainda publicado.

ÍNDICE

* Introdução	11
1. Explicações de Causa e Origem. 1901	23
2. A Causa da Crença na Transmissão dos Usos. 1916	35
3. O Superorgânico. 1917	39
4. A Possibilidade de uma Psicologia Social. 1918	81
5. A Reconstituição Histórica do Desenvolvimento das Culturas e a Evolução Orgânica. 1931	89
6. História e Ciência na Antropologia. 1935	99
7. A Chamada Ciência Social. 1936	103
* 8. Contexto Histórico, Reconstituição e Interpretação. 1938	121
9. Estrutura, Função e Modelo, em Biologia e Antropologia. 1943	131
10. História e Evolução. 1946	145
*11. Cultura, Acontecimentos e Indivíduos. 1946	159
*12. As Causas na Cultura. 1947	163
13. A Concepção de Cultura de White. 1948	167
14. O Conceito de Cultura em Ciência. 1949	179
15. Os Valores como Tema de Investigação das Ciências da Natureza. 1949	205
16. Meio Século de Antropologia. 1950	211
*17. A História e a Actual Orientaçã da Antropologia Cultural.1950	219
*18. Cultura da Realidade e Cultura de Valores. 1950/1951 ...	231
Fontes	253

[Os capítulos assinalados por um asterisco (*) são publicados pela primeira vez.]

Composto e paginado por
GRAFIDOIS, LDA.
Impresso por
RIAGRÁFICA, LDA.
para
EDIÇÕES 70, LDA.
em Março de 1993